Die Regionen Nord- und Ostsyriens

Stand: Januar 2023

Gründung der drei Kantone

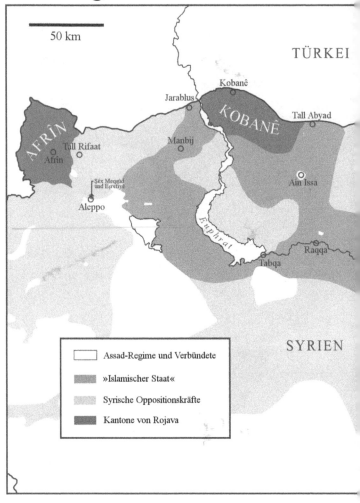

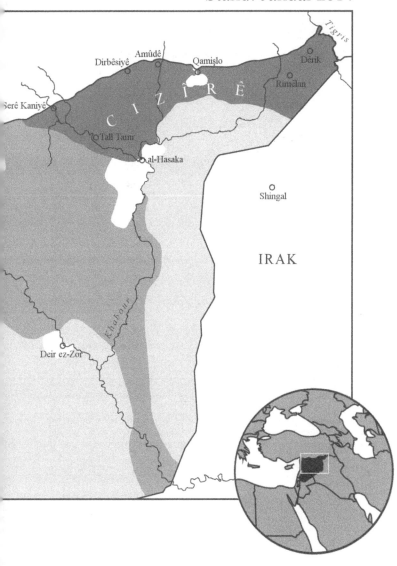

Stand: Januar 2014

 **CHRISTOPHER WIMMER**, geboren 1989, ist Soziologe, freischaffender Journalist und Autor. 2022 berichtete er für *neues deutschland, Frankfurter Rundschau, taz, WOZ* u. a. für mehrere Monate aus Nord- und Ostsyrien.

CHRISTOPHER WIMMER
LAND DER UTOPIE?
ALLTAG IN ROJAVA

EDITION NAUTILUS

Der Verlag dankt medico international
für die Unterstützung.

Edition Nautilus GmbH
Schützenstraße 49 a
22761 Hamburg
www.edition-nautilus.de
Alle Rechte vorbehalten
© Edition Nautilus GmbH 2022
Deutsche Erstausgabe September 2023
Umschlaggestaltung: Maja Bechert
www.majabechert.de
Satz: Corinna Theis-Hammad
www.cth-buchdesign.de
Porträt des Autors
auf Seite 6: © Andreas Domma

Druck und Bindung:
CPI – Clausen & Bosse, Leck
1. Auflage
ISBN 978-3-96054-332-9

Inhalt

Zwischen Aufbruch und Bedrohung   13
Warum eine ganze Gesellschaft in einem Fußballstadion zusammenkommt

Die Geschichte beginnt   25
Wieso kurdische Aktivist*innen plötzlich den Staat herausfordern

    Koloniale Ränkespiele und die »kurdische Frage«   29
    Die kurdische Sprachlosigkeit in Syrien   32
    Eine neue Partei betritt die syrische Bühne   37
    Die Partei erneuert sich   39

Der »Mythos Revolution«   43
Wie die Bewohner*innen einer Stadt beginnen, Geschichte zu schreiben

    Der Frühling von 2011   47
    Eine ungelöste Frage   50
    Eine Partei neuen Typs?   54
    Revolution von Assads Gnaden?   59

Die »Wiederaneignung« der Politik   67
Wie man einen Staat aufbaut, ohne einen Staat aufzubauen

    Das Herzstück der Selbstorganisierung   70
    Die Mühen der Ebene   74
    Von den Stadtverwaltungen zu den Kantonen   80
    Die Autonome Selbstverwaltung und eine anti-staatliche Verfassung   82
    Ein unabhängiges Korrektivorgan?   85
    Sie wissen, was sie wollen   86
    Komplexität und Widersprüche   91

Grundversorgung und Knappheit 97
Warum Bauern Papierarbeit erledigen und was Aktivistinnen mit Gemüsegärten erreichen wollen

Nord- und Ostsyrien als Zulieferer 99
Verhinderte Hungersnöte und leerstehende Häuser 105
Kommunal oder zentral gesteuert? 109
Die Dominanz des Öls 115
Anspruch und Wirklichkeit der Kooperativen 118
Die Krux des Eigentums 124
Kriegsfolgen und Armut 128

Die »Demokratische Nation« 133
Wieso sich ein arabischer Scheich für Frauenrechte einsetzt

Beten und Kämpfen unter dem Kreuz 138
Skepsis und Engagement: Manbij und seine muslimischen Minderheiten 145
Die neue, alte Mehrheit: Die Araber*innen 150

Mangel an Medikamenten und Anerkennung 155
Wie ein Anästhesist versucht, das lokale Gesundheitssystem zu erneuern

Aufbauarbeit in zerstörten Strukturen 157
Vielfältige Herausforderungen 161
Eine bedeutende Werkbank in Qamişlo 164
Fehlender Rahmen, fehlende Anerkennung 168

Die Gesellschaft als Richterin 173
*Warum Nachbar*innen mehr von Gerechtigkeit verstehen als Gerichte*

Der Aufbau eines zivilen Justizsystems 176
»Gerechtigkeit kann es ohne Frauen nicht geben« 181
Same same but different: Das Gerichtssystem 183
Gefängnisse und Strafverfolgung 186
Eine Erfolgsstory? 189

Eine neue Generation 191
Was Bildung alles bedeuten kann – und wo Nord- und Ostsyrien selbst noch lernen kann

Büchermangel, Schulpflicht und Mitbestimmung 194

Bildung für alle?	198
Mehr als nur Ausbildung	200
Die weibliche Gegen-Uni	204
Gestempeltes Papier	207

Eine traumatisierte Gesellschaft 211
Wie der Krieg eine ganze Region bestimmt

Der lange Weg von Kobanê nach Baghouz	215
Tickende Zeitbomben	222
Ein widersprüchlicher Gegner	226
David gegen Goliath	229
Betrachtungen in Echtzeit	236
Äußeres und inneres Elend	239

Lenin und Samuel Beckett in Rojava 245
Was ich einem Souvenirhändler versprechen musste

Spas, Shukran und Taudi 255

Abkürzungsverzeichnis 257

Anmerkungen 259

Zwischen Aufbruch und Bedrohung

Warum eine ganze Gesellschaft in
einem Fußballstadion zusammenkommt

Vorherige Seite oben: Feier zum 10. Jahrestag der »Rojava-Revolution« in Qamişlo (Quelle: Rojava Information Center)

Unten: Feier zum 10. Jahrestag der »Rojava-Revolution« in Qamişlo (Quelle: Simon Clement)

Der 19. Juli 2022 ist ein brütend heißer, wolkenloser Tag. Ungewöhnlich sind 42 Grad Celsius allerdings nicht für den Sommer in Nord- und Ostsyrien. Zwischen Mai und September steigen die Temperaturen tagsüber regelmäßig in diese Höhen und fallen nachts auf immer noch warme 25 Grad. Der Hitze zum Trotz versammeln sich an diesem Tag mehrere tausend Menschen im zentralen Fußballstadion der nordsyrischen Großstadt Qamişlo.

Das Stadion ist bunt geschmückt. Gelb, grün und rot sind die dominanten Farben. Neben dieser Trikolore der syrisch-kurdischen Freiheitsbewegung finden sich gelbe Flaggen des multiethnischen Militärbündnisses SDF (*Syrian Democratic Forces;* Demokratische Kräfte Syriens), das für ein säkulares, demokratisches und föderal gegliedertes Syrien steht, sowie die gelben und grünen Fahnen der kurdischen Volksverteidigungseinheiten YPG (*Yekîneyên Parastina Gel*) und der Frauenverteidigungseinheiten YPJ (*Yekîneyên Parastina Jin*). Beide Milizen sind Teil der SDF.

Zahlreiche Besucher*innen des Fests haben Fähnchen, Plakate, Schals oder Anstecker dabei, die ihre Verbundenheit mit der Freiheitsbewegung ausdrücken, die die Autonomieregion in Nord- und Ostsyrien derzeit verwaltet. Überlebensgroß und zentral platziert prangt mehrfach das Portrait Abdullah Öcalans, des von der Türkei inhaftierten Gründers der Arbeiterpartei Kurdistans (*Partiya Karkerên Kurdistanê*; PKK). Er wird vor Ort als Vordenker und Symbol der autonomen Region angesehen.

Im Stadion werden Reden gehalten. Musiker*innen spielen traditionelle kurdische und arabische Volks- und Revolutionslieder, Trommeln ertönen und immer wieder rufen die Besucher*innen Parolen. »*Bijî Berxwedana Rojava*« (Es lebe der Widerstand von Rojava) oder »*Jin, Jiyan, Azadî*«

(Frau, Leben, Freiheit). Die Menschen diskutieren, feiern und tanzen. Sie feiern an diesem Tag den 19. Juli 2012, an dem die sogenannte Rojava-Revolution ihren Anfang nahm. 2012, als im Euroraum die Wirtschaftskrise einen Höhepunkt erreichte und die Menschen in der Bundesrepublik über den rechten Terror des NSU diskutierten, Husni Mubarak in Ägypten zu lebenslanger Haft verurteilt wurde und Whitney Houston starb. Sie feiern ein ganzes Jahrzehnt. Im Windschatten des Syrischen Bürgerkriegs hatten die kurdisch dominierten Regionen in Nord- und Ostsyrien, auch bekannt unter dem Namen »Rojava« (kurdisch: Westen; für Westkurdistan), ihre Autonomie vom syrischen Staat des Machthabers Baschar al-Assad erklärt. Seitdem versuchen die Menschen nun, eine Gesellschaft aufzubauen, die auf Basisdemokratie, Geschlechtergerechtigkeit, multiethnischem Miteinander und Ökologie beruht.

Bereits am Morgen hat in der Nähe der rund 30 Kilometer von Qamişlo entfernten Stadt Amûdê ein internationales Forum zur Geschichte und Aktualität der Revolution stattgefunden. Der Veranstaltungsort schien den Temperaturen angemessen – im *Baylisan Tourist Resort* gehen die Menschen sonst im Freibad schwimmen oder essen im angeschlossenen Restaurant. Diesmal wird das Resort von schwer bewaffneten Sicherheitskräften bewacht. Die Teilnahme am Forum ist nur mit einer Einladung möglich. 200 Politiker*innen, Schriftsteller*innen und Intellektuelle aus Nord- und Ostsyrien und dem Ausland diskutieren die Ereignisse des 19. Juli 2012 sowie die Herausforderungen beim Aufbau einer demokratischen Selbstverwaltung.

Aldar Khalil ist Revolutionär der ersten Stunde. Der Mann mit dem markanten Schnauzbart spielte beim Aufbau der »Autonomen Selbstverwaltung von Nord- und Ostsyrien«, wie Rojava mittlerweile offiziell heißt, eine Schlüsselrolle. Aldar wurde 1970 in der nordsyrischen Stadt al-Hasaka geboren und war bereits vor 2012 in der kurdischen Bewegung aktiv. Im Untergrund organisierte er die kurdische Bevölkerung und half, demokratische Strukturen wie Räte und Komitees aufzubauen. Er ist Mitglied im Präsidium der Partei der Demokratischen Union (*Partiya Yekitiya Demokrat*; PYD) sowie im Exekutivkomitee der Bewegung für eine demokratische Gesellschaft (*Tevgera Civaka Demokratîk*; TEV-DEM). Die PYD spielte 2012 eine wesentliche Rolle und ist auch gegenwärtig die stärkste Partei innerhalb der Selbstverwaltung. TEV-DEM ist als Dachverband dafür zuständig, beim Aufbau der Zivilgesellschaft zu helfen. Gekleidet in ein dunkelrot kariertes Hemd und mit einem gewinnenden Lächeln wirkt Aldar Khalil ein wenig wie der freundliche Onkel der Revolution. Zweifel an ihr hegt er nicht. »Unsere Revolution unterschied sich grundlegend von anderen Revolutionen. Uns ging es damals und heute nicht darum, einen neuen Staat aufzubauen, sondern die Mentalität der Menschen zu ändern«, sagt er. »Wir arbeiten weiter daran, eine demokratische und freie Gesellschaft für alle Menschen in Syrien aufzubauen.« Als einer der ersten prominenten Beteiligten der »Rojava-Revolution« hat er seine Erfahrungen aufgeschrieben. Sein auf Arabisch verfasstes Buch *Seiten der Volksrevolution in Rojava* ist eine autobiografisch inspirierte Chronik der kurdischen Bewegung in Syrien. Für den kurdischen Vollblutpolitiker scheint die »Rojava-Revolution« ein voller Erfolg zu sein. Grund genug zu feiern – könnte man meinen.

Doch weder bei den Funktionär∗innen in Amûdê noch bei der Bevölkerung in Qamişlo kommt an diesem Tag eine bedingungslose Feierlaune auf – und das liegt nicht nur an den Temperaturen. Zeitgleich zu den Veranstaltungen findet in der iranischen Hauptstadt Teheran ein Gipfel statt, der entscheidenden Einfluss auf die Zukunft der Selbstverwaltung haben soll. Bei diesem Treffen diskutieren der türkische Präsident Recep Tayyip Erdoğan, der Präsident Russlands Wladimir Putin und der iranische Staatschef

Ebrahim Raisi die weitere Beteiligung ihrer Länder am Krieg in Syrien. Insbesondere Ankara hatte auf dem Gipfel bestanden. Der Türkei ist die syrisch-kurdische Autonomieregion ein Dorn im Auge. Erdoğan kündigte im Sommer 2022 immer wieder an, eine Invasion zu starten. Die Türkei sieht in der Selbstverwaltung lediglich einen Ableger der als terroristisch eingestuften und verbotenen PKK. Auf dem Gipfeltreffen wollte sich Erdoğan bei Russland und dem Iran, die jeweils eigene Interessen in Syrien verfolgen, grünes Licht für einen Einmarsch geben lassen. Aus diesem Grund blicken viele Teilnehmer*innen der Jubiläumsfeier in Qamişlo regelmäßig auf ihre Smartphones. Sie verfolgen die aktuellen Entwicklungen des Gipfels in Echtzeit. Auch viele der Gespräche drehen sich um einen drohenden Angriff der Türkei.

Als am späten Abend die Nachricht Qamişlo erreicht, dass weder der Iran noch Russland einer türkischen Militäroperation zugestimmt haben, ist das Feuerwerk über dem Stadion bereits erloschen und die meisten Besucher*innen sind zu Hause. Der Krieg scheint abgewendet – könnte man meinen.

Doch auch wenn sich die Türkei an diesem Tag nicht durchsetzen konnte, führt Ankara seither einen intensiven Drohnen- und Artilleriekrieg gegen Nord- und Ostsyrien, um gezielt politische und militärische Funktionär*innen zu töten und die Bevölkerung zu verunsichern. Aus Angst vor Anschlägen, so wird mir erzählt, seien weniger Menschen zur Feier in Qamişlo gekommen als erhofft.

Nahezu täglich ist der Norden Syriens den Angriffen der Türkei ausgesetzt. Der 19. Juli 2022 bildet keine Ausnahme. In der Nacht zuvor beschießen von der Türkei unterstützte Milizen das Dorf Mayasa in der nordsyrischen Region Şehba, wobei der 30-jährige Zivilist Zalukh Hamsho verwundet wird. Gegen Mittag werden bei einem Drohnenangriff in der Stadt Tall Rifaat zwei syrische Soldaten verletzt.

Am frühen Morgen des 20. Juli meldet der Militärrat der Stadt Manbij, der zur Selbstverwaltung gehört, dass seine Kämpfer∗innen »das Eindringen einer Gruppe türkischer Besatzer« in das Dorf al-Muhsinli nördlich von Manbij »nach längeren Gefechten« verhindert haben. Zeitgleich werden bei einem Artillerieschlag der türkischen Armee in der Nähe von Duhok in Irakisch-Kurdistan neun irakische Zivilist∗innen getötet und 33 verwundet. In der Nacht tötet eine türkische Drohne westlich von Kobanê in einer Akademie der SDF die beiden Soldaten Kendal Rojava und Berxwedan Kobanê. Trotz dauernder Angriffe feiert die Region den zehnten Jahrestag der »Rojava-Revolution«. Am 19. Juli 2022 verdichten sich gewissermaßen die Geschichte und Gegenwart Nord- und Ostsyriens.

Mit dem Beginn des Aufstands in Syrien 2011 im Rahmen des »Arabischen Frühlings« und dem bürgerkriegsbedingten Abzug fast aller Kräfte des Assad-Regimes aus Nordsyrien ab Mitte 2012 begannen große Teile der lokalen Bevölkerung mit dem Aufbau von Kommunen, Räten und militärischen Selbstverteidigungskräften, kurz, der schrittweisen Umsetzung basisdemokratischer und nicht-staatlicher Einrichtungen. Zwischen Krieg und Terror entwickelte sich aus den drei kurdisch dominierten Kantonen Cizîrê, Kobanê und Afrîn über die Jahre ein funktionierendes System, das aktuell ein Drittel Syriens umfasst und Heimat ist für knapp fünf Millionen Menschen verschiedener Glaubensrichtungen und Ethnien. Die Selbstverwaltung basiert auf lokalen Räten und Komitees, die das öffentliche Leben organisieren, angefangen bei der Verteilung von Lebensmitteln und Brennstoffen bis hin zur Bereitstellung von Medizin und dem Aufbau einer Selbstverteidigung. Daneben ist die Selbstverwaltung zu einem international anerkannten Bollwerk gegen dschihadistische Bedrohungen geworden. Ab 2014 erzeugte der Kampf der kurdischen

Milizen YPG/YPJ gegen die sogenannten Gotteskrieger des »Islamischen Staats« großes mediales Interesse und rückte die Region kurzzeitig ins internationale Rampenlicht – eine Aufmerksamkeit, die hauptsächlich dem diametralen Kontrast zwischen den progressiven Kämpferinnen der YPJ und den reaktionären Dschihadisten geschuldet gewesen sein dürfte.

Die zehn Jahre seit der Revolution bedeuten somit ein Zeichen von Stärke, Durchhaltevermögen und demokratischem Aufbruch. Einerseits. Andererseits war diese Dekade auch geprägt von Krieg, existenziellen Bedrohungen, Not, Unterdrückung und Zerstörung. Die Region ist von Gegnern umzingelt: Im Norden die Türkei, im Osten die Kurdische Regionalregierung im Nordirak (KRG), die um gute Beziehungen zu Erdoğan bemüht ist, durch ihre Öl-Exporte wirtschaftlich prosperiert und daher viele Kurd*innen anspricht, sowie im Süden und Westen Assads Regime. Auch der »Islamische Staat« ist in Syrien keineswegs besiegt. Sie alle wollen Rojava zum Scheitern bringen, denn das Gebiet ist von strategischem Interesse. Es enthält zum einen das Erdöl, das Syrien für den Eigenbedarf braucht. Zum anderen wird in dem fruchtbaren Land zwischen Euphrat und Tigris normalerweise Weizen für die landesweite Brotversorgung angebaut. Die Gegend galt deshalb lange als »Kornkammer« Syriens, bevor jahrelange Dürren eintraten, der Krieg das Land zerstörte und der Bau von Staudämmen in der Türkei den Euphrat zu einem schmalen Fluss werden ließ, was die Ernten vernichtete. Wie es in Nord- und Ostsyrien weitergeht, hängt einerseits von der eigenen Stärke der Selbstverwaltung ab, aber ebenso bedeutsam dürfte die internationale Aufmerksamkeit für die Region sein.

Doch die gesellschaftlichen Fortschritte in der Region werden von westlichen Politiker*innen, wohl aus strategischen Erwägungen gegenüber dem NATO-Partner Türkei, kaum benannt. Auch von einem erheblichen Teil der Medien, die über die Lage in Syrien berichten, wird der basisdemokratische Versuch im Norden und Osten des Landes totgeschwiegen. Findet die Selbstverwaltung doch Erwähnung, wird sie häufig diskreditiert. Im Zentrum der Kritik stehen dann häufig vermeintliche demokratische Defizite, Vetternwirtschaft oder Gewalt.[1] Aus dieser Perspektive ist die Selbstverwaltung nur ein weiteres totalitäres Herrschaftssystem im Nahen Osten.

Gleichzeitig eignet sich Nord- und Ostsyrien aber auch wunderbar als positive Projektionsfläche. »Befreites Gebiet«, »Autonomie«, »Basisdemokratie und Geschlechtergerechtigkeit« – all dies sind bekannte Schlagwörter. Die Region in der syrischen Peripherie scheint für große Teile der (radikalen) Linken inzwischen der einzige Hoffnungsschimmer für die Möglichkeit einer anderen Gesellschaft geworden zu sein. Rojava wird zum Sehnsuchtsort für die eigenen Emanzipationshoffnungen.[2] Zahlreiche journalistische, aktivistische und akademische Berichte haben daher auch auf die Bedeutung des politischen Experiments hingewiesen und Parallelen zur Pariser Kommune von 1871, zur libertären Spanischen Revolution von 1936 oder zur zapatistischen Bewegung in Chiapas, Mexiko, gezogen.[3]

Verteufelung oder Inspiration, neue Unterdrückung oder freiheitliche Revolution, Verdammnis oder Glorifizierung. Diese beiden Perspektiven – viel eher sind es ja Projektionen – sind ihrem eurozentrischen Blick verhaftet oder sitzen einer revolutionären Romantik auf. Somit bleiben auch die Fragen an das politische Projekt in Nord- und Ostsyrien oberflächlich: Entsteht vor Ort ein neues Unterdrückungsregime, eine Einparteienherrschaft oder viel eher die neue befreite Gesellschaft? Der Kommunismus gar? Die Realität ist, wie so häufig, vielschichtiger. Und vor allem stellt sich die Frage: Wie gehen die Menschen vor Ort mit diesen Gegensätzen um? Wie sehen diejenigen, die an diesem Gesellschaftssystem im Aufbau beteiligt sind, ihre eigene Welt? Welche Chancen, Herausforderungen aber auch Probleme nehmen sie wahr? Kurz: Wie steht es um die Gesellschaft Nord- und Ostsyriens zehn Jahre nach der »Rojava-Revolution«?

Diesen Fragen versuche ich mich in diesem Buch zu nähern – über die Sichtweisen der beteiligten Menschen selbst. Dafür war es notwendig, nach Syrien zu reisen, zuzuhören und nachzufragen. 2022 habe ich mehrere Monate in Nord- und Ostsyrien verbracht, mit Dutzenden Menschen gesprochen und mir ihre Geschichten angehört. Darunter Frauen, Männer, Jugendliche, Funktionäre, Journalist*innen, Ärzte, Militärs, Forscher*innen, Kriegsveteranen oder Geflüchtete. Ich habe mich mit Vertreter*innen politischer Parteien getroffen sowie mit Mitgliedern verschiedener Komitees, lokaler Gruppen und Kommunen. Außerdem sprach ich, so gut es ging, mit Leuten auf der Straße. Nord- und Ostsyrien ist kein einfaches Reiseziel. Die Region liegt zwischen Euphrat und Tigris, den Lebensadern des historischen Zweistromlands. Der sicherste Weg dorthin führt über die Autonome Region Kurdistan im Irak. Man könnte es auch durch Syrien versuchen und über den Euphrat einreisen, dann müsste man jedoch durch das Gebiet von Assad. Also doch der Tigris. Mit dem Taxi erreiche ich problemlos die Grenzstation Sêmalka. Nachdem ich auf irakischer Seite mehrere Büros passieren muss, in denen Grenzbeamte scheinbar zahl- und wahllos Stempel auf Zettel verteilen, die für den Übergang benötigt, am Ende aber doch behalten werden, ist der Übertritt schnell gemacht. Auf einer schmalen Pontonbrücke geht es mit einem Minibus in wenigen Augenblicken über den gemächlich dahinfließenden Tigris. Es schwankt beunruhigend, doch das scheint hier niemanden sonderlich zu kümmern. Für den Busfahrer, Zigarette rauchend, ist die Fahrt ohnehin Alltag. Er wird sie an diesem Tag sicherlich noch Dutzende Male wiederholen. Doch auch die restlichen Reisenden wirken nicht aufgeregt.

Viel Gepäck wandert über die Grenze, die Menschen unterhalten sich angeregt, meist auf Kurdisch. Es herrscht Betriebsamkeit auf beiden Seiten, Grenzschutz steht bereit, die Kalaschnikows geschultert. Taschen werden durchleuchtet, der Pass kontrolliert, und dann befinde ich mich auf syrischem Gebiet. Die Zentralregierung in Damaskus beansprucht die Region weiter für sich, doch Macht hat der Staat hier keine mehr. Daher gibt es auch keinen offiziellen Einreisevermerk im Pass. Eine freundliche Frau mit Kopftuch überreicht lediglich einen losen Zettel, der die Einreise bestätigt. Sie freut sich über alle Besucher*innen. »Alle, die uns unterstützen und vor Ort sehen, was wir hier aufbauen, sind willkommen«, sagt sie. Auf dem Zettel steht *Sûriya. Rêveberiya Xweseriya Demokratîk*, übersetzt: Syrien. Demokratische und Autonome Selbstverwaltung.

Erst einmal durchatmen. Willkommen in Rojava.

Die Geschichte beginnt

Wieso kurdische Aktivist*innen plötzlich
den Staat herausfordern

Vorherige Seite: Mitglieder der Tevgera Ciwanên Şoreşger *(Revolutionäre Jugend) auf einer Demonstration in Qamişlo am 30. Mai 2022 (Quelle: Simon Clement)*

Vor mir sitzt lebendige Zeitgeschichte. Hinter einer randlosen Brille blicken mich wache Augen an. Mustafa Eyertan spricht kontrolliert und betont emotionslos, doch sein schwerer Körper bebt. Bei seiner Geschichte verwundert dies auch nicht.

Mustafa ist Kurde und stammt aus dem türkischen Urfa. Als junger Mann studiert er in den 1970er Jahren in Ankara und kommt an der Universität mit sozialistischen Ideen in Kontakt – wie so viele Studierende in der politisch aufgeladenen Zeit der 1960/70er Jahre in der Türkei. Das Jahr 1975 wird sein Leben verändern. In Ankara trifft er auf einen Mann, an den Mustafas schwarzer Schnauzbart sofort erinnert: Abdullah Öcalan. Auch Öcalan ist zu dieser Zeit an der Universität von Ankara. Für sein politisches Engagement ist er bereits 1972 erstmals verhaftet worden. Mustafa Eyertan ist begeistert von Öcalans Ideen und schließt sich seiner Gruppe an. Die jungen Radikalen verbinden Elemente nationaler Freiheitsbewegungen mit sozialistischen Vorstellungen und sehen sich als Teil des Antiimperialismus im Nahen Osten.

Der Kampf um kurdische Selbstbestimmung wird Mustafas gesamtes Leben bestimmen – bis heute. Hinter seinem massiven Schreibtisch sitzt er im grauen Anzug und lässt eine Gebetskette durch seine Finger gleiten. Er erinnert sich gut daran, was auf die Begegnung mit Öcalan folgte. Mustafa wirkt wach und aufgeräumt. Nur die gemachten Zähne weisen auf sein Alter und seine Erfahrungen hin. Er gehört zu einer Gruppe junger Revolutionär*innen um Öcalan, die 1978 die PKK gründeten. Daher muss das Gespräch auch unter Geheimhaltung des Orts und strengen Sicherheitsvorkehrungen geführt werden. »Keine Fotos«, sagen die jungen Männer um Mustafa, die entweder seine Mitarbeiter oder Leibwächter sind, oder beides. Doch der alte Mann gibt freundlich und ausführlich Auskunft.

Bei ihrer Gründung verstand sich die PKK als marxistisch-leninistische Kaderpartei. Ihr Ziel war ein unabhängiges, sozialistisches Kurdistan. Die persönlichen Beziehungen innerhalb der klandestinen Organisation waren eng. »Das unbedingte Vertrauen untereinander als Genossen in der PKK ist wichtiger als Familienbeziehungen oder Studienfreundschaften. Das macht unseren Charakter aus«, sagt Mustafa. Frau und Kinder hat er nicht, sein Leben gilt der Partei.

Die PKK gewann schnell an Einfluss in der armen und ländlichen kurdischen Bevölkerung. Ebenso schnell reagierte aber auch der türkische Staat auf die neue Partei. Nach dem Militärputsch von 1980 folgte eine massive Welle der Unterdrückung, Verhaftung und Ermordung linker Aktivist*innen und Intellektueller. Allein 1.800 PKK-Anhänger*innen sollen verhaftet worden sein, doch liegt die Dunkelziffer wohl deutlich höher. Einer von ihnen ist Mustafa Eyertan. Er wird 24 Jahre in türkischer Haft bleiben. Fast ein Drittel seines Lebens. Von den unmenschlichen Haftbedingungen, denen Tausende zum Opfer fielen und gegen die sich zahlreiche Gefangene durch Hungerstreiks zu wehren versuchten, erzählt er wenig. Aber er erinnert sich, dass bis in die 1980er Jahre offene Gefängnisgewalt Alltag war. Einmal wöchentlich durften Familienmitglieder für lediglich 30 Minuten zu Besuch kommen. Wärter verprügelten regelmäßig die Gefangenen vor den Augen ihrer Verwandten. »Wenn die sich beschwerten, waren sie die Nächsten«, fügt Mustafa hinzu. Daher gab es zu Beginn auch kaum anwaltliche oder sonstige Hilfe – aus Angst vor weiterer Repression. »Wir waren allein. Niemand hat unsere Schreie gehört«, sagt Mustafa. Seine Körpersprache lässt die Gräuel ahnen. Zweifellos sitzt hier jemand, der die Geschichte des kurdischen Freiheitskampfs im Wortsinn verkörpert.

Am 15. August 1984 erklärte die PKK in den kurdischen Gebieten der Türkei den bewaffneten Kampf. Bis heute ist die Guerilla nicht besiegt – militärisch konnte die PKK aber auch nicht gewinnen. Von den geschätzten 40.000 Toten dieses Kriegs sind rund 25.000 Kämpfer*innen der PKK sowie knapp 6.000 Zivilist*innen. Zur Bilanz hinzu kommen 3.500 zerstörte Dörfer und über 2,5 Millionen geflohene Kurd*innen sowie massive Menschenrechtsverletzungen durch türkische Sicherheitskräfte.[4] Von ihrem ursprünglichen Ziel, einen kurdischen Staat zu schaffen, ist die Partei mittlerweile abgerückt. Die »kurdische Frage« ist jedoch bis heute ungelöst. Mustafa Eyertan ist weiter aktiv.

Koloniale Ränkespiele und die »kurdische Frage«

Die Geschichte beginnt im frühen 20. Jahrhundert. Nach der Niederlage des Osmanischen Reichs im Ersten Weltkrieg wurde dessen Territorium durch die Siegermächte in neue Nationalstaaten aufgeteilt. Dies betraf auch die kurdischen Gebiete. Grundlage hierfür war das Sykes-Picot-Abkommen zwischen Frankreich und Großbritannien. Sir Mark Sykes, ein hochrangiger britischer Diplomat, und François Georges Picot, der ehemalige französische Rat in Beirut, unterzeichneten das Abkommen am 16. Mai 1916. Damit teilten sich die zwei Kolonialmächte die arabischen Provinzen des Osmanischen Reichs auf.

Alle nationalstaatlichen Grenzen sind in gewisser Weise künstlich und willkürlich. Besonders deutlich wird das anhand der neugeschaffenen syrisch-irakischen Grenze. Sykes erklärte dazu: »Ich möchte eine Linie vom ›e‹ von ›Akkon‹ (*Acre*) bis zum letzten ›k‹ in Kirkuk ziehen.«[5]

Diese Grenze verlief fortan quer durch die Gebiete unterschiedlicher Stämme, die sich nun in verschiedenen Staaten wiederfanden. So hofften die Kolonialverwaltungen auch, dem aufkommenden arabischen Nationalismus entgegenzuwirken und die Kontrolle über das Land zu behalten.[6]

Seine weitgehend bis heute gültige Form erhielt der Nahe Osten schließlich auf der Friedenskonferenz von Lausanne im Jahr 1923. Die Kurd*innen waren bei dieser Konferenz die großen Verlierer. Ihre im (nie umgesetzten) Friedensvertrag von Sèvres im August 1920 in Aussicht gestellte Autonomie fiel vollständig unter den Tisch. Stattdessen mussten sie sich mit einer Aufteilung ihrer Gebiete auf die neue türkische Republik, Persien (den späteren Iran) sowie auf die zwei neuen Staaten, den Irak und Syrien, arrangieren. Der Irak stand unter britischem Mandat, während Syrien von Frankreich kontrolliert wurde. Im doppelten Wortsinn befanden sich die Kurd*innen somit an »Grenzlinien«. Sie wurden von den nationalen Identitäten an den Rand gedrängt und befanden sich gleichzeitig buchstäblich in den offiziellen Grenzregionen. Die neuen Staaten duldeten sie (maximal) als Minderheit.

Die neugeschaffenen Grenzen kollidierten mit den bisherigen eher losen Trennlinien zwischen verschiedenen Ethnien und Gruppen. Insbesondere Frankreich nutzte in seinem Mandatsgebiet die religiöse und konfessionelle Vielfalt der Bevölkerung, um eine Politik des »Teile und herrsche« durchzuführen. Mit dem Libanon wurde ein von maronitischen Christen dominierter Staat mit muslimischer Minderheit geschaffen. Von mehrheitlich drusischen und alawitischen Menschen bewohnte Gebiete bekamen jeweils Autonomie, auch die Regionen der Beduinen erhielten eine eigene Verwaltung. Die Kurd*innen, die im neuen Syrien mit knapp zehn Prozent der Bevölkerung die zweitgrößte ethnische Gruppe nach den Araber*innen bildeten, wurden trotzdem – oder gerade deswegen – benachteiligt. Die kurdischen Gebiete fielen dem Staat Aleppo zu, in dem sie eine Minderheit darstellten.

Dennoch nahmen kurdische Aktivist*innen im französischen Mandatsgebiet ihre Tätigkeit auf und forderten mehr Autonomie. Viele frühe kurdische Nationalisten, die in der Türkei verfolgt wurden, flüchteten nach Syrien. Zumeist junge Männer aus der feudalen kurdischen Aristokratie, die in Istanbul studiert hatten und dort mit nationalistischen Ideen in Berührung gekommen waren, gründeten im Oktober 1927 in Beirut die kurdische Partei *Xoybûn* (Selbst sein). Aus diesem Kreis wurde der »Ararat-Aufstand« im Südosten der Türkei organisiert, der zwischen 1927 und 1931 den jungen Staat vor große Schwierigkeiten stellte. Die türkische Armee konnte den Aufstand erst mit etwa 50.000 Soldaten und der Luftwaffe niederschlagen. Beim »Zîlan-Massaker« wurden neben 1.500 Aufständischen auch rund 3.000 Zivilist*innen grausam ermordet.[7] Der gescheiterte Aufstand war einer von zahlreichen kurdischen Erhebungen gegen die türkischen Machthaber, die eine umfassende Politik der Zwangsassimilation durchführten.

In Syrien beobachteten die französischen Mandatsherren die Aktivitäten der *Xoybûn* mit Argwohn. Aufgrund eigener Differenzen mit der Türkei ließen sie die Partei zwar zeitweise agieren, achteten aber mit Nachdruck darauf, dass sie keine politischen Forderungen für die Kurd*innen in Syrien stellten. In Bezug auf die PKK sollte sich einige Jahrzehnte später ein ähnliches Muster wiederholen. Nach der Niederschlagung des »Ararat-Aufstands« arbeiteten viele Parteimitglieder in Syrien kulturell weiter. 1941 wurde ein kurdischsprachiger Radiosender gegründet, es folgten zahlreiche kurdische Zeitschriften.

Die kurdische Sprachlosigkeit in Syrien

Am 17. April 1946 erklärte sich Syrien für unabhängig. Die französischen Truppen verließen das Land. Doch der Weg in die Unabhängigkeit war nicht nach dem Willen der arabischen Nationalisten verlaufen, die bis dahin bereits herbe Rückschläge hinzunehmen hatten: 1939 gelang der Türkei der Anschluss der heutigen Provinz Hatay, die bis dahin zum französischen Mandatsgebiet in Syrien gehörte. Der ebenfalls vormals zu Syrien gehörende Libanon erklärte sich dann 1943 unabhängig. Schon die leisesten kurdischen Autonomiebestrebungen weckten schnell die Furcht vor einer erneuten Spaltung des Landes. Die Kurd*innen wurden des Separatismus verdächtigt und galten als Gefahr für die syrische Einheit.

In Damaskus war die politische Situation nach der Unabhängigkeit äußerst instabil. Verschiedene arabisch-nationalistische Fraktionen konkurrierten um die Macht. Es folgten mehrere Militärputsche, bis schließlich 1963 die Baath-Partei an die Spitze des Staats gelangte. Die 1947 gegründete »Sozialistische Partei der Arabischen Wiederentdeckung« verband Elemente des arabischen Sozialismus mit nationalistischen und säkularen Elementen und stellte sich als überkonfessionell dar. Gleichzeitig wurden Positionen in der Regierung und im Militär informell nach konfessionellen Gesichtspunkten verteilt. Das Regime zementierte die räumliche Trennung in den Städten zwischen Alawit*innen und Sunnit*innen, Christ*innen und Drus*innen. Viele kurdische Menschen, die meisten lebten in Dörfern, waren durch technische Entwicklungen der Landwirtschaft gezwungen, in die Städte zu ziehen, was dort ein kurdisches (Sub-)Proletariat entstehen ließ.[8] Bis heute gehören Kurd*innen etwa in Damaskus oder Homs überproportional zu den unteren sozialen Klassen.

Bis 1963 war Syrien von der überwiegend sunnitisch-arabischen Bourgeoisie in Damaskus und Aleppo geprägt. Durch die Baath-Partei geriet die Macht erstmals in die Hände von Kräften aus den ländlichen und peripheren Gebieten. Die Politik des radikalen Baath-Flügels – Agrarreform, Verstaatlichung und die Schaffung eines großen öffentlichen Sektors – begünstigte die unteren Klassen auf Kosten der Herrschenden, der Industriellen und der Großgrundbesitzer.[9] Die neuen Machthaber garantierten die Grundversorgung der Bevölkerung mit Lebensmitteln, medizinischer Betreuung und schulischer Bildung.[10] Die Wirtschaftspolitik war staatskapitalistisch und somit sowohl gegen das nationale Privatkapital als auch gegen ausländisches Kapital gerichtet.[11]

Innerhalb der Baath-Partei putschte sich im November 1970 Hafiz al-Assad an die Macht. Mit ihm endete die radikale Sozialpolitik der 1960er Jahre. Assad suchte die Versöhnung mit den bürgerlichen Klassen. Er errichtete ein autoritäres Regime, das sich auf die Armee und die Geheimdienste stützte. Die höheren Offiziere wurden aus alawitischen Stämmen rekrutiert, die eng mit der Assad-Familie verbunden waren. Vetternwirtschaft und Klientelismus regierten und private Investitionen in bisher staatliche Wirtschaftssektoren wurden gefördert. Mit der Aufteilung Syriens in ethnisch und religiös gegliederte Départements wurde die soziale Spaltung subtil verstärkt. Damit knüpfte Assad an die Politik des »Teile und herrsche« der französischen Mandatszeit an. Unabhängige zivilgesellschaftliche Organisationen wie Gewerkschaften oder Berufsorganisationen wurden bis 1980 komplett aufgelöst und durch staatlich kontrollierte Strukturen ersetzt. Jede unabhängige politische Aktivität war untersagt, nur die Baath-Partei durfte Versammlungen und Demonstrationen organisieren und Zeitungen herausgeben. Deutlich wurde diese repressive Haltung etwa beim Aufstand der Muslimbrüder 1982 in der Stadt Hama, die beschossen und vollkommen zerstört wurde – 20.000 Menschen kamen dabei ums Leben. Danach herrschte im Land Friedhofsruhe.

Die Kurd*innen in Syrien waren schon vor der Herrschaft Assads einer umfassenden Assimilationspolitik ausgesetzt. Die wechselnden Machthaber blieben sich in einer Sache treu: Sie alle erkannten die Rechte der Kurd*innen und ihre Autonomiebestrebungen nicht an. Diese antikurdische Politik wurde besonders 1962 deutlich. Bei einer arabisch-nationalistisch motivierten Volkszählung musste die kurdische Bevölkerung nachweisen, dass sie bereits vor 1945 in Syrien ansässig war, um die Staatsbürgerschaft zu behalten. Da viele Kurd*innen als Landwirte arbeiteten, nomadisch lebten und schlicht keine Geburtsurkunden besaßen, war dies häufig unmöglich. Etwa 20 Prozent der syrischen Kurd*innen verloren infolge der Volkszählung die Staatsbürgerschaft. 85.000 Kurd*innen wurden als *ajnabi* (Ausländer) eingestuft, während Zehntausende zu *makhtumim* (Staatenlosen) wurden. Insgesamt 120.000 Kurd*innen wurden der Staatsbürgerschaft beraubt. Da dieser Status vererbt wurde, waren 2011 schätzungsweise 300.000 Kurd*innen in Syrien ohne Staatsbürgerschaft.

Von den Folgen erzählt Jiyan Ayo. Sie arbeitet an der Rojava-Universität in Qamişlo, wo sie den Fachbereich Übersetzung verwaltet. Als ich in ihrem großen und hellen Büro sitze, folgt eine intensive und strapaziöse Erzählstunde, in der sich ein ganzes Leben komprimiert. Ein typisches Leben für Kurd*innen in Syrien. Jiyan stammt aus Serê Kaniyê, wo sie als *makhtumim*, also als Staatenlose, lebte. Nach Qamişlo kam sie nach der Besetzung ihrer Heimatstadt durch die Türkei 2019. Als sie davon spricht, müssen wir das Gespräch kurz unterbrechen, da sie in Tränen ausbricht. Sie berichtet von ihrem Vater, der an den Folgen der Besatzung gestorben sei, und ihrer gesamten Familie, die vertrieben wurde. Nach Qamişlo kam sie mit nichts als den Kleidern, die sie anhatte. Fotos, Dokumente, Zeugnisse, alles musste sie zurücklassen, was ihr den beruflichen Einstieg in der neuen Stadt deutlich erschwerte. Doch auch schon als jugendliche Staatenlose war für sie der Zugang zu Arbeitsplätzen und staatlichen Dienstleistungen wie Bildung deutlich eingeschränkt. Wie andere Kurd*innen konnte sie kein Eigentum an Grund und Boden erwerben und war zudem einer erhöhten Gefahr von staatlicher Repression ausgesetzt.

Die kurdische Identität wurde im Rahmen der baathistischen Politik »Eine Flagge, ein Land, eine Sprache« seit 1963 auch offiziell geächtet. 1973 wurde der »arabische Nationalismus« als Prinzip in die Verfassung aufgenommen. Die kurdische Sprache durfte nicht unterrichtet werden und ihr öffentlicher Gebrauch war verboten. Wer in der Öffentlichkeit Kurdisch sprach, wurde bestraft, es drohten Gefängnis oder gar Folter. »Als ich einmal in der Schule Kurdisch gesprochen habe, wurde ich geschlagen und musste die Schule verlassen«, erinnert sich die Universitätsmitarbeiterin. In Damaskus wurde Kurdisch als »Bedrohung der Staatssicherheit« angesehen. Kurdische Publikationen waren ebenso verboten wie kurdische Hochzeiten oder Kulturveranstaltungen. Kurz vor seinem Tod erließ Hafiz al-Assad noch ein Gesetz, mit dem alle Geschäfte geschlossen wurden, die kurdische Musikkassetten, CDs und Videos verkauften.[12] Heimlich organisierten sie sich aber trotzdem weiter, erzählt Jiyan. »Bei uns im Viertel gab es nur Kurden, da war es dann ein bisschen einfacher.« Die Repression des Regimes blieb jedoch umfassend. Ab 1992 durften Neugeborenen keine kurdischen Namen mehr gegeben werden.[13] Kurd*innen konnten keine hohen Posten in den Streitkräften, im diplomatischen Korps und in der Bürokratie besetzen und wurden daran gehindert, sich an Militärakademien einzuschreiben.[14] »Alles war arabisch und vom Regime gesteuert«, berichtet Jiyan Ayo. Jede politische Forderung nach mehr kurdischen Rechten wurde unerbittlich bestraft. Ihr arabischer Kollege, der während des Interviews mit im Büro sitzt, schweigt verlegen.

Die »Lösung« der »kurdischen Frage« lag für das Regime in der Politik des »Arabischen Gürtels«. Unter Führung von Muhammad Talab Hilal, einem hochrangigen Leiter des Sicherheitsapparats in der Provinz al-Hasaka, wurde ab 1963 eine massenhafte Deportationspolitik in den kurdischen Gebieten in Nordsyrien durchgeführt. In einem rund 350 Kilometer langen und 15 Kilometer breiten Gebiet von der Region Cizîrê im Osten bis Kobanê im Westen sollte die kurdische Bevölkerung aus über 300 Dörfern durch regimetreue arabische Siedler*innen ersetzt werden.[15] Hilal, der die Kurd*innen zu einem »Tumor der arabischen Nation« erklärte, ließ unzählige kurdische Siedlungen räumen und siedelte dort Araber*innen an. In Qamişlo lebten bereits über 20.000 Angehörige des großen arabischen Stamms der Tayy, die zu den ältesten Bewohner*innen der Region gehören.[16] Nach dem Bau der Tabqa-Talsperre, die von 1968 bis 1974 mit sowjetischer Hilfe errichtet wurde, verschwanden zahlreiche arabische Dörfer im Stausee. Deren rund 25.000 Bewohner*innen wurden in der Region Cizîrê und nördlich von Raqqa angesiedelt. Dabei entstanden knapp 40 neue arabische Ortschaften im landwirtschaftlichen Grenzgebiet.[17] Kurdische Orte bekamen arabische Namen, Araber*innen erhielten Landbesitz an fruchtbaren Böden und Kredite, sie waren daher Damaskus gegenüber freundlich gesinnt. Ihnen war es zudem erlaubt, ihre Tiere auf kurdischem Land zu weiden, während der Landbesitz für Kurd*innen quasi unmöglich wurde.[18] Bei einer Landreform wurde außerdem das meiste Land verstaatlicht. Dies führte zur weiteren Abwanderung vieler Kurd*innen sowie zur Verstärkung ethnischer Spannungen.

Doch nicht nur die kurdische Bevölkerung, auch arabische Oppositionelle wurden vom Regime verfolgt. Ich sitze mit Shady al-Ibrahim, dem Co-Vorsitzenden des Legislativrats von Tabqa, auf einer Restaurantterrasse und genieße den Blick über den Assadsee vor der Tabqa-Talsperre. Die Oberfläche ist spiegelglatt, im Sommer bietet der See ein wenig Abkühlung, ein laues Lüftchen weht über das Gelände. Der See wirkt friedlich, ganz anders als die Geschichte, die der arabische Jurist Shady erzählt. Er ist ein schmächtiger, jugendlich wirkender Mann, höflich und ein bisschen schüchtern. Bereits unter dem Regime Baschar al-Assads hat er als Anwalt gearbeitet, hat Oppositionelle verteidigt und ist für Menschenrechte eingetreten. Dies brachte ihm selbst mehrjährige Haftstrafen ein. Shady berichtet: »Das politische System in Syrien war vor 2011 komplett autoritär. Es ging dem Regime darum, alle Bereiche der Gesellschaft zu kontrollieren. Politik wurde nur gemacht, wenn sie dem Regime und den herrschenden Verhältnissen gedient hat.« Sein Blick geht über den See: »Alles hing von einer Partei ab. Wer nicht für sie war, war automatisch gegen sie. Das haben viele Araber und noch mehr Kurden gespürt.« Dass er das so sagen kann, ist schon eine Geschichte für sich. Vor 20 Jahren wären solche Sätze undenkbar gewesen und Shady in einem von Assads Foltergefängnissen gelandet. Von Hafiz al-Assad, nach dem der Stausee benannt ist, stammt der Satz, dass es mit 90 Prozent der Syrer kein Problem gebe – für den Rest gebe es Gefängnisse.

Eine neue Partei betritt die syrische Bühne

Kurdischer Widerstand in Syrien hat eine lange Tradition. Nach dem niedergeschlagenen »Ararat-Aufstand« verlor die *Xoybûn* jedoch auch in Syrien zunehmend an Bedeutung und löste sich 1946 auf. Für die Kurd∗innen wurde es schwer, eine neue politische Heimat zu finden. Der arabisch-nationalistische Charakter der meisten Parteien im Land machte ihnen ein Engagement unmöglich. Die Ausnahme bildete die 1944 von Khalid Bakdash gegründete Kommunistische Partei Syriens, durch die viele Kurd∗innen erstmals von sozialistischen Ideen beeinflusst wurden. 1957 folgte mit der Gründung der PDK-S (*Partiya Demokrat a Kurdistanê li Sûriyê;* Demokratische Partei der Kurden in Syrien) die erste eigenständige kurdische Organisation.

Diese zunehmende politische Aktivität fiel mit einem dramatischen Wandel der kurdischen Gesellschaften in Syrien, der Türkei, dem Irak und Iran zusammen. Eine massive Landflucht ab den 1950er Jahren führte dazu, dass die Städte Diyarbakır in der Türkei sowie Erbil und Sulaimaniyya im Nordirak auf jeweils 100.000 Einwohner∗innen wuchsen. Auch der kurdische Zuzug in syrische Großstädte wie Damaskus und Aleppo stieg stetig an. Durch die nachholende Modernisierung der kurdischen Gebiete (insbesondere in der Türkei) entstand erstmals ein kurdisches Kleinbürgertum aus Lehrer∗innen, Handwerker∗innen und Händler∗innen. Auch der Zugang zu höherer Bildung weitete sich aus. In den 1960/70er Jahren wurde an den Universitäten von Ankara und Istanbul eine junge Generation ausgebildet, die den Kern der späteren PKK ausmachte.

Die Partei gewann auch in Syrien an Einfluss. Im Juli 1979, als in der Türkei eine Verhaftungswelle gegen die PKK einsetzte, suchte Abdullah Öcalan Zuflucht in Syrien. Seine Einreise markiert den Beginn einer langanhaltenden, zwiespältigen Beziehung zwischen der PKK und dem syrischen Regime. Mazlum Abdi erinnert sich. Der aktuelle Generalkommandeur der SDF war in den 1990er Jahren ein hochrangiger PKK-Funktionär und arbeitete eng mit Öcalan zusammen. Mit dessen Einreise begann eine Zeit des »begrenzten politischen Abkommens« mit Damaskus.[19] Einerseits führten Spannungen zwischen der Türkei und Syrien während des Kalten Krieges dazu, dass Hafiz al-

Assad die PKK hofierte. Er betrachtete ihre Präsenz als nützliches Druckmittel gegen den türkischen Nachbarn im Norden; von einem Eintreten Assads für kurdische Belange in Syrien konnte hingegen keine Rede sein. Andererseits nutzte die PKK diese relative Freiheit aus, um ihre Selbstorganisierung voranzutreiben. Die Partei konnte ihre erste Militärakademie in der von Syrien kontrollierten Bekaa-Ebene im Libanon eröffnen. Bis 1992 wurden hier bis zu 10.000 Guerillakämpfer*innen ausgebildet. Gleichzeitig weilte Öcalan als »offizieller Gast« in Damaskus. Der PKK gelang es, in der Region Wurzeln zu schlagen. Sie unterhielt Büros in zahlreichen syrischen Städten. Das mehrheitlich kurdische Afrîn wurde de facto von der PKK verwaltet. Auch wenn Damaskus der Partei die Bedingung stellte, sich aus der »kurdischen Frage« in Syrien herauszuhalten, konnte sie sukzessive ihre soziale Basis vergrößern. Zahlreiche meist junge Männer und Frauen aus der Region schlossen sich der Partei oder der Guerilla an. Obwohl die PKK damals wohl kaum diese Intention gehegt hatte, wurde dadurch die Grundlage für den politisch-sozialen Wandel der »Rojava-Revolution« drei Jahrzehnte später gelegt.

Die Partei erneuert sich

Das unsichere Bündnis zwischen der PKK und dem Assad-Regime zerbrach am 9. Oktober 1998, als Abdullah Öcalan Syrien verlassen musste. Aufgrund seiner Duldung war der internationale Druck auf Damaskus in den Wochen zuvor gestiegen. Die Türkei drohte einerseits mit einer Militäroffensive, offerierte andererseits ein Abkommen über die gemeinsame Nutzung des Wassers aus Euphrat und Tigris. Für Öcalan begann eine Odyssee von Griechenland über Russland und Italien, bevor er schließlich in der griechischen Botschaft in Nairobi untergebracht wurde. Am 15. Februar 1999 wurde er von dort entführt und an die Türkei ausgeliefert. In der Geschichte der PKK gilt dieses Datum bis heute als *Roja Reş* (Schwarzer Tag).

Nach der Flucht Öcalans wurde unter Vermittlung des ägyptischen Staatschefs Husni Mubarak das »Adana-Abkommen« zwischen der Türkei und Syrien unterzeichnet. Syrien verpflichtete sich, die PKK als terroristische Vereinigung einzustufen, alle PKK-Lager auf syrischem Boden zu schließen und Parteimitglieder zu verhaften bzw. ihre Ein- oder Durchreise nach bzw. durch Syrien zu verhindern. Mazlum Abdi zufolge wurden daraufhin mindestens 150 PKK-Funktionäre an die Türkei ausgeliefert, während Dutzende vom syrischen Regime ermordet wurden.[20]

Die Verhaftung Öcalans führte zu einem gravierenden Transformationsprozess der Partei, der als »Paradigmenwechsel« bekannt wurde. Dieser startete bereits nach dem Untergang der Sowjetunion und mit dem ersten einseitigen Waffenstillstand der PKK von 1993. Schon damals stellte Öcalan eine politische Lösung der »kurdischen Frage« innerhalb der türkischen Staatsgrenzen in Aussicht. Die Bedeutung des bewaffneten Kampfs nahm gegenüber dem politischen Kampf zunehmend ab und die PKK unterstützte verstärkt die Selbstorganisierung der kurdischen Bevölkerung. Der militärische Kampf der Guerilla dauerte zwar an, wurde aber zunehmend durch politische Tätigkeiten ergänzt. Dieser Wandel kann als Reaktion auf die Probleme innerhalb der kurdischen Gesellschaft gesehen werden. Der Guerillakrieg hatte sich zunehmend erschöpft. Mehr und mehr Menschen (vor allem in den Städten und der Diaspora) nahmen Abstand vom Führungsanspruch der Partei. Diese hatte ihre soziale Basis weiterhin in den ärmeren Schichten der ländlichen Gebiete, musste jedoch ihre Aktionen – und die Folgen – verstärkt rechtfertigen und verlor damit den Zuspruch eines Teils der Bevölkerung. Die

Guerilla selbst hatte mit verstärkten Angriffen und hohen Verlusten zu kämpfen. Meist konnte sie nur noch Rückzugsgefechte führen.

Durch die US-Intervention im Irak 2003 kam es zu einem weiteren bedeutenden Wandel innerhalb der kurdischen Welt. Der Sturz Saddam Husseins legte den Grundstein für die Gründung der Kurdischen Regionalregierung im Nordirak. Die wirtschaftliche Prosperität der Region, die eng mit den USA und der Türkei kooperierte, hatte große Ausstrahlungskraft auf die anderen Teile Kurdistans und ließ auch dort die Forderungen nach Mitbestimmung und Eigenstaatlichkeit lauter werden.

Die PKK aber wandte sich von der Idee eines eigenen Nationalstaats ab. Nach seiner Festnahme verfasste Öcalan in seinen Verteidigungsschriften seine Gedanken zur Neuausrichtung der Partei und propagierte ihre »libertäre Wende«. Die PKK verabschiedete sich von staatssozialistischen Vorstellungen und öffnete sich basisdemokratischen Elementen. Somit wandelte sich die Partei von einer marxistisch-leninistischen Kaderpartei hin zu einer offeneren, mehr an freiheitlichen Werten orientierten Organisation. Getragen wurde dies durch eine Wende im Denken und Schreiben Öcalans. Indem er sehr breit und offen auf historische, philosophische, politische und anthropologische Quellen zurückgriff, entwickelte er eine neue Parteidoktrin. Zentral hierfür ist die Ablehnung von Nationalstaaten, Kapitalismus und Patriarchat. Zusammen bilden sie das, was Öcalan »kapitalistische Moderne« nennt, deren weiteres Merkmal die Umweltzerstörung sei. An ihre Stelle solle die »demokratische Moderne« treten, die sich durch Selbstorganisation, Ökologie und Geschlechtergerechtigkeit auszeichnet. Eine »nichtstaatliche, politische Verwaltung« oder eine »Demokratie ohne Staat« solle den Staat ersetzen. Für die PKK stand nun nicht mehr die Übernahme des Staats im Fokus, sondern die politisch-gesellschaftliche

Basisarbeit. Das Ziel war, den Staat zu schwächen und schließlich überflüssig werden zu lassen.

Es wäre verkürzt, den »Paradigmenwechsel« einfach auf veränderte Ansichten Öcalans zurückzuführen. Er war eine pragmatische und notwendige Antwort auf die Probleme der kurdischen Freiheitsbewegung und sollte ihr Überleben unter veränderten Bedingungen sicherstellen. Für die PKK ging es um alles. Der Transformationsprozess von 1999 bis 2004 verlief äußerst schmerzhaft. Etwa ein Fünftel der Parteimitglieder verließ die Partei. Unter ihnen fühlten sich einige von der kurdischen Autonomie im Nordirak angezogen und suchten dort eine neue politische Heimat.

Doch die Mehrheit stellte sich hinter das neue »Paradigma«, wie Heval Hevrê berichtet. Der aus dem Iran stammende Parteifunktionär könnte seine kurdische Herkunft keine Sekunde leugnen. Er trägt den klassischen kurdischen Männeranzug, bestehend aus der *herwal*, einer weiten Pluderhose, der *tshorba*, dem Jackett, sowie dem *pishtwin*, dem um die Hüfte getragenen Bindegürtel aus Tuch. Freundlich, leise und ruhig berichtet der rund 50-Jährige von der Umbruchphase: »Natürlich ist es schwierig, sich umzuorientieren, wenn man 30 Jahre lang von einer Sichtweise so überzeugt war und das gelernt hat. Es gab auch solche, die den Weg nicht mitgehen konnten.« 2004 kam es zu einer Spaltung der Partei. Für Hevrê wäre es nie in Frage gekommen, sie zu verlassen: »Öcalan hat die Situation damals richtig eingeschätzt und die Partei mit dem neuen Paradigma weiterentwickelt.« Das ist die Mehrheitsmeinung innerhalb der Partei. Auch Mustafa Eyertan würde hier zustimmen.

Der »Mythos Revolution«

Wie die Bewohner*innen einer Stadt
beginnen, Geschichte zu schreiben

Friedhof der Gefallenen in Kobanê (Quelle: Rojava Information Center)

Erinnerung an Gefallene an einer Landstraße bei Dêrik (Quelle: Rojava Information Center)

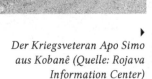

Der Kriegsveteran Apo Simo aus Kobanê (Quelle: Rojava Information Center)

Vorherige Seite oben: Der Kriegsveteran Xelîl Osman aus Kobanê (Quelle: Rojava Information Center)

Unten: Friedhof der Gefallenen in Kobanê (Quelle: Rojava Information Center)

Alles fing in Kobanê an. Dort kommt es am 19. Juli 2012 zum Aufstand der Bevölkerung gegen das Assad-Regime, der zum Beginn der »Rojava-Revolution« werden sollte. In kurdischen Revolutionsliedern wird von den Ereignissen gesungen, Bücher berichten davon. Im Sommer 2022, zehn Jahre danach, sind die Städte in Nord- und Ostsyrien voll mit Plakaten, die an diese Revolution erinnern. Kobanê ist überall.

Apo Simo war 2012 dabei. Seinen echten Namen nennt er nicht, doch sei er in Kobanê als »Onkel«, das bedeutet *Apo* auf Kurdisch, bekannt. Der Kurde lädt in sein schlichtes Haus in einem Vorort der Stadt ein. Der Blick reicht über den Friedhof, auf dem die Kriegsgefallenen in schier endlosen Reihen ihre letzte Ruhe gefunden haben, bis hin zur türkischen Grenze, auf der nun eine Mauer steht. 2012 war dies noch nicht der Fall. Überhaupt war damals vieles anders.

Bereits in der Nacht zum 19. Juli 2012 übernahmen bewaffnete kurdische Einheiten die Kontrolle über die Straßen Kobanês. »Ich habe an dieser Aktion der Bevölkerung der Stadt teilgenommen«, erzählt Simo. Der ernste Mann berichtet mit Stolz von jenem Tag. Angeben will er aber nicht. Dafür ist die Geschichte auch zu ernst. 2014 wird Simo die Stadt als YPG-Kommandeur gegen den »Islamischen Staat« verteidigen und dabei ein Bein verlieren. Seither kann er nur noch mit Krücken laufen. Doch der 19. Juli 2012 verläuft unblutig. »Wir haben alle staatlichen Einrichtungen der Stadt belagert und erobert. Die Beamten des Regimes haben wir einfach weggeschickt.« Was für ein Gefühl von Freiheit – und von Macht. Zeitgleich versammelte sich eine Menschenmenge vor dem Stützpunkt der syrischen Armee. Eine Delegation verhandelte mit den

Militärs. Die kurdische Seite bot gegen Abgabe der Waffen und Munition sicheres Geleit an. Angesichts der Ausweglosigkeit willigten die Soldaten ein und zogen ab. »Damit hat niemand gerechnet«, bekennt Simo. »Das Regime hat sich verkalkuliert und uns unterschätzt. Seine Pläne sind nicht aufgegangen.«

Und dann? Ging es weiter. Wie ein Lauffeuer. Von Kobanê breitet sich die Revolution in andere Städte aus. Bereits am 21. Juli 2012 ist die gesamte Region Cizîrê unter Kontrolle der Aufständischen. Auch Afrîn wird von den Ereignissen mitgerissen. Es kommt zu keinen größeren militärischen Auseinandersetzungen, da sich die syrische Armee meist ohne nennenswerten Widerstand zurückzieht.[21] Die Polizei wird entwaffnet und aufgefordert, sich zu ergeben. Embleme des Staats werden entfernt, wichtige Akten beschlagnahmt und politische Gefangene befreit. Mit dem Freudentaumel dieser Tage ist es jedoch keineswegs getan. Die Arbeit beginnt erst. »Wir mussten uns nun selbst organisieren und unsere eigenen Strukturen aufbauen«, erzählt Apo Simo. Doch diese Aufbauarbeit sollte schon bald jäh unterbrochen werden, als die Dschihadisten von al-Nusra und »Islamischem Staat« ab 2013 auf Kobanê vorrücken. Der Friedhof der Gefallenen erzählt davon. Doch das ist bereits eine andere Geschichte.

Zunächst wird Kobanê zum Symbol der Revolution von 2012. Eigentlich hat die Stadt, in der vor dem Bürgerkrieg rund 50.000 Menschen lebten, nichts Besonderes zu bieten. Ganz in der Nähe findet sich zwar die Ausgrabungsstätte *Arslan Tash* aus dem 9. Jahrhundert v. u. Z., das moderne Kobanê ist jedoch ein Produkt des Kolonialismus. 1892 gibt es vor Ort genau drei Höfe. 1912 wird die Stadt dann von kurdischen Arbeiter*innen gegründet, die am Bau der Bahnstrecke Berlin–Bagdad beteiligt sind. Kobanê leitet sich vom deutschen Wort Kompanie ab und bezieht sich auf die Eisenbahngesellschaft, die für den Bau verantwortlich war. Da die Stadt durch das Sykes-Picot-Abkommen direkt auf der syrisch-türkischen Grenze liegt, ließen sich später auch Armenier∗innen in Kobanê nieder, die vor dem Genozid von 1915/16 fliehen konnten. Armenische, kurdische, arabische Menschen und Suryoye lebten zusammen und formten die Stadt. Das mehrsprachige Zusammensein gehört seitdem zur DNA des Ortes. Vielleicht ist es also gar nicht verwunderlich, dass Kobanê zur Stadt der Revolution wurde.

Der Frühling von 2011

Als Hafiz al-Assad im Juni 2000 starb, übernahm sein Sohn Baschar die Macht in Syrien. Er hatte in London studiert, war gelernter Augenarzt und galt in der Bevölkerung als Hoffnungsträger. Der junge Herrscher, Jahrgang 1965, sollte den Herrschaftsapparat seines Vaters umkrempeln. Zunächst erkannte Baschar die Notwendigkeit von Reformen. Von der Globalisierung war das Land faktisch ausgeschlossen, Internet und Mobiltelefone gab es – auch aufgrund der Angst vor zu großer Vernetzung und Opposition – kaum. Baschar öffnete das Land diesen neuen Technologien, reformierte den Bankensektor und forcierte die weitere Privatisierung der Staatsbetriebe. Ebenso wurden Privatschulen und -universitäten, vor allem für die Mitglieder der Oberschicht, eröffnet. Für einen kurzen Moment sah es so aus, als würden die erhofften Liberalisierungen wahr werden. Doch der wenige Monate dauernde »Frühling von Damaskus« endete jäh. Bereits ab 2002 wurden Regierungskritiker∗innen wieder verfolgt, ins Gefängnis geworfen und gefoltert. Wie sein Vater ließ auch Baschar al-Assad seinen Sicherheitsleuten freie Hand, mit Oppositionellen das zu tun, was ihnen beliebte.

Inspiriert von den Revolten in Nordafrika kam es im Januar und Februar 2011 auch in Syrien zu ersten spontanen Protesten. Als Ausgangspunkt der Syrischen Revolution gilt die gewaltsame Niederschlagung einer friedlichen Demonstration in der südsyrischen Stadt Dar'aa im März 2011. Die Sicherheitskräfte des Regimes reagierten auf die Proteste mit äußerster Brutalität und töteten mehrere Menschen. Daraufhin breitete sich der Aufstand aus. Nach 2012 hatten sich die Proteste von der Hauptstadt Damaskus über das Handelszentrum Aleppo nahezu auf das ganze Land ausgeweitet. In den Städten waren es vor allem die Jugendlichen, die rebellierten und auf Korruption, jahrzehntelange Diktatur, staatliche Gewalt und soziale Probleme aufmerksam machten. Je nach Studie betrug die Erwerbslosigkeit in Syrien zu diesem Zeitpunkt zwischen 15 und 25 Prozent – bei Jugendlichen bis zu 39 Prozent. Ein Drittel der Bevölkerung lebte unterhalb der Armutsgrenze, 30 Prozent knapp darüber. Die Inflation, die 2008 offiziell 17 Prozent betrug, führte zudem zur Verarmung der Mittelklassen.[22]

Der »Frühling« in Syrien war kein Aufstand des gesamten Landes. Seine soziale Basis hatte er in den deklassierten Schichten der Städte, vor allem bei verarmten Sunnit*innen, Tagelöhner*innen sowie Bauern auf dem Land, die kaum mehr ihren Lebensunterhalt erwirtschaften konnten.[23] Auch die Kurd*innen spielten von Beginn an eine entscheidende Rolle. Ein beträchtlicher Teil der Bevölkerung stand 2011 jedoch noch hinter Assad. Wohl nicht nur aus Überzeugung, sondern vielfach auch aus Abwägung.

Eine bedeutende Oppositionsgruppe war die am 29. Juli 2011 gegründete Freie Syrische Armee (FSA), die in Teilen auch mit dem Syrischen Nationalrat verbunden war. In diesem Oppositionsbündnis spielten auch die Muslimbrüder eine entscheidende Rolle. Die FSA entwickelte keine nennenswerte Führungsstruktur und blieb eher ein loser Zusammenschluss bewaffneter Banden. Im Laufe des Jahres 2012 verlor sie gegenüber dschihadistischen Gruppen im Widerstand gegen Assad zunehmend an Bedeutung. Einige Kämpfer liefen zu al-Nusra über, später wurde der »Islamische Staat« reizvoll.

In diesem Umfeld griffen internationale Akteure in den Bürgerkrieg ein und machten ihn zu ihrem Stellvertreterkrieg. Moskau entsandte »Militärberater« und lieferte Waffen und Logistik, um Assad zu unterstützen. Später folgten Elitesoldaten sowie die weitgehende Kontrolle des Luftraums über Nordwestsyrien. Dies sollte für Assad entscheidend sein, um dschihadistische Gruppen in diesem Gebiet zurückzudrängen. Ebenso bedeutsam war Assads Nähe zum Iran und zur libanesischen Hisbollah. Würde Assad fallen, käme wohl ein sunnitisches Regime an die Macht, was für die Hisbollah ausbleibende Waffen- und Geldlieferungen aus Damaskus bedeuten und sie so vor existenzielle Probleme stellen würde. Und auch der Iran hat ein Interesse an Assad. Ohne ihn würden Saudi-Arabien und die Golfstaaten die Vorherrschaft im Nahen Osten übernehmen. Sie könnten dann ohne Teheran bestimmen. Für regionale Regierungen, die um den Einfluss des Iran besorgt sind, wäre das eine willkommene Veränderung der Machtverhältnisse, weswegen sie die syrische Opposition unterstützen. Insbesondere die Türkei sowie die Golfstaaten Katar und Saudi-Arabien unterstützen Dschihadisten. Und hinter der Unterstützung der USA und Europas für die Opposition stand zu Beginn das Kalkül, dass derjenige, der Assad ablöst, dem iranischen Regime weniger freundlich gesinnt sein werde.

In dieser unübersichtlichen Lage verschwimmen häufig die Grenzen zwischen Politik und Kriminalität. Bereits 2012 kämpften rund 3.000 verschiedene bewaffnete Gruppen, die man sich eher als kriminelle Banden vorstellen muss, um Macht und Einfluss im Bürgerkriegsland.[24]

Die lokale Bevölkerung war einer uferlosen Gewalt ausgesetzt. Die Armee und paramilitärische Einheiten des Regimes gingen mit Artillerie und Kampfflugzeugen gegen die Opposition vor. Das Regime ließ Wohnviertel vermeintlicher Regimegegner*innen bombardieren und komplett zerstören. Diese Aktionen erinnerten deutlich an die Massaker von 1982 in Hama. Zudem wurden gegnerische Regionen ausgehungert. Während das Regime auf »Befriedung« ohne Rücksicht auf Verluste setzte, kam es auch durch die dschihadistischen Gruppen von Anfang an zu systematischen Massakern. Alle Seiten missachteten das Kriegsvölkerrecht und verübten barbarische Akte gegen Zivilist*innen und Gefangene. 2012 schätzte UNICEF die Zahl der Getöteten im Bürgerkrieg auf rund 500.000 Menschen. Knapp 13 Millionen Syrer*innen waren 2018 auf der Flucht: 6,2 Millionen Menschen innerhalb des Landes, 6,7 Millionen verließen Syrien.[25]

Eine ungelöste Frage

Von Anfang an beteiligten sich die Kurd*innen an den Protesten gegen das Regime. In Qamişlo fanden 19 Tage nach der ersten Kundgebung am 6. März in Dar'aa Demonstrationen statt, bei denen zur Solidarität mit der Stadt aufgerufen wurde. Die Proteste in Qamişlo wurden von bestehenden klandestinen Organisationen wie der Kurdischen Revolutionären Jugend (*Tevgera Ciwanên Kurd*) organisiert.[26] In den mehrheitlich kurdischen Gebieten Syriens um die Städte Amûdê, Qamişlo oder Kobanê, aber auch in den kurdischen Stadtvierteln von Aleppo und Damaskus nahmen in den ersten Wochen der Proteste jeweils etwa 10.000 bis 15.000 Menschen an Demonstrationen teil. Am 8. Oktober 2011 sollen allein in Qamişlo etwa 100.000 Menschen gegen das Assad-Regime demonstriert haben.

Der Protest war in der kurdischen Bevölkerung von Beginn an ausgesprochen stark – da er bereits einige Jahre zuvor begonnen hatte. Mitten in der Großstadt Qamişlo – direkt neben dem Busbahnhof, dem zentralen Avesta-Park und Regierungsgebäuden des Regimes – befindet sich das Fußballstadion. Das rund 9.000 Menschen fassende Stadion wurde zum Schauplatz gewaltsamer Unruhen, die in das kollektive Bewusstsein der Kurd∗innen in Syrien eingingen. Auslöser war ein Fußballspiel zwischen der Mannschaft *al-Futowa* aus der arabischen Stadt Deir ez-Zor sowie der kurdischen Mannschaft *al-Dschihad* aus Qamişlo am 12. März 2004. Die als gewaltbereit bekannten Fans von *al-Futowa* reisten mit Bussen an und gelangten ohne Sicherheitskontrollen ins Stadion. Bereits vor Spielbeginn kam es zu Provokationen. Während die Anhänger aus Deir ez-Zor Bilder Saddam Husseins zeigten – dessen Einfluss aufgrund der Nähe der Stadt zum Irak beträchtlich war –, riefen die kurdischen Fans: »Freies Kurdistan!« Es wurden Steine und Feuerwerkskörper geworfen. Als die Krawalle eskalierten, gaben syrische Sicherheitskräfte erste Schüsse ab. Die Polizei vertrieb die Fans von *al-Dschihad* aus dem Stadion, während die Anhänger von *al-Futowa* bleiben durften. Die Auseinandersetzungen weiteten sich zu aggressiven Demonstrationen in der gesamten Stadt aus. Kurd∗innen verbrannten Bilder von Hafiz und Baschar al-Assad. Der Tag fand sein Ende mit dem Einsatz tödlicher Gewalt seitens der Sicherheitskräfte. Neun Menschen kamen ums Leben.[27]

Der nächste Tag sollte noch blutiger werden. Nach einem Trauerzug für die Toten feuerten syrische Sicherheitskräfte in Zivil auf die zehntausenden Teilnehmer∗innen, woraufhin diese die Regierungsgebäude der Stadt angriffen. Die Kämpfe setzten sich auch am 14. März fort und hatten inzwischen alle kurdischen Gebiete des Landes erreicht. In Amûdê, al-Hasaka, Dêrik, Kobanê, aber auch in Aleppo und Damaskus wurden staatliche Gebäude und Büros der

Baath-Partei angegriffen sowie Statuen Hafiz al-Assads gestürzt. Insgesamt sollen bei diesen Unruhen mindestens 32 Menschen ums Leben gekommen sein, 160 Menschen wurden verletzt.[28]

Dieser Aufstand entwickelte sich aus der kurdischen Bevölkerung heraus, in der das Bedürfnis nach Autonomie und Demokratie gewachsen war und die verstärkt ihre Rechte einforderte. Parteien waren nicht maßgeblich am Aufstand beteiligt. Lediglich die *Yekîtî* (Partei der Einheit) und die erst 2003 gegründete PYD (*Partiya Yekîtiya Demokrat*; Partei der Demokratischen Union) unterstützten die Protestierenden. Für Generalkommandeur Mazlum Abdi waren diese Proteste der Beginn der kurdischen Revolution in Syrien.[29] In Rojava entstand ein Bewusstsein für das Gebiet als politische Einheit.[30]

Ein Jahr nach dem Aufstand demonstrierten im Juli 2005 erneut zehntausende Kurd∗innen in Qamişlo gegen Damaskus. Auch bei diesen Protesten standen Parteien nur am Rande. Auslöser war die Ermordung des regierungskritischen Geistlichen Mashouq al-Khaznawi. Er wurde am 10. Mai 2005 entführt und drei Wochen später tot aufgefunden. Bis heute ist seine Ermordung nicht aufgeklärt.

Als es im Frühjahr 2011 in ganz Syrien rumorte, waren bei den Kurd∗innen die Erfahrungen dieser Jahre noch lebendig. Analog zu anderen syrischen Städten operierten die kurdischen Aktivist∗innen zunächst weitgehend geheim. Die Bewegung entstand nicht aus dem Nichts, sondern gründete in der klandestinen Organisierung der Bevölkerung in Räten aus den Jahren zuvor. Diese Räte waren seit 2004 im Gesundheits- und Bildungsbereich entstanden, aber auch in der Justiz und in der Verteidigung.[31] Sie alle, das haben meine Gesprächspartner∗innen immer wieder erzählt, basierten auf dem Bedürfnis der Menschen, über ihre eigenen Belange selbst bestimmen und sich selbst verwalten zu können.

Damit formierten sich die Kurd*innen offensiv als politische Identität. Damaskus reagierte darauf überraschend schnell, wohl auch, um einen Zusammenschluss der kurdischen und arabischen Protestbewegung zu verhindern. Für die Kurd*innen gab es zunächst Zuckerbrot: Im März 2011 beschloss das syrische Sozialministerium, alle Beschäftigungsverhältnisse von Kurd*innen zu normalisieren. Gleichzeitig hob das Regime das Verbot auf, wonach Kurd*innen an den Grenzen Syriens kein Land erwerben durften. Am 7. April gewährte Assad im Dekret 49/2011 schließlich rund 220.000 staatenlosen Kurd*innen die syrische Staatsbürgerschaft. Außerdem ließ Damaskus 48 kurdische politische Gefangene frei und lud kurdische Vertreter zu Gesprächen in die Hauptstadt ein. Im Oktober 2011 wurden zusätzlich die ersten sechs kurdischsprachigen Schulen eröffnet.[32]

Doch da die Proteste andauerten, folgte auf das Zuckerbrot die Peitsche. Das Regime ließ kurdische Führungspersönlichkeiten verhaften, foltern oder ermorden. So etwa den Vorsitzenden der Kurdischen Zukunftsbewegung in Syrien, Mişel Temo. Die Zukunftsbewegung war nach den Ereignissen in Qamişlo von 2004 gegründet worden und versuchte sich an einem Austausch zwischen der arabischen und der kurdischen Opposition. Temo, der bereits 2009 wegen »Untergrabung des Ansehens des Staates« und der »Moral der Nation« zu drei Jahren Haft verurteilt worden war, überlebte am 8. September 2011 einen ersten Mordanschlag, für den er das Regime verantwortlich machte.[33] Einen Monat später wurde er im Haus eines Freundes in Qamişlo von vier Bewaffneten in Zivil erschossen – kurz bevor er das Land verlassen wollte. 50.000 Menschen kamen zu seiner Beerdigung. Sicherheitskräfte schossen in die Menge und töteten fünf Personen. 2012 wurden Dokumente veröffentlicht, wonach Baschar al-Assad den Mord persönlich angeordnet haben soll.[34] Die

Kurd∗innen blieben – trotz punktueller Verbesserungen und Zugeständnisse – in Syrien weiterhin systematisch diskriminiert, unterdrückt und bedroht. Die Grundlage für die eigene Revolution war gelegt.

Eine Partei neuen Typs?

Die Mehrzahl der kurdischen Parteien positionierte sich 2011 und 2012 nicht eindeutig in Opposition zu Assad. Die meisten von ihnen sind Abspaltungen der 1957 im Untergrund von Nurredin Zaza und Osman Sebrî gegründeten PDK-S. Diese erste kurdische Partei in Syrien wurde vor allem von bürgerlichen Intellektuellen getragen. 1960 benannte sie sich in Demokratische Partei Kurdistans in Syrien (*Partiya Demokrat a Kurdistanê li Sûriyê*) um, womit der regionale Bezug auf einen eigenen Staat (»Kurdistan«) erstmals im Namen auftauchte.[35] Schnell spaltete sich die Partei, was nicht allein auf ideologische Unterschiede zurückzuführen war, sondern sich eher mit persönlichen Beziehungen erklären lässt. Ebenso forcierten innerparteiliche Intrigen und syrische Geheimdienstagenten weitere Spaltungen. Die Folge war eine zersplitterte und extrem undurchschaubare kurdische Parteienlandschaft, die auch vor Ort längst nicht jeder durchblickt.[36]

Ferman Hussein ist Funktionär einer der Parteien, die in diesem Prozess entstanden. Er lebt in Kobanê und ist Mitglied des Zentralkomitees der Demokratischen Partei Kurdistans in Syrien, die sich den Zusatz *al-Parti*, »die Partei«, gegeben hat. Ferman gehört zur städtischen Oberklasse und ist sichtlich stolz darauf. Der Politiker lässt sich in einem großen Sessel in seinem Wohnzimmer vor einer Bücherwand fotografieren. Der repräsentative Eindruck muss stimmen. Für das Interview hat sich Ferman, ein Berg von einem Mann, extra ein Hemd angezogen, während er zum Vorgespräch in seinem Garten noch leger im Kaftan erschien. Stolz ist er auf die Geschichte seiner Partei. »Die Partei wurde 1957 gegründet und war die erste kurdische Partei in Syrien. Wir wurden für das Regime zur Gefahr und viele Mitglieder wurden festgenommen. Ich selbst saß zehn Jahre in Haft. Doch die Partei hatte auch danach weiterhin Bestand.« Nun lebt Ferman als Geschäftsmann in Kobanê, einer seiner Söhne arbeitet für die Selbstverwaltung in der Stadt, ein anderer lebte lange in Deutschland und baut nun neben dem Anwesen des Vaters seine eigene Villa. Mit den Vertretern der Selbstverwaltung kann der Kurde gut, weist aber auch auf Differenzen hin. »Mein Wunsch für die Zukunft wäre ein demokratisches, ein parlamentarisches System.« Seine Hoffnungen orientieren sich wohl eher an Irakisch-Kurdistan als an der Selbstverwaltung, aber Ferman scheint seinen Frieden mit der Situation gemacht zu haben. Wenn man seinen Lebensstandard mit der Mehrheitsbevölkerung vergleicht, scheint ihm sein Pragmatismus recht zu geben.

Während der Aufstände gegen das Regime 2011 und 2012 beschränkten sich die Aktivitäten der meisten PDK-S-Nachfolgeparteien maximal auf verbale Kritik am Regime. In einer sich anbahnenden revolutionären Situation konnten sie damit immer weniger Menschen überzeugen – ein Sachverhalt, den meine Gesprächspartner*innen immer wieder ansprechen. Währenddessen gewann eine Partei an Bedeutung, deren Aktivist*innen sich von Beginn an an den Protesten beteiligten: Die Partei der Demokratischen Union, die PYD. Die Partei war 2003 von ehemaligen PKK-Kadern in Syrien gegründet worden und verfügte lange über keine legale Organisationsstruktur. Die weltanschauliche Ausrichtung der PYD beinhaltet Elemente des Sozialismus, Leninismus sowie des kurdischen Nationalismus, wie er von Öcalan geprägt wurde. Zwar betonen führende Politiker*innen der Partei stets ihre Unabhängigkeit von der PKK, sie machen jedoch keinen Hehl daraus, dass sie mit ihr gemeinsame Wurzeln teilen. Dies zeigt sich auch in der zentralen Rolle von Öcalan.

Die PYD strebt nach demokratischer Autonomie innerhalb der Grenzen Syriens. Seit Juni 2022 wird die Partei von Asya Abdullah aus Dêrik und Salih Muslim aus Kobanê geführt. Salih gilt als eines der bekanntesten Gesichter der Partei und vertritt diese auch im Ausland. Vor der Einführung der Doppelspitze war er 2010 bereits alleiniger Parteivorsitzender. Asya Abdullah wurde 2012 zur ersten weiblichen Co-Vorsitzenden gewählt. Bilder von ihr gingen um die Welt, als sie mit der Waffe in der Hand an der Verteidigung Kobanês gegen den »Islamischen Staat« teilnahm. Beide sind Vertreter*innen einer Funktionärsebene der Partei, die diese – auf unterschiedliche Weise – von Beginn an bestimmt hat. Während sich Salih in Syrien für die Belange der Kurd*innen einsetzte und vom Regime mehrfach verhaftet und gefoltert wurde, war Asya 25 Jahre lang Mitglied der PKK und lebte mehrere Jahre in den Kandil-Bergen, bevor sie sich 2003 an der Gründung der PYD beteiligte. Die Leitungsebene der PYD setzt sich überwiegend aus Kurd*innen zusammen, die meist über langjährige Erfahrung in der PKK verfügen. Diese gut organisierten Führungskader spielten eine wichtige Rolle bei der Stärkung der Partei.[37] Die unteren Parteiebenen sowie die Mitglieder der Räte haben diese Vergangenheit meist nicht und stammen aus der lokalen Bevölkerung.

Die Partei ist in Ortsgruppen von fünf bis 50 Mitgliedern organisiert, die jeweils von zwei Co-Vorsitzenden geleitet werden, berichtet Mahmûd Berxwedan. Er ist Sprecher des Bildungskomitees der Partei in Tall Abyad. Die Partei legt großen Wert auf die Weiterbildung der Mitglieder. »Wir bieten Einheiten zur Bedeutung von Bildung, zum Parteiprogramm und zur Satzung an«, erklärt Mahmûd. Auch Parteigeschichte, die Rolle der Frauen und der Jugend in der

Revolution sowie »revolutionärer Volkskrieg« werden als Themen behandelt. Durch dieses im ganzen Gebiet verfügbare Bildungsangebot ist es der Partei gelungen, eine hohe interne Disziplin und eine gut strukturierte Organisation zu schaffen. Die politische Nähe zur PKK sorgt zudem für logistische Unterstützung, militärisches Know-how und Verwaltungskompetenz.[38] Die Partei zeichnet sich durch ein Maß an Disziplin und Autorität aus, über das keine andere Oppositionsgruppe verfügt. Die von der PYD von Beginn an konsequent durchgeführte Politik der Gleichberechtigung der Geschlechter führte zu einer starken Beteiligung von Frauen. Ein Grundsatz der Partei ist es, Frauen als die wichtigste revolutionäre Gruppe anzusehen. Innerhalb der Partei werden alle Posten von einer Frau und einem Mann besetzt. Hinzu kommen autonome Frauenstrukturen innerhalb der Partei. Der Erfolg der PYD bei der Verfestigung einer solchen radikalen Geschlechterpolitik ist in einer patriarchalisch geprägten Region beispiellos.[39]

Die fortschrittlichen Ideen der PYD machten sie dem Regime suspekt, sodass Damaskus mit aller Härte gegen sie vorging. Die Statistiken, die ich lese, und die Schätzungen, die ich höre, sprechen eine eindeutige Sprache. Bereits 2009 ergingen zwei Drittel aller Verurteilungen wegen illegaler Parteiaktivität unter syrischen Kurd*innen gegen PYD-Mitglieder; ebenso waren drei Viertel aller kurdischen Folteropfer Mitglieder oder Sympathisant*innen der Partei.[40] Auch ich habe mit Kurd*innen gesprochen, die der Mitgliedschaft in der PYD beschuldigt wurden und oft Jahre in Assads Gefängnissen verbracht haben. Sie berichten von Prügeln, grausamen Foltermethoden, jahrelanger Isolationshaft und anhaltenden Alpträumen. Bis heute sind sie davon psychisch und physisch gezeichnet.

2011 beteiligte sich die PYD am Aufstand, suchte jedoch inmitten des wachsenden Einflusses dschihadistischer Gruppen in der syrischen Opposition nach einer eigenen

Position. Auch zu anderen kurdischen Parteien blieb das Verhältnis angespannt. Es verschärfte sich noch, als elf kurdisch-nationalistische Parteien am 26. Oktober 2011 in Qamişlo den ENKS (*Encûmena Niştimanî ya Kurdî li Sûriyeyê*; Kurdischer Nationalrat) gründeten. Dieses bis heute bestehende Oppositionsbündnis geht auf die Initiative des damaligen Präsidenten der nordirakischen KRG, Mesûd Barzanî, zurück und umfasst mittlerweile 14 kurdische Parteien. Die größte Mitgliedspartei ist die PDK-S. Die Aktivitäten des ENKS beschränkten sich von Anfang an weitgehend auf die Region Cizîrê, was es der PYD erleichterte, in den Regionen Kobanê und Afrîn Fuß zu fassen.

Die PYD ihrerseits gründete zusammen mit einem halben Dutzend anderer Parteien am 11. Januar 2011 die Bewegung für eine demokratische Gesellschaft. Das anfängliche Ziel von TEV-DEM war der Aufbau eines demokratischen Systems aus Kommunen und Räten in den kurdischen Gebieten. Aras Rêvan arbeitet bei TEV-DEM in Qamişlo und erinnert sich gut an die Aktivitäten in der Anfangszeit: »Wir sind damals von Haus zu Haus gegangen, haben mit den Bewohnern gesprochen und ihnen erklärt, was wir mit dem System der Kommunen beabsichtigen und weshalb es wichtig ist, dass sie sich organisieren. Wir haben versucht, den Menschen zu erklären, dass sie auf diese Weise über sich selbst entscheiden können.« Aras und seine Mitstreiter*innen scheinen durchaus erfolgreich gewesen zu sein: »Anschließend wurden große Versammlungen in den Stadtteilen abgehalten, zu denen in der Regel 200 oder 300, manchmal sogar 500 Menschen kamen.«

Bis heute bilden ENKS und TEV-DEM die beiden dominierenden Blöcke der kurdischen Politik in Syrien. Bereits 2011 kam es zu ersten Treffen des ENKS mit dem PYD-Vorsitzenden Salih Muslim. »Wir haben uns nie auf eine gemeinsame Linie verständigen können«, erinnert sich Salih. An dieser bis heute bestehenden scharfen Konkurrenz sollte auch ein erneuter Vermittlungsversuch Mesûd Barzanîs nichts ändern, durch den es im Juli 2012 zum Vertrag von Erbil kam. Dieser hätte die Differenzen beilegen und die Kontrolle über die kurdischen Gebiete in Syrien einem gemeinsamen Hohen Kurdischen Rat anvertrauen sollen. Praxis wurde diese Vereinbarung nie. Direkt nachdem die beiden Blöcke Erbil verlassen hatten, beschuldigte der ENKS die PYD, die Macht in Rojava zu monopolisieren, und die PYD warf dem ENKS Inkompetenz und Unfähigkeit vor. Nach einem weiteren erfolglosen Treffen im Dezember 2013 wurde der Hohe Rat schließlich 2015 offiziell wieder aufgelöst. 2020 wurden die Gespräche erneut aufgenommen, scheiterten jedoch unmittelbar.[41]

2011 und 2012 forderte die PYD keinen Regimesturz. Auf Basis ihres demokratisch-konföderalen Paradigmas, das die PYD 2005 übernommen hat und das sie mit der PKK teilt, sieht sie die Rolle der Kurd*innen nicht darin, »eine Person oder eine Familie« zu stürzen, sondern die Macht radikal auf die Basis der Gesellschaft zu übertragen, »bis der Staat bedeutungslos wird«.[42] Diesen Weg bezeichnet die Partei selbst als »dritte Alternative« – sowohl zum säkularen Nationalismus Assads als auch zum islamistischen Nationalismus der syrischen Opposition.[43] Die Forderung der Partei nach Basisdemokratie und kurdischer Autonomie brachte ihr eine starke Legitimität innerhalb der (kurdischen) Bevölkerung ein. Dort wurde ab dem Sommer 2011 der Ruf nach einem demokratischen und föderalen Umbau Syriens populär, was die Rolle der PYD zunehmend stärkte.

Revolution von Assads Gnaden?

Die Erzählungen der Beteiligten der Ereignisse vom Juli 2012 ähneln einander: Viel ist von zivilem Ungehorsam und Revolution die Rede, ebenso vom Krieg gegen Assad, von kurdischem Stolz und Aufopferungsbereitschaft. Als Tausende von Menschen vor die Stellungen der Armee zogen, ergaben sich die wenigen Soldaten auf ihren Posten ohne nennenswerten Widerstand, so die Erzählung. Kritiker, wie etwa die Parteien des ENKS, zeichnen ein ganz anderes Bild. Immer wieder wird von dieser Seite behauptet, es habe Absprachen zwischen PYD und Assad gegeben.

Es scheint, als habe jeder Gesprächspartner seine eigene Wahrheit.

Zunächst war 2012 die Ausgangslage in den kurdischen Gebieten nicht schlecht. Im Vergleich zur äußersten Brutalität des Regimes in den sunnitisch-arabischen Städten im Süden und Westen Syriens waren die Kurd*innen mit vergleichsweise wenig Gewalt konfrontiert. Nur 21 der über 11.000 vom Regime 2011 getöteten Demonstrant*innen stammten aus den kurdischen Gebieten.[44] Während das Regime mit militärischen Mitteln gegen die Opposition vorging, versuchte es Damaskus in Nord- und Ostsyrien mit relativer Entspannung. Staatliche Repression gegen Schlüsselfiguren der kurdischen Proteste gab es jedoch weiterhin. Der kurdische Aktivist Miral Cheikha wurde Ende August 2011 auf einer Demonstration in al-Hasaka festgenommen und zu 18 Jahren Haft verurteilt. Wenige Wochen später wurde der Schriftsteller Hussein Eisso, der kurdische und arabische Oppositionelle unterstützt hatte, verhaftet und nach Damaskus überstellt. Seitdem gilt er als verschwunden.

Die kurdischen Proteste weiteten sich aus und hielten bis in den Sommer 2012 an. Nachdem bei einem Bombenanschlag am 18. Juli 2012 in Damaskus mehrere hochrangige Militär- und Sicherheitsbeamte des syrischen Regimes verletzt oder getötet wurden, zog sich tags darauf ein Großteil der Armee aus den kurdischen Gebieten zurück. Damit überließ das Regime der PYD faktisch die Macht vor Ort. Die Partei entschloss sich, offen die Kontrolle über die bislang von Gewalt weitgehend verschonte Region zu übernehmen.

Die Verteidigung übernahm die YPG. Diese kurdische Miliz sei zwar von der PYD gegründet worden, es handle sich aber, das betont Salih Muslim, nicht um eine Parteimiliz. Vielmehr habe die YPG die Aufgabe, die gesamte kurdische Bevölkerung in Syrien zu schützen.

Der nahezu vollständig unblutige Machtwechsel in Rojava wird von Kritikern der PYD häufig mit einem vermeintlichen »Nichtangriffspakt« zwischen PYD und Damaskus erklärt. Als Indiz für eine Kooperation wird die Tatsache angesehen, dass kurdische Gebiete bis dahin kaum von Regierungstruppen angegriffen wurden.[45]

Dass die syrische Armee sich freiwillig zurückgezogen hat, wird damit begründet, dass Damaskus die innerstaatlichen Fronten im Bürgerkrieg reduzieren wollte. Dieser Einschätzung zufolge waren die Kurd*innen ein (ohnehin schwacher) Gegner, um den man sich später kümmern könnte. Bestärkt wird diese Sichtweise dadurch, dass die Führung der PYD – im Gegensatz zur syrischen Opposition – den Sturz des Regimes als Selbstzweck ablehnte. Zusätzlich führen Kritiker an, dass die PYD in kurdischen Gebieten in einigen Fällen sogar Proteste gegen das Regime verhindert habe. Mazlum Abdi gesteht ein, dass dies »in seltenen Fällen« passiert sei – jedoch nur, um zu verhindern, dass die kurdische Bewegung gemeinsame Sache mit der islamistisch-syrischen Opposition mache.[46]

Stichhaltige Beweise für eine offene Kooperation zwischen der PYD und Damaskus gibt es nicht. Vielmehr kam der Rückzug des Regimes unerwartet – nicht nur, weil die Kurd*innen zu einer seit Jahrzehnten vom Staat massiv unterdrückten Gruppe gehören. Vor allem führte das Manöver dazu, dass Assad die Kontrolle über fast alle syrischen Gasfelder und die Hälfte der Ölfelder verlor. Dieser gravierende wirtschaftliche Verlust wirkt sich bis heute lähmend auf das Regime in Damaskus aus.[47] Dass Assad bereit war, diesen Preis für eine gemeinsame Strategie mit der PYD zu bezahlen, ist höchst unwahrscheinlich.

Gleichzeitig wäre es sicherlich auch eine Übertreibung, den Rückzug der syrischen Armee allein durch die Stärke der kurdischen Kräfte zu erklären. Vielmehr muss er als ein riskantes und verunglücktes taktisches Manöver des Regimes angesehen werden. Zunächst war der syrische Staat wohl einfach zu schwach, um sein Gewaltmonopol in Nordsyrien aufrechtzuerhalten. Er räumte daher dem offenen Krieg gegen die (inzwischen vom Ausland unterstützte) syrische Opposition Vorrang gegenüber dem Kampf gegen die PYD ein, von der er wusste, dass sie nicht sezessionistisch war. Das Regime fokussierte sich auf den Kampf in anderen Regionen des Landes – insbesondere in Aleppo und Damaskus – und wollte dann in die kurdischen Gebiete zurückkehren. Die PYD könne währenddessen ruhig ihre Basisinstitutionen einer »dritten Alternative« aufbauen; eine langfristige Gefahr sei davon nicht zu erwarten. Eine schwerwiegende Fehleinschätzung – auch wenn die militärische Stärke der kurdischen Bewegung, ihre zentrale Rolle bei der Niederschlagung des »Islamischen Staats« sowie die internationale Aufmerksamkeit zu diesem Zeitpunkt noch nicht abzusehen waren. Damaskus, so scheint es, zog mit den Kurd*innen ein bekanntes Übel einem unbekannten vor: Assad und die kurdische Bewegung teilen eine lange – gleichwohl nicht immer harmonische – gemeinsame Geschichte. Zudem würden sich, so die Hoffnung des Regimes, die Kurd*innen und die syrische Opposition gegenseitig bekämpfen und schwächen. Außerdem wäre eine starke kurdische Bewegung eine Bedrohung für die mit dem Regime rivalisierende Türkei. Assads Rechnung sah ungefähr so aus: Die türkische Regierung könne die Auseinandersetzung mit der PYD führen, würde geschwächt und damit auch indirekt bestraft für ihre zunehmende Unterstützung der Opposition.

Die PYD ihrerseits nutzte diese staatliche Zurückhaltung aus und setzte wieder einmal ihren »rücksichtslosen Pragmatismus«[48] ein. Sie kollaborierte nie, wie Salih Muslim nicht müde wird zu betonen. Vielmehr profitierte die Partei zum einen von einem gewissen Wohlwollen des Regimes, zum anderen auch von der festen Verankerung in der Bevölkerung sowie der Stärke ihrer Basisinstitutionen. Das Ausbleiben von Gewalt in den kurdischen Gebieten ist nicht auf eine gemeinsame Politik von PYD und Regime zurückzuführen, sondern vielmehr auf die Tatsache, dass die kurdische Bewegung seit dem Einzug der PKK starke zivile Institutionen in Syrien etabliert hatte und die Zeit nutzte, um diese Institutionen zu stärken, anstatt die des Regimes zu stürzen.[49] Zum ersten Mal fanden sich kurdisch dominierte Kräfte mit einem progressiven Selbstverständnis in einer Lage, in der sie ihre Vorstellungen in die Tat umsetzen konnten – wenn auch auf unsicherem Terrain und mit ungewisser Zukunft. Die Unsicherheit wird dadurch verstärkt, dass sich das Regime aus Nord- und Ostsyrien nicht komplett zurückgezogen hat. Bis heute hält es Gebiete in der Region besetzt, vor allem bei Qamişlo und al-Hasaka. Dort betreibt Damaskus weiterhin Schulen, bezahlt die Beamten und kümmert sich um die Grundversorgung der Bevölkerung. Es hat sich eine seltsame, eine absurde Parallelstruktur entwickelt.

Doch noch einmal zurück an den Ausgangspunkt der Revolution. In Kobanê treffe ich Fayza Abdi. Sie hat ihr Büro im Haus des Kantonalrats von Kobanê. Das schwer bewachte Betongebäude liegt auf einem Hügel der Stadt, direkt neben dem »Park des 19. Juli«, einer kleinen, etwas kitschig ausgeleuchteten Grünfläche. Vor 2012 war das Gebäude das staatliche Regierungszentrum und wurde danach von der Selbstverwaltung übernommen. Fayza empfängt im blauen Jackett über einem schwarzen Hemd. Sie ist eine etwas ernste Erscheinung. Hinter ihrem großen Schreibtisch steht ein kleiner Holzaufsteller: *I love Kobanê*. Die Kurdin ist Co-Vorsitzende des Legislativrats der Region Euphrat, in der die Stadt liegt. Sie kommt aus einer politisch aktiven Familie. Ihr Bruder ist der SDF-General Mazlum Abdi. Im Juli 2012 lebte Fayza Abdi noch in Aleppo und nahm dort an den Aufständen im kurdisch dominierten Stadtteil Şêx Meqsûd teil.

2013 kam sie nach Kobanê und erinnert sich noch genau, wie präsent der Eifer der Menschen beim Aufbau der Selbstverwaltung zu spüren war: »Neben den Rätestrukturen hatten sich auch zahlreiche zivilgesellschaftliche Organisationen gebildet. Es gab bereits die Organisation für die Angehörigen der Gefallenen, es gab die Gewerkschaft der Lehrer und der Ingenieure.« Als Lehrerin engagierte sie sich in der entsprechenden Gewerkschaft und half beim Aufbau einer Akademie für kurdische Sprache, die im Dezember 2013 gegründet wurde. Fayza berichtet, wie die gesamte Stadt am Aufbau der Rätestrukturen teilnahm: »Du musst dir vorstellen, dass wir plötzlich in einer Situation waren, in der wir uns selbst verwalten mussten. Klar, es waren Selbstverteidigungsstrukturen geschaffen worden, aber die reichen für eine Selbstverwaltung lange nicht aus. Also mussten wir uns in allen unterschiedlichen Lebensbereichen organisieren, eigene Verwaltungs- und Leitungsstrukturen bilden.« Die Menschen gründeten Komitees, wie etwa für öffentliche Dienstleistungen oder im Gesundheitswesen, und nahmen die Arbeit auf. Aus ihnen sollten sich die aktuell bestehenden Strukturen der Selbstverwaltung entwickeln. Der Anfang war gemacht. »Die Menschen beteiligten sich voller Begeisterung am Aufbau Rojavas und regelten ihre Angelegenheiten lieber selbst, als von einer arabischen Macht aus dem fernen Süden regiert zu werden. Das gab ihnen das Gefühl von Stolz und Würde«, so beschreibt der 1983 geborene Azad Cudi die Ereignisse des Sommers 2012.[50] Azad wurde 2013 mit der Verwaltung des Armenviertels Heleliyah in Qamişlo betraut. Später sollte er zu einem der bedeutendsten Scharfschützen bei der Verteidigung Kobanês gegen den »Islamischen Staat« werden.

Die Wiederaneignung der Politik

Wie man einen Staat aufbaut,
ohne einen Staat aufzubauen

Kämpferin der Yekîneyên Parastina Jin *(Quelle: Rojava Information Center)*

Straßenszene aus Qamişlo (Quelle: Rojava Information Center)

Vorherige Seite oben: Treffen der Kommune Şehid Sipan in Dêrik am 9. Juni 2022 (Quelle: Simon Clement)

Unten: Mitglieder der Yekîtiya Jinên Ciwan *(Verband junger Frauen) auf einer Demonstration in Dêrik am 15. Mai 2022 (Quelle: Simon Clement)*

An einem geplatzten Wasserrohr erkennt man den Glanz des basisdemokratischen Rätesystems von Nord- und Ostsyrien: Ich bin in Qamişlo, im Osten der Stadt, unweit des ehemaligen Bahnhofs. In einer kleinen Seitenstraße leckt ein Wasserrohr. Eine große Pfütze steht zwischen dem Bürgersteig und der Straße. Für die Kinder der Nachbarschaft hat sie, gerade im Sommer, ihren Reiz. Die Jungs spielen mit dem Wasser und freuen sich an der Lache. Für die Bewohner*innen der Nachbarschaft ist sie ein Ärgernis. Wasser, ohnehin ein knappes Gut, versickert ungenutzt im Boden. In Berlin, Paris oder New York würde nun der Staat eingreifen. Bauarbeiter und ein Bagger würden anrücken und das Wasserrohr austauschen, direkt oder indirekt bezahlt durch Steuern. In Nord- und Ostsyrien gibt es keinen Staat, daher versuchen die Menschen, das Problem selbst zu lösen. Gerade die Frauen der Nachbarschaft, die abends oft vor ihren Häusern sitzen, diskutieren, was zu tun sei. Wer kann das Problem lösen? Wie kann man die Wasserleitung verbessern? Und überhaupt: Wäre es nicht ohnehin sinnvoller, die Versorgung des gesamten Viertels zu optimieren? Diese und ähnliche Fragen hallen durch den Abendhimmel der Stadt. Die Menschen sprechen miteinander und suchen nach Lösungen. Ansprechpartnerin in solchen Situationen ist die »Kommune« – die gewählte Rätestruktur, auf der das politische System Nord- und Ostsyriens basiert.

An einem geplatzten Wasserrohr erkennt man das Elend des basisdemokratischen Rätesystems von Nord- und Ostsyrien: Ein paar Wochen sind vergangen, es stinkt. Bei tagsüber rund 40 Grad bietet die Pfütze keine Erfrischung mehr. Im stehenden Wasser liegt Plastikmüll, die Frauen der Nachbarschaft werden langsam wütend. Das *Komîngeh*, das Haus der Kommune, wenige Straßen entfernt, war mal wieder verschlossen. Eigentlich sollte sich der Kommunerat mindestens alle 14 Tage treffen. Die Vorsitzenden waren jedoch nicht erreichbar. Sie hatten zwar wiederholt angekündigt, sich zu kümmern, bislang ist aber nichts geschehen. Es fehlt an Material und man wisse nicht so genau, wer zuständig sei, hört man. Basisdemokratie braucht Zeit – und manchmal wird die Geduld auch strapaziert.

Das Herzstück der Selbstorganisierung

An einer anderen Stelle in Qamişlo arbeiten Aras Rêvan und Yekbûn Bawer. Die beiden älteren Männer sitzen in einem kleinen Garten vor einem zweistöckigen Haus. Sie sind Mitglieder der Bewegung für eine demokratische Gesellschaft TEV-DEM. Die Bewegung war nach der »Rojava-Revolution« dafür verantwortlich, die Rätestruktur vor Ort aufzubauen. Offen und freundlich erzählen die beiden die Geschichte dieses Aufbaus, die gleichzeitig eine Geschichte des kurdischen Freiheitskampfes ist. Theorie vermischt sich mit Praxis, eigene Erfahrungen mit Überlieferungen und alltägliche Politik mit großen Idealen. Das geplatzte Wasserrohr trifft auf die Ideen Öcalans. Aras und Yekbûn haben das Gesellschaftssystem in Nord- und Ostsyrien mit aufgebaut und nun sichtlich Spaß am Gespräch. Sie berichten in langen, ausschweifenden Arien – wie so viele meiner kurdischen Gesprächspartner*innen.

Nach der »Rojava-Revolution« wurden auf der Ebene von Wohnstraßen, Stadtteilen, Dörfern und Bezirken Räte für die Entscheidungsfindung und Verwaltung innerhalb der Kommunen eingerichtet. Die Kommune als kleinste politische Instanz, das sagen Aras und Yekbûn immer wieder, sei das wichtigste Organ des Rätesystems. Neben den regelmäßigen öffentlichen Vollversammlungen bestehen in den

Kommunen gewählte Komitees. Deren Anzahl kann sich unterscheiden und hängt von der Aktivität der Kommunemitglieder sowie den Bedürfnissen vor Ort ab. Meist gibt es Komitees für Ökonomie, Gesundheit, Verteidigung und Gerechtigkeit. Autonome Frauenräte, die auf allen Ebenen neben den gemischten Räten existieren, haben ein Vetorecht in allen Angelegenheiten, die Frauen betreffen. In allen Räten gibt es zudem feste Quoten für die Jugend sowie für Vertreter*innen der ethnischen und religiösen Gemeinschaften. An der Spitze der Kommune stehen zwei Co-Vorsitzende, jeweils ein Mann und eine Frau, die gemeinsam mit den Sprecher*innen der Komitees die Exekutive bilden.

Die Kommune ist für alle alltäglichen Fragen die erste Ansprechpartnerin der Bevölkerung. Die Mitglieder des Ökonomiekomitees kaufen Grundnahrungsmittel und andere wichtige Güter um ein Drittel günstiger direkt bei den Produzent*innen oder im Großhandel ein, verteilen sie in der Kommune, kümmern sich um die Bereitstellung von Generatoren zur Stromversorgung und begleiten auch den Aufbau von lokalen Kooperativen. In den Gesundheitskomitees sollen mindestens zwei Personen mit medizinischen Grundkenntnissen sitzen, die sich um die Erstversorgung leichter Krankheiten und Verletzungen kümmern können. Mitglieder des Verteidigungskomitees patrouillieren innerhalb der Kommune, stehen im Austausch mit den Sicherheitsorganen und kümmern sich, insbesondere wenn die Kommune in Frontnähe liegt, um eine militärische Ausbildung. Ebenso kontrollieren sie die 2015 gegründeten Gesellschaftlichen Selbstverteidigungskräfte (*Hêzên Parastina Civakî*, HPC), die aus bewaffneten Zivilist*innen bestehen. Streitigkeiten in der Nachbarschaft sollen von den Gerechtigkeitskomitees gelöst werden.

Räte und Komitees gab es bereits vor 2012. Vor allem kurdische Aktivist*innen fanden Inspiration dazu in den Schriften Öcalans.[51] Sein »demokratischer Konföderalismus« war so etwas wie ihr Ratgeber. Kurzgefasst beinhaltet das Modell ein basisdemokratisches Gesellschaftskonzept, das gegen den Staat aufgebaut werden soll. Die Menschen erschaffen durch lokale Organisierung ihre eigene »demokratische Autonomie«, in die staatliche Strukturen nicht eingreifen können. Die Selbstverwaltung soll durch möglichst breite Bündnisse mit allen demokratischen Kräften so stark werden, dass sie den Staat zu Kompromissen zwingen und eine demokratische Öffnung und Dezentralisierung erreichen kann. Für die syrischen Aktivist*innen war diese Theorie eine Fundgrube: »Als wir uns mit dieser Philosophie befassten, als wir Öcalan lasen, hatten viele von uns das Gefühl, dass diese Ideen zur Lösung von vielen Problemen im gesamten Nahen Osten beitragen könnten«, erinnert sich Aras Rêvan. Doch kann die Theorie einfach in Praxis umgesetzt werden? »Natürlich gab es Zweifel, ob diese Ideen in unserer Gesellschaft praktikabel sind«, antwortet er. Sein Kollege Yekbûn führt aus, mit welchen Herausforderungen die Aktivist*innen beim Aufbau zu kämpfen hatten, als Theorie auf Praxis traf: »Eigentlich hätten zuerst die Kommunen gebildet werden müssen. Sie sind schließlich die Grundlage unseres Systems. Danach hätten wir die übergeordneten Rätestrukturen Schritt für Schritt aufbauen müssen.« Yekbûn nippt an seinem Teeglas. »Doch wir haben damals anders agiert. Zuerst wurden die Räte der Kantone gebildet, dann die Bezirksräte und abschließend die Kommunen.« Dem theoretischen Aufbau von unten nach oben stand in der Praxis ein Top-down-Modell entgegen. »Wir dachten damals, dass es wichtig ist, eine Leitungsfunktion zu haben.«

Doch nicht nur auf die Theorie, auch auf die Praxis konnten sich die Aktivist*innen berufen. »Öcalan war ja selbst in den 1980er und 1990er Jahren in Rojava und Syrien aktiv. Und viele junge Menschen haben sich damals der Guerilla angeschlossen. Deshalb gab es bereits eine

Verbundenheit zu Öcalans Ideen«, erzählt Aras weiter. Dies zeitigte nachhaltige Folgen: »Viele Menschen waren nach 2011 sofort bereit, das neue Gesellschaftskonzept zu propagieren und umzusetzen.«

Weitere praktische Inspiration konnten die Verantwortlichen von jenseits der Grenze beziehen. In den kurdischen Gebieten in der Türkei wurde fast zeitgleich, am 14. Juli 2011, der Versuch unternommen, die eigene »Demokratische Autonomie« auszurufen. Rund 1.000 Menschen versammelten sich an diesem Tag in Diyarbakır, um sich fortan selbst zu verwalten. Bereits seit den 2000er Jahren bildeten sich in der Region Stadtteil-, Viertel- und Stadträte, um die Angelegenheiten des alltäglichen Lebens ohne den Staat zu regeln. Gerade bei der Versorgung ärmerer Menschen sowie beim Aufbau von Frauenzentren und Kultureinrichtungen konnten sie spürbare Fortschritte erreichen.

Der türkische Staat reagierte auf den Aufbau dieser Räte mit einer Verhaftungswelle, der ab 2009 mehrere tausend Menschen zum Opfer fielen. Nach dem Abbruch der Friedensgespräche mit der PKK und den Parlamentswahlen vom Juni 2015, bei denen die linke Demokratische Partei der Völker HDP 13 Prozent der Stimmen erreichte, setzte die Regierung militärisch nach. Nachdem jugendliche PKK-Anhänger*innen mit Barrikaden und Gräben das Eindringen der Polizei in die selbstverwalteten Stadtviertel zu verhindern suchten, wurden monatelange Ausgangssperren verhängt. Es folgte ein grausamer Städtekrieg in den kurdischen Gebieten des Landes. Polizei und Armee gingen mit Kriegswaffen gegen die Jugendlichen vor. Zahlreiche Aktivist*innen der Rätebewegung starben und ganze Stadtviertel der Räte-Hochburgen Şırnak, Nusaybin und Diyarbakır wurden systematisch zerstört. Die Vertreibung von mehr als 400.000 Kurd*innen entzog den Räten die materielle Basis.

Während dieser Versuch niedergeschlagen wurde, wird der »demokratische Konföderalismus« im Geflüchtetenlager Mexmûr im Nordirak weiterhin praktisch versucht. Dort leben rund 12.000 Menschen, die in den 1990er Jahren aus den kurdischen Gebieten in der Türkei fliehen mussten. Die meisten Bewohner*innen des 1998 gegründeten Lagers sympathisieren mit der kurdischen Freiheitsbewegung. Mexmûr liegt in der Wüste im Niemandsland zwischen der KRG und der irakischen Zentralregierung. Vielleicht hat diese Abgeschiedenheit geholfen, denn die Bewohner*innen haben über die Jahre ein basisdemokratisches Zusammenleben aufgebaut. Das Lager ist in vier Bezirke zu je fünf Kommunen gegliedert, in denen lokale Räte entscheiden. Ebenso verfügt Mexmûr über ein eigenes Schul- und Gesundheitssystem – trotz Blockaden und Widerständen der kurdisch-irakischen Regierung. Die gelebten Erfahrungen in Mexmûr waren von großer Bedeutung für die Prozesse in Syrien. Nach Ausbruch der »Rojava-Revolution« brachen viele Bewohner*innen des Lagers auf, um beim Aufbau der Selbstverwaltung mitzuwirken.

Die Mühen der Ebene

Seitdem ist ein Jahrzehnt vergangen. Durch die Räte ist es gelungen, große Teile der Bevölkerung an der Selbstverwaltung teilhaben zu lassen. Das gilt insbesondere für ethnische und religiöse Gemeinschaften sowie für Frauen und Jugend. Wie ist es um die Kommunen und Räte gegenwärtig bestellt? »Wandel und Anpassung«, sind darauf die Stichworte von Pervîn Yusif. Die Co-Vorsitzende des Kantonalrats von Qamişlo hat ihr Büro in einem Verwaltungshochhaus mit Blick auf eine Ausfallstraße der Stadt. So vielbefahren diese ist, so vielbeschäftigt ist Pervîn. Es klopft alle paar Minuten an der Tür. Freundlich, aber bestimmt weist sie allerdings alle Anfragen ab. Das System der Kommunen und Räte befinde sich gerade im Umbau, beginnt sie. »Am Anfang dachten wir: ›Je mehr Kommunen, desto besser.‹ Daher war zu Beginn eine Kommune für rund 200 Häuser verantwortlich.« Allein in Qamişlo gab es rund 500 Kommunen. »Das hat für ein heilloses Durcheinander gesorgt«, berichtet Pervîn nicht ohne eine Prise Humor. »Da jede Kommune ihre eigenen Entscheidungen trifft, war es kaum möglich, alle Bedürfnisse und Anregungen zu koordinieren.« Anders gesagt: Pervîns Kantonalrat war heillos überfordert. Und so ging es auch anderen Räten. Daher zog die Selbstverwaltung die Notbremse und legte jeweils fünf bis sieben Kommunen zusammen. In Qamişlo sind es heute noch rund 90, in Kobanê wurden aus 90 Kommunen 13. Weniger Kommunen bedeutet allerdings geringere Bürgernähe, weiß auch die Politikerin Pervîn. Gleichzeitig sollten so Kräfte gebündelt und mehr Aktivität hergestellt werden. Die Frage, wie ein möglichst demokratisches System weiterentwickelt werden kann, das zugleich praktikabel sein muss, bleibt ein Drahtseilakt. Bedeutend ist aber, dass sich die Kommunen und Räte wandeln können – und wandeln sollen, wenn es nötig wird. Die politische Struktur ist somit nicht in Stein gemeißelt. »Wir schauen, in welcher Form wir am besten und demokratischsten auf die Bedürfnisse der Bevölkerung reagieren können. Wenn wir bemerken, dass etwas nicht funktioniert, zögern wir nicht, es zu korrigieren«, beendet Pervîn das Gespräch. Was sagen die Praktiker*innen dazu? Das will ich an der Basis wissen. In einem der vor Ort omnipräsenten weißen Toyota-Minibusse geht es in die *Komîngeh* der Kommune *Botan Şerkî* im Süden von Kobanê. Das Haus ist ein Rohbau, der von außen wenig einladend wirkt. Kendal Kobanê ist Co-Vorsitzender der Kommune. Der hagere Mann lächelt, ist aber sichtlich nervös. Man merkt, dass er noch nicht viele Interviews gegeben hat. Ein

Kommunemitglied eben und kein Spitzenpolitiker. Entsprechend bemüht ist er, präzise auf die Fragen zu antworten, was durchaus ein Segen ist. Er spricht konzentriert, pointiert und fast druckreif.

Zunächst erklärt er die Funktionsweise der Kommune. »Unsere Kommune umfasst genau 1.008 Häuser und Wohnungen, in denen etwa 1.900 Familien leben.« Bringen sich die Menschen in der Kommune ein? Kendal spricht sehr offen über die Probleme seiner Arbeit: »Wir haben im Jahr 2017 die Komiteemitglieder gewählt. Im ersten halben Jahr haben wir gut gearbeitet. Danach wurde die Beteiligung der Menschen immer schwächer. Am Ende waren wirklich nur noch die Co-Vorsitzenden aktiv.« Ermüdungserscheinungen in revolutionären Rätestrukturen und politische Apathie sind kein spezifisch nord- und ostsyrisches Problem. In zahlreichen Revolutionen, von Russland 1917 über Spanien 1936 oder Polen 1956, zeigte sich, wie die Beteiligung an Räten nach und nach zurückging. Nun also auch in Syrien.

Was mag der Grund dafür sein? Zunächst arbeiten die Kommunemitglieder in guter alter Rätetradition ehrenamtlich. Sie werden für ihre Arbeit nicht entlohnt und müssen ihren Arbeitsplatz behalten. Damit soll einem politischen Karrierestreben entgegengewirkt werden. Kendal berichtet, dass für die Aufgabenerfüllung zwar gemeinsame Ressourcen wie Fahrgemeinschaften und Benzingutscheine bereitgestellt werden, dass die ökonomische Frage den Aufbauprozess der Selbstverwaltung jedoch belastet. Menschen, die einer Lohnarbeit nachgehen, müssen ihre Freizeit für die Arbeit in den Kommunen »opfern«. Das gestaltet sich nicht immer einfach.

Hinzu kommen Fragen des Bewusstseins. Überall höre ich davon, wie viel Zeit es brauche, die Menschen von der Selbstverwaltung zu überzeugen. Einer, der dies tut, ist Firaz Afrîn. Er leitet die »Akademie für eine Demokratische Gesellschaft« in Tabqa. Die Akademie ist ein idyllischer Ort, direkt am Stausee gelegen. Firaz organisiert mehrwöchige Ausbildungen, in denen die Ziele der Selbstverwaltung vermittelt, aber auch die persönliche Rolle und Verantwortung der Menschen behandelt werden. »Die Menschen werden hier ausgebildet und sollen dann ihr Wissen in ihrem Dorf oder ihrem Stadtteil umsetzen«, erklärt er. Doch Theorie und Praxis stimmen nicht immer überein. »Vor Ort sind die Menschen häufig mit Problemen konfrontiert. Die Mentalität der Menschen ändert sich nicht so schnell.« Meint er damit die Bevölkerung? Ja, aber auch die Absolvent*innen der Akademie. »Auch nach ein paar Wochen Ausbildung finden sich immer noch Menschen, die weiterhin staatlich oder patriarchal denken. So entstehen Probleme.« Daher spielt Bildung eine so zentrale Rolle im Aufbauprozess Nord- und Ostsyriens.

Dass sich die Beteiligung an den Kommunen reduziert hat, führen westliche Beobachter*innen zudem auf die »Ideologisierung des Systems«[52] zurück. In den Räten würden sich häufig Menschen engagieren, die das System der Selbstverwaltung stark unterstützen, und zweifellos sind zahlreiche aktive Räte Mitglieder der PYD und von TEV-DEM. Sie fühlen sich dem Denken Öcalans zugehörig und haben häufig bereits vor 2012 politisch gearbeitet. Sie waren es auch, die mit Kriegsausbruch in Syrien die Chance zur Umsetzung des »demokratischen Konföderalismus« erkannt und genutzt haben. Mitglieder der PYD und von TEV-DEM arbeiten zum Teil als politische Kader, sind also in Vollzeit mit dem Aufbau des neuen Gesellschaftsmodells beschäftigt. Sie sollen die Selbstorganisierung der Gesellschaft anleiten. Somit besteht die Gefahr, dass die Räte auf den Kreis von PYD-Sympathisant*innen oder -Mitgliedern begrenzt bleiben.[53] Menschen mit anderen politischen Ideen könnten ihnen somit eher misstrauen und die Räte nicht mehr als Orte ansehen, um ihre Kritiken einzubringen. Die Räte laufen damit Gefahr, ihre Rolle als basisdemokratische Institution zu verlieren. In der gesamten Geschichte der Rätebewegung findet sich immer wieder das Problem, dass bei aller Transparenz und Öffentlichkeit der Sitzungen Entscheidungen bereits vorab getroffen werden, Entscheidungsfindungen auf Spezialist∗innen beschränkt und Diskussionen Fassade ohne wirklichen Einfluss bleiben. Auch in Nord- und Ostsyrien scheint das Rätesystem nicht vor dieser Gefahr gefeit zu sein.

Im arabisch dominierten Stadtteil al-Tayy in Qamişlo zeigt sich in Echtzeit eine weitere Schwierigkeit auf dem Weg zur Selbstverwaltung. Das Viertel unterstand jahrzehntelang Muhammad al-Faris, der dem Regime nahestand, und wird erst seit 2021 selbstverwaltet. Der ehemalige syrische Parlamentsabgeordnete al-Faris befehligte zudem die Miliz des im Viertel ansässigen Stamms der Tayy.[54] Auf ihn lässt Abdulwahab al-Muhajri nichts kommen. Abdulwahab tritt auf im braunen Sakko über einem Polohemd aus grobem Stoff. Er setzt ein ernstes Gesicht auf. »Al-Faris hat vielen Menschen im Viertel geholfen, wenn sie Probleme hatten. Wenn sie etwas brauchten, gingen sie zu ihm«, sagt Abdulwahab, der seit zwei Jahren Co-Vorsitzender der örtlichen Kommune ist. Verwunderliche Worte für einen Aktivisten der Selbstverwaltung. Doch bestehen langjährige Bindungen fort. Auch für den Araber Abdulwahab, der sich jetzt für die Selbstverwaltung einsetzt – und der vor vielen Problemen steht. Denn davon gibt es reichlich im Viertel, sagt auch Maysaa Jamil Aldalilo, die zweite Co-Vorsitzende: mangelnder Strom, kaum Wasser, fehlende Müllentsorgung und ungenügende ärztliche Behandlung. »Es gibt aber auch Fortschritte«, sagt sie. Maysaa stammt aus einer armen arabischen Familie und hat nur ein paar Jahre eine Schule besucht. »Früher durften Frauen nicht allein und ohne die Erlaubnis ihres Mannes das Haus verlassen«, erinnert sie sich. Beim Gespräch fallen die stark geschminkten Augenbrauen der Frau auf, die ihr Haar mit einem schwarzen Hijab bedeckt. Sie fährt fort und spricht über sichtbare Veränderungen im Stadtteil: »Heute sind die Frauen stärker und haben mittlerweile den Mut, das Haus zu verlassen und am Leben teilzunehmen. Viele Frauen gehen beispielsweise regelmäßig auf Demonstrationen und erheben ihre Stimme. Unter dem Regime war das unvorstellbar.«

Das Büro der Co-Vorsitzenden ist kahl. An der Wand hängt lediglich ein Portrait Öcalans. Und viel mehr als Ideologie können Abdulwahab und Maysaa den Menschen gerade auch nicht bieten. Es fehle schlicht an Geld, um als Kommune Dienstleistungen zur Verfügung zu stellen, bekennt Abdulwahab. »Bezogen auf Strom, Wasser und Brot war die Versorgung unter dem Regime besser«, gesteht er ein. Und trotzdem sei es gut, dass man sich nun selbst verwalten könne. Vor allem das Zusammenleben und die Sicherheit im Viertel seien besser geworden. Daher stehen, so die Co-Vorsitzenden, die Menschen vor Ort nun mehrheitlich hinter der Selbstverwaltung – trotz alltäglichem Mangel.

Zuversichtlich stimmt auch, dass sich die Verantwortlichen der Selbstverwaltung weiterhin der Bedeutung der Kommunen als kleinste und wichtigste Einheit des Systems bewusst sind. Mihriban Serdem ist selbst Mitglied des Kantonalrats von Kobanê, doch gehört ihr Herz den Kommunen. »Die Kommunen sind näher dran und haben eine bessere Sicht auf die Dinge. Wenn sie gut aufgestellt sind und gut arbeiten, wirkt sich das auch positiv auf unsere Arbeit im Kantonalrat aus. Wir müssen also die Kommunen stärken und können so unser System noch volksnäher und lösungsorientierter gestalten.« Rätedemokratie bedeutet für sie, alle mitzunehmen und sich den Herausforderungen an der Basis zu stellen.

Von den Stadtverwaltungen zu den Kantonen

Zurück zum Wasserschaden in Qamişlo. Inzwischen konnte geklärt werden, dass die Kommune selbst nicht zuständig ist und das Problem nicht lösen kann. Es wird also weitergetragen in das Rathaus der Stadt. Die lokalen Stadtverwaltungen übernehmen ähnliche Tätigkeiten wie Kommunalverwaltungen in Deutschland: Müllbeseitigung, Straßenreparaturen, Elektrizitäts- und Wasserversorgung oder Grünflächenpflege. Die Stadtverwaltung wird von einem gewählten Komitee geleitet. Wie die Arbeit hier konkret aussieht, erfährt man im Rathaus von Cirîn, einer kleinen Gemeinde zwischen Kobanê und der von der Türkei besetzten Stadt Tall Abyad. Zur Gemeinde gehören zahlreiche kleine arabische und kurdische Dörfer als jeweils eigenständige Kommunen. Im Rathaus sitzt Îlham Eliş, die Co-Vorsitzende der Stadtverwaltung. Die junge Frau ist freundlich und zugleich selbstbewusst. Der große und edle Schreibtisch lässt ihr Büro für so einen kleinen Ort überraschend repräsentativ wirken. Îlham ist fest davon überzeugt, dass die Stadtverwaltung nach der »Rojava-Revolution« deutlich verbessert werden konnte. Zuvor hätten die Beamten des Regimes staatliche Dienstleistungen nur für ihre eigene Klientel zur Verfügung gestellt, die Bevölkerungsmehrheit sei von staatlichen Leistungen ausgeschlossen geblieben. Dies habe sich nun grundlegend gewandelt, versichert Îlham: »Wir machen keine Unterschiede zwischen Kurden und Arabern, wir arbeiten für alle.« Damit sei auch die Bindung der Bevölkerung an die Selbstverwaltung gestiegen, meint sie.Wenn auch Stadtverwaltungen ein Problem nicht eigenständig lösen können, geht es weiter auf die nächste Ebene. Von den Stadträten bis zu den Bezirks- und Kantonalräten. Die Räte der Regionen und schließlich der Autonomen Selbstverwaltung bilden die Spitze des Systems. Sie alle werden von Co-Vorsitzenden geleitet und arbeiten mit Komitees als ausführenden Organen. Der Austausch erfolgt über ein ausgiebiges Berichtssystem und gemeinsame Versammlungen.

Die drei ersten Kantone Cizîrê, Kobanê und Afrîn wurden 2014 ausgerufen (siehe: Karte 1). Diese institutionalisierte Gründung Rojavas erfolgte unter maßgeblicher Mitwirkung der PYD und von TEV-DEM, die sich bei der Benennung (»Kanton«) und bei der politischen Form am Modell der Schweizer Kantone orientierten.[55] Aber auch die kleine »Kurdische Linke Demokratische Partei« sowie die »Kurdische Linke Partei«, bislang im ENKS organisiert, unterstützten die Autonomiedeklaration und wurden dafür prompt aus dem ENKS ausgeschlossen. Die Ausrufung der Kantone verschärfte somit auch den innerkurdischen Konflikt zwischen PYD und ENKS.

Zu Beginn waren die Kantone komplett unabhängig – und räumlich getrennt. Aufgrund der Kriegsgefahren begannen verantwortliche Kantonalpolitiker*innen, Treffen zu organisieren. Daraus entwickelte sich der »Konstituierende Allgemeine Rat der gemeinsamen Übergangsverwaltung«. Qamişlo diente als erste De-facto-Hauptstadt. Auch ein erster Gesellschaftsvertrag, der Grundrechte wie die Gleichstellung der Geschlechter und die Religionsfreiheit für alle Kantone vorsah, wurde 2014 ratifiziert.

Im Februar 2016 wurde die Region Şehba zum vierten Kanton Rojavas, das sich nun eine gemeinsame Struktur gab. Am 17. März 2016 erklärte eine Versammlung von kurdischen, assyrischen, arabischen und turkmenischen Delegierten in Rimêlan die Einrichtung des föderalen Regierungssystems »Demokratische Föderation Rojava – Nordsyrien«. Sie erklärte zwar keine Abspaltung von Syrien, beanspruchte allerdings eine weitreichende Autonomie. Von Vertreter*innen nicht-kurdischer Gruppen wurde dies teilweise mit starker Skepsis aufgenommen und vom Regime in Damaskus verurteilt. Auch der Gesellschaftsvertrag wurde 2016 erneuert. Dies war durch die Befreiung zahlreicher Städte vom »Islamischen Staat« notwendig geworden. Große Gebiete im Norden und Osten Syriens wurden in die Selbstverwaltung eingebunden. Doch waren die Bedingungen für den Aufbau basisdemokratischer Strukturen in den arabischen Gebieten sehr verschieden von denen in den kurdischen Regionen. Dort gab es keine jahrelange Praxis der Räte, kaum Bezüge zur Theorie Öcalans und in großen Teilen auch kein Bedürfnis nach Rätedemokratie und Selbstverwaltung. »Der Aufbauprozess ging sehr rücksichtsvoll vonstatten«, erinnert sich Yekbûn von TEV-DEM in Qamişlo. »Wir wussten, dass das Regime sehr viel Propaganda gegen uns betrieben hat. Assad hat der lokalen Bevölkerung gesagt, die Kurden würden ihr Land erobern und besetzen sowie die Menschen unterwerfen und ermorden.« Yekbûn ist davon überzeugt, dass mit dem Aufbau der ersten Kommunen die Vorbehalte in der arabischen Bevölkerung schnell verflogen seien. Doch ganz so einfach ist das nicht. Wechselseitige Vorurteile und Ressentiments sind nach wie vor präsent. Die Selbstverwaltung ist aber sichtbar darum bemüht, Gräben zu überbrücken. Aus diesem Grund erfolgte im Dezember 2016 auch die Umbenennung der Selbstverwaltung in »Demokratische Föderation von Nordsyrien«, ohne die weitere Bezeichnung Rojava, um deutlich zu machen, dass es sich nicht länger um ein ausschließlich kurdisches Projekt handele.

Die Autonome Selbstverwaltung und eine anti-staatliche Verfassung

Die bislang letzte Umbenennung erfolgte im September 2018. Nachdem die Hochburgen des »Islamischen Staats« Raqqa und Deir ez-Zor befreit werden konnten, begann die Selbstverwaltung eine große Verwaltungsreform. Nord-

und Ostsyrien besteht seither aus sieben Regionen: Cizîrê, Deir ez-Zor, Euphrat, Raqqa, Manbij, Tabqa und dem weitgehend von der Türkei besetzten Afrîn (siehe: Karte 2). Der Begriff »Region« ist klug gewählt. Zum einen ermöglicht er, nicht weiter in nationalstaatlichen Grenzen zu denken. Zum anderen bildet der Begriff die räumliche Hülle für die Koexistenz von Differenzen. Im Vergleich zum Begriff der Nation ist die Region (ergebnis-)offener und flexibler. In Nord- und Ostsyrien ist zudem festgelegt, dass weitere Regionen sich aus eigenem Antrieb den autonomen Strukturen anschließen können – unter der Bedingung, dass sie die demokratischen Prinzipien anerkennen.

Als höchste Instanz der sieben Regionen fungiert die »Autonome Selbstverwaltung von Nord- und Ostsyrien«, die am 16. Juli 2018 in Tabqa gegründet wurde. Auch sie ist in Räten organisiert, unterscheidet sich aber von den anderen Ebenen. Zunächst verfügt sie über drei Räte: einen Gesetzgebenden, einen Exekutiv- und einen Justizrat. Im Gegensatz zu bisherigen Rätebewegungen, die die bürgerliche Gewaltenteilung von Legislative, Exekutive und Judikative aufgelöst haben, soll diese von den drei Räten auf der höchsten Ebene der Selbstverwaltung dezidiert gewährleistet werden. Die Komitees der Autonomen Selbstverwaltung können mit Ministerien verglichen werden und arbeiten auch wie diese. Sie können zusätzlich verschiedene Büros einrichten, die sich um eigene Arbeitsbereiche kümmern. So verfügt das ›Wirtschaftsministerium‹ beispielsweise über Büros für Landwirtschaft, Viehzucht oder Ingenieurswesen. Die höheren Ebenen verfügen über eine Struktur, die an einen Staat erinnert. Der Unterschied besteht darin, dass die Entscheidungsbefugnisse mit jeder höheren Ebene abnehmen sollen.

Parallel zur Neuformierung der Selbstverwaltung wurde auch eine Diskussion über einen neuen Gesellschaftsvertrag in Gang gesetzt. Ein Vertragsentwurf wurde von mehreren Komitees ausgearbeitet, die den Text der Zivilgesellschaft vorlegten. Die Menschen diskutierten den Entwurf Anfang 2022 über mehrere Monate. Auf Veranstaltungen in Stadtteilen, Universitäten sowie religiösen und kulturellen Zentren hatte die Bevölkerung die Möglichkeit, sich über den neuen Vertrag zu informieren und ihn vor der Ratifizierung zu kommentieren und zu verändern. Von den Verantwortlichen wird der Gesellschaftsvertrag als »lebendiges Dokument« verstanden. Damit unterscheidet er sich von Verfassungen westlicher Staaten. Er soll auf die Bedürfnisse der Menschen reagieren. Er wurde bereits viermal überarbeitet, um den demografischen Veränderungen der Region Rechnung zu tragen – und er soll weiter veränderbar bleiben. Der aktuelle Entwurf legt einen stärkeren Fokus auf die arabischen Gebiete der Selbstverwaltung. Damit soll er auch ein Modell für ein wiedervereinigtes, dezentralisiertes Syrien sein. »Wir verstehen den Gesellschaftsvertrag als einen vorbereitenden Text für den Demokratisierungsprozess in ganz Syrien«, sagt etwa Amina Omar. Sie ist Co-Vorsitzende des 2015 gegründeten Demokratischen Rats Syrien. »In Rojava haben wir gesehen, dass der Gesellschaftsvertrag funktioniert, und das kann er auch für ganz Syrien leisten«, ergänzt sie.

Der Entwurf wurde unter Beteiligung aller ethnischen Gruppen an der Basis ausgearbeitet. Mustafa Nabo von der Union der Jesiden in Syrien sagte etwa bei einer Sitzung: »Wir als Jesiden waren zum ersten Mal in der Geschichte in der Lage, unsere Rechte in einer Verfassung festzuschreiben. Wir sehen den Gesellschaftsvertrag als Garant für die Rechte der Jesiden.« Dieser Beteiligungsprozess wurde 2022 abgeschlossen, der Vertrag bis dato jedoch noch nicht ratifiziert. Wiederholt hat die Selbstverwaltung angekündigt, den Prozess zu beenden, ohne dass etwas Greifbares passiert wäre. Unklarheit besteht zudem darüber, ob der Gesellschaftsvertrag durch allgemeine Wahlen bestätigt werden soll. Selbst Interviewpartner∗innen, die an den Vorbereitungskomitees beteiligt waren, gaben mir hierzu unterschiedliche Antworten.

Ohne Zweifel stellt der Gesellschaftsvertrag in der Region einen historischen Durchbruch in Bezug auf demokratische Grundsätze und Beteiligung dar. Er ist ohne Übertreibung das demokratischste Regelwerk, das die Region je hatte. Aber wer glaubt, er würde Sozialismus oder gar Kommunismus festschreiben, täuscht sich. Der Begriff des »Gesellschaftsvertrags« macht bereits deutlich, dass Nord- und Ostsyrien bis in die Vokabeln hinein der Französischen Revolution näher steht als der Russischen. Der Gesellschaftsvertrag als nichtstaatlicher Begriff anstelle einer Verfassung erinnert mehr an Rousseau als an Lenin. Nord- und Ostsyrien soll auf dem »pluralistischen, eigenständigen und gemeinsamen Leben mit allen Teilen einer demokratischen Gesellschaft« basieren. Alle Bürger∗innen der Region sollen als *citoyens* gemeinsam leben können – eine demokratische und zweifelsfrei anti-staatliche, aber keine sozialistische Verfassung.

Ein unabhängiges Korrektivorgan?

Ein zweites Standbein der Selbstverwaltung ist die Zivilgesellschaft. Sie wird seit 2018 von TEV-DEM organisiert. Das heißt, der Dachverband ist seitdem nicht mehr für den Aufbau der Kommunen und Räte zuständig, sondern fördert das ehrenamtliche Engagement der Menschen wie beispielsweise die gewerkschaftliche Selbstorganisierung der Arbeiter∗innen, der Landwirt∗innen, der Lehrer∗innen, der Apotheker∗innen oder der Ärzt∗innen. TEV-DEM ist offiziell als zivilgesellschaftlicher Akteur nicht an die Selbstverwaltung gebunden und agiert eigenständig. Die Bewegung fungiert als eine Art »Gegenmacht« zur Selbstverwaltung und organisiert sich auf föderaler Basis von der lokalen bis zur regionalen Ebene. Die Unabhängigkeit soll dadurch zum Ausdruck gebracht werden, dass TEV-DEM auch regelmäßig Proteste gegen die Selbstverwaltung organisiert, wenn diese Beschlüsse fasst, die im Widerspruch zum Interesse der Zivilgesellschaft stehen. Das passierte beispielsweise, als die Selbstverwaltung Mitte 2021 die Preise für Benzin und Heizmittel erhöhen wollte: »Das war eine falsche Entscheidung«, konstatiert Yekbûn von TEV-DEM. »Die Zivilgesellschaft hat heftig gegen diese Entscheidung protestiert und die Selbstverwaltung dazu gezwungen, den Beschluss zu korrigieren. Ich bin ganz sicher, dass sie auch in Zukunft einen starken Einfluss auf die Politik der Autonomen Selbstverwaltung ausüben wird. Sie ist in der Lage, falsche Beschlüsse der Selbstverwaltung zu korrigieren.«

TEV-DEM soll ein unabhängiges Korrektiv sein, um Macht zu dezentralisieren und die Zivilgesellschaft zu stärken. Bis zu einem gewissen Grad offen bleibt, wie sehr TEV-DEM tatsächlich diese Funktion einnehmen kann. Trotz meist gegenteiliger Behauptungen sind die Autonome Selbstverwaltung und TEV-DEM personell so eng miteinander verflochten, dass eine unabhängige Kontrolle kaum gegeben ist. Damit wird die Logik eines dezentralisierten Verwaltungsapparats zumindest herausgefordert.

Sie wissen, was sie wollen

Es ist unmöglich, nach Nord- und Ostsyrien zu blicken, ohne die grundlegende Rolle zu berücksichtigen, die Frauen dort in allen Lebensbereichen spielen. Häufig ist von einer »Frauenrevolution« die Rede, wenn es darum geht zu beschreiben, was in den letzten Jahren vor Ort geschehen ist. Insbesondere die medial präsentierten und häufig romantisierenden und verzerrten Bilder kurdischer Frauen, die gegen den »Islamischen Staat« kämpften, dürften dazu einen wesentlichen Beitrag geleistet haben. Auch wenn dies nur einen Teil der Realität der Frauen in Nord- und Ostsyrien widerspiegelt, scheint der Begriff der »Frauenrevolution« durchaus angemessen zu sein, um den Wandel zu kennzeichnen: In Nord- und Ostsyrien wird die politische und soziale Teilhabe von Frauen zunehmend anerkannt; ihr Mut wird respektiert und bewundert. Feudale Denkweisen bröckeln, auch wenn sich einige immer noch weigern, Frauen in Öffentlichkeit und Politik zu akzeptieren. Doch es gibt Gesetze, die Frauenrechte sichern sollen.

Awîn Swêd kommt aus Qamişlo, hat in Aleppo studiert und dort mehrere Jahre Mathematik unterrichtet. Parallel dazu hat sie sich in gesellschaftlicher und pädagogischer Arbeit mit Kindern und Frauen engagiert und sich in autonomen Frauenstrukturen organisiert. Solche Frauenorganisationen spielen in allen gesellschaftlichen Bereichen für die Arbeit an der Basis eine zentrale Rolle. 2005 wurde mit der Gründung der kurdischen Organisation *Yekîtiya Star* (Frauenunion) ein weitverzweigtes Netz von Frauenräten aufgebaut, das der frauenpolitischen Bildung diente, aber auch Kommunikation und soziale Infrastruktur unter Frauen sichern sollte – in Zeiten der Verfolgung von Kurd*innen unter Assad. Awîn war Teil dieser Organisierung und 2016 an ihrer Transformation zu einem multiethnischen Dachverband beteiligt. Seitdem bezieht die Nachfolgeorganisation *Kongra Star* Araberinnen, Assyrerinnen und Jesidinnen, Christinnen und Musliminnen ein.

Zahlreiche Frauen standen der Selbstverwaltung zunächst skeptisch gegenüber und hatten Angst, sich gegen ihre Verwandten und die gesellschaftlichen Normen zu stellen. Aber die Arbeit der Aktivistinnen sorgte dafür, dass viele von ihnen in das soziale und politische Leben integriert werden konnten. *Kongra Star* besuchte dafür Haushalte, um Frauen von der politischen Teilhabe zu überzeugen. »Es war ziemlich harte Arbeit«, erinnert sich Awîn, die später auch zur Sprecherin von *Kongra Star* werden sollte. »Was wir getan haben, war, dass wir von Haus zu Haus gegangen sind und dort Tausende von Gesprächen mit Frauen geführt haben. Das machen wir heute noch.«[56] Die Präsenz von Frauen innerhalb der »Rojava-Revolution« gründet vor allem auf dieser intensiven Arbeit und den damit zusammenhängenden persönlichen Beziehungen der Frauen. Die durch politische Passivität gekennzeichnete Einstellung vieler Frauen – und auch ihre Angst vor der Rückkehr Assads – wandelte sich langsam durch die Erfahrung der Selbstverwaltung. Von Anfang an versuchten die organisierten Frauen, eine demokratische Arbeitsweise umzusetzen und alle mitzunehmen. Dadurch wurde *Kongra Star* zu einer Hauptakteurin der Demokratie- und Frauenbewegung vor Ort.

Die Mitglieder des Verbands kommen in Komitees zu Themen wie Erziehung, Kultur und Kunst über Ökonomie, Ökologie und Recht bis hin zu Politik, Verwaltung und Medien zusammen. »Hier organisieren Frauen sich selbst. Sie diskutieren alle relevanten Probleme in ihrer Gegend und finden Lösungen dafür«, führt Awîn weiter aus. Der stetige Organisierungsprozess bedeutet Kommunikation und Selbstverwaltung »von unten«. Diese Basisarbeit ist häufig mühsam und alltäglich, aber wohl nachhaltiger und gründlicher, wenn es um Geschlechtergerechtigkeit geht. Sie kommt in der Berichterstattung von außen erstaunlich wenig vor.

Auf allen Organisationsebenen der Selbstverwaltung gibt es parallel zu den allgemeinen Räten Frauenräte. Sie haben ein Vetorecht bei allen Angelegenheiten, die Frauen betreffen. Meist handelt es sich dabei um Familienstreitigkeiten oder um Fälle sexualisierter Gewalt. Frauen können sich zudem den bewaffneten Formationen wie der YPJ oder den kommunalen Fraueneinheiten *HPC-Jin* anschließen. Auch die christlichen Verteidigungskräfte, die *Sutoro*, haben eigene Fraueneinheiten, ebenso die *Asayîş*, die polizeiähnlichen inneren Sicherheitskräfte in Nord- und Ostsyrien. Diese verschiedenen Organisierungsformen sollen patriarchale Strukturen aufbrechen, erklärt Awîn: »Wenn ich von Organisation spreche, dann meine ich damit nicht Institutionen oder Orte, an denen es hübsche Büros gibt«, sagt sie. »Ich spreche eher über Organisierung – über die Organisierung von Menschen, die gemeinsam in einer Gesellschaft leben. Wenn sich Frauen organisieren, die an einem Ort leben, dann können echte Macht und sozialer Wandel entwickelt werden. Und dann ist es völlig irrelevant, ob eine Frau studiert hat oder ob sie Analphabetin ist, ob sie allein lebt oder ob sie verheiratet ist. Ob sie Kinder hat oder nicht.«

Die Frauenräte arbeiten eng mit den lokalen *Mala Jin* zusammen. Diese Einrichtungen, mit ›Frauenhäuser‹ nur unzureichend übersetzt, sind lokale Anlauf- und Treffpunkte für Frauen und ihre Anliegen. Dort erhalten sie rechtliche und wirtschaftliche Unterstützung. Derzeit gibt es 62 *Mala Jin* in Nord- und Ostsyrien, an die sich Frauen wenden können. Verwaltet werden sie von *Kongra Star*.

Geschlechtergerechtigkeit zählt zu den Kernthemen in Nord- und Ostsyrien. Mädchen und Frauen sind sichtbar in der Öffentlichkeit. Sie kaufen – auch ohne männliche Begleitung – auf den Märkten ein, nehmen an (Kultur-)Veranstaltungen teil oder organisieren eigene Demonstrationen und Treffen. Und doch sind in vielen Familien, auch den politischen, weiterhin Frauen diejenigen, die die unsichtbare und unbezahlte Arbeit im Haushalt leisten sowie vollständig die Kindererziehung übernehmen. Zweifellos sind sie das Rückgrat der Gesellschaft, als das sie auch von der Selbstverwaltung anerkannt werden. Doch wer mit wachen Augen durch die Städte der Region läuft, erkennt weiterhin reine Männerräume. Unter dem Qualm der Wasserpfeifen, in den Cafés, sitzen die Männer wie immer ganz unter sich, plaudern, trinken Tee und spielen Karten. So geht das bis in den Abend. Frauen bekommen sie dort nicht zu Gesicht. Auch zehn Jahre nach der »Rojava-Revolution« arbeiten Frauen nicht in Cafés, kaum in Läden, sind keine Taxifahrerinnen oder Verkäuferinnen. Somit sind die Straßen und Restaurants der Städte immer noch mehrheitlich männliche Zonen. Und auch Polizistinnen oder Soldatinnen bedeuten nicht das Ende der Männerherrschaft. Patriarchale Denk- und Handlungsstrukturen sind in Syrien und der gesamten Region weiterhin tief verwurzelt.

Gleichwohl ist vor dem Hintergrund dieser sozialen Realität die Frauenemanzipation wohl der entscheidende Aspekt der »Rojava-Revolution« und der Selbstverwaltung. »Mit dem Aufbau demokratischer und autonomer Strukturen ist es den Frauen gelungen, Selbstbewusstsein und Selbstachtung in allen Lebensbereichen zu gewinnen«, stellt Berivan Khaled fest. Zusammen mit dem Araber Abd Hamid al-Mahbash steht die Kurdin dem Exekutivrat der Autonomen Selbstverwaltung vor. Die Frau mit dem runden Gesicht wäre in Europa also die Regierungschefin. »Frauen spielen in allen Lebensbereichen eine aktive und zentrale Rolle. Dies ist insbesondere so bedeutsam, da wir wissen, wie ihre Situation früher war, insbesondere unter der Herrschaft des ›Islamischen Staats‹. Frauen durften nicht allein vor die Tür. Heute können sie sich an allen politischen Prozessen beteiligen«, ergänzt sie. Um Frauen weiter zu ermutigen, wurde 2016 für alle Strukturen der Selbstverwaltung der gemeinsame Co-Vorsitz von einem Mann und einer Frau festgeschrieben. Auch im Komitee zur Ausarbeitung des Gesellschaftsvertrags waren 50 Prozent Frauen beteiligt. Berivan war eine von ihnen und macht die historische Bedeutung dessen klar: »Es war das erste Mal in der Geschichte der Region, dass Frauen an der

Ausarbeitung einer Verfassung beteiligt waren, die zudem ihre Rechte garantiert. Der Gesellschaftsvertrag ist dank der gleichberechtigten Beteiligung der Frauen zustande gekommen.« Die Revolution in Nord- und Ostsyrien ist Frauensache.

Komplexität und Widersprüche

In der Polemik oder Apologetik vieler Linker stellt die Selbstverwaltung die Verwirklichung einer Demokratie »von unten« dar. Kommunen und Räte verhindern Hierarchien und schaffen Basisdemokratie. Alle können sich beteiligen, der Nationalstaat wird überflüssig. Und zweifellos gibt es überall in Nord- und Ostsyrien die Möglichkeit der demokratischen Selbstverwaltung. Doch je größer die Einheit wird, desto deutlicher treten Formen und Insignien des Staats auf, wie Parteien, Gewaltenteilung und Ministerien. Dem Ideal der Antistaatlichkeit steht die Tendenz zum Aufbau proto-staatlicher Strukturen gegenüber, die die Grundlage eines zukünftigen Staats sein könnten. Dem konföderalen Anspruch der Selbstverwaltung zum Trotz sind diese Strukturen relativ zentralisiert und hierarchisch aufgebaut.

Eine demokratische Kontrolle durch Wahlen hat seit 2017 nicht mehr stattgefunden. Gewählt wurde bislang nur zweimal. Im September 2017 traten 12.421 Kandidat*innen für die Wahl in den damals 3.732 Kommunen an. Insgesamt gaben 728.450 Bürger*innen ihre Stimme ab, was einer Wahlbeteiligung von 70 Prozent entsprach. Anschließend wurden im Dezember die Mitglieder der Gemeinde-, Bezirks- und Kantonalräte gewählt. Auch hier lag die Wahlbeteiligung ähnlich hoch. Diese Wahlen wurden in Bezug auf Transparenz und freie Teilnahme als Erfolg gewertet. Eigentlich sollte in der Folge alle zwei Jahre gewählt werden, doch lässt dies die allgemeine Sicherheitslage in der

Region nicht zu, argumentieren Vertreter*innen der Selbstverwaltung. Auch wenn in ihrem Selbstverständnis der demokratische Charakter nicht allein durch einen Gang zur Urne, sondern eher durch direkte Aktionen definiert wird, kann das langfristige Ausbleiben der Wahlen legitimationsschädigend wirken. Der schmale Grat zwischen dem Funktionieren als De-facto-Souverän mit Merkmalen eines Staates, bei gleichzeitig mangelnder Legitimierung und dem selbstgesteckten Ziel, eine staatenlose Demokratie »von unten« zu sein, macht die Ambivalenzen und Widersprüche von Nord- und Ostsyrien als umkämpften, politischen Raum wohl am deutlichsten.

Hinzu kommt eine Frage, die alle Formen von (Quasi-)Staatlichkeit tangiert: Wer hat eigentlich die Macht? Zweifellos können die Räte und Komitees vor Ort Entscheidungen fällen, die sie selbst betreffen, aber es bleibt offen, wie sehr sie damit die Politik der gesamten Selbstverwaltung beeinflussen können. In Gesprächen auf der kommunalen Ebene begegnete mir immer wieder die Kritik an der Unwilligkeit oder Unfähigkeit höherer Ebenen, auf die Bedürfnisse vor Ort konkret einzugehen und diese zu erfüllen.

In erster Linie übernehmen die Kommunen Verwaltungsaufgaben. Und auch wenn ihre Treffen meist mit einer Diskussion über die aktuelle politische Lage beginnen, deutet nichts darauf hin, dass sie und die lokalen Rätestrukturen bezüglich der politischen Richtlinien Einfluss haben. Die »große« Politik in Nord- und Ostsyrien wird weiterhin von einem Kern von Funktionär*innen betrieben, professionellen Kadern, Menschen, die ihr Leben ganz der Bewegung gewidmet haben und von denen viele Erfahrung als Guerillakämpfer*innen der PKK haben. Ihr Status als revolutionäre Vorreiter*innen bringt einen performativen Widerspruch zum ausdrücklichen Ziel des Aufbaus einer demokratischen konföderalen Gesellschaft hervor. Die Funktionär*innen bleiben weiterhin »um das System von

Befehl und Gehorsam«[57] organisiert. Insbesondere der maßgebliche Einfluss der PYD birgt die Gefahr, dass sich daraus ein eigenständiger politischer Apparat entwickelt.

Insbesondere die allgegenwärtige Frage nach Krieg und Frieden wird von der Autonomen Selbstverwaltung und der SDF-Generalität entschieden. Die lokalen Räte haben hier nur ausführenden Charakter, was sich nicht zuletzt am aktuellen Ausnahmezustand in der Region zeigt, der vom Exekutivrat beschlossen wurde. Die Kommunen müssen Maßnahmen »von oben« umsetzen. Es gibt keine »Konkurrenz« der Macht zwischen lokalen Räten und den zentralen Strukturen der Selbstverwaltung. Das basisdemokratische Räteprinzip ist in diesem Fall also zumindest eingeschränkt.

Hinzu kommt, dass sich Damaskus weiterhin als Souverän über die Bevölkerung in Nord- und Ostsyrien versteht – und dies auch in gewissen Teilen noch ist. Der syrische Staat kontrolliert weiterhin Teile des Gesundheitswesens, der Wasser- und Elektrizitätsversorgung und verfügt über eigene Bildungseinrichtungen in der Region. Staatliche Angestellte einschließlich vieler Lehrer*innen beziehen weiterhin ihre Gehälter aus Damaskus. Selbst Autos fahren mit Nummernschildern, die entweder von Damaskus oder der Selbstverwaltung ausgestellt sind. Um seinen Ausweis zu verlängern, muss man zu Assads Passamt, einen Führerschein bekommt man bei der Selbstverwaltung. Deren Dokumente werden aber weder von der Zentralregierung noch außerhalb Syriens anerkannt.

Ein weiterer Widerspruch zu den basisdemokratischen Grundsätzen der Selbstverwaltung erscheint insbesondere für westliche Beobachter*innen die Omnipräsenz von Abdullah Öcalan zu sein. *Apo*, so sein Kosename, wird auf Wände gemalt oder in Waffen geritzt. Sein Bild hängt an fast jeder Wand und ist in der Öffentlichkeit sichtbar. Neben den Bildern der gefallenen Märtyrer ist Öcalan der einzige lebende Mensch, dem diese Ehre zuteilwird. Für die kurdische Bewegung symbolisiert Öcalan ihren Freiheitskampf. Diese Personalisierung wird aus den gesellschaftlichen Verhältnissen vor Ort erklärbar. Zum einen ist die Vergangenheit der Clanstrukturen mit starken »Führungspersönlichkeiten« bis heute in zahlreichen Gruppen des Nahen Ostens präsent. Ebenso verhält es sich mit den leninistischen Prägungen der PKK und ihrem daraus abgeleiteten Führungsanspruch als Kaderpartei, der bis heute nachzuwirken scheint. Gleichzeitig ist Öcalan durch seine jahrelange Isolationshaft so weit von konkreter Politik entrückt, dass er auf sie keinen unmittelbaren Einfluss mehr ausüben kann. Gerade jüngere Aktivist·innen haben ihn nie gesehen, geschweige denn mit ihm gesprochen. Seine Ideen übersteigen die konkrete Person und lassen ihn somit zu einer Symbolfigur werden. Er selbst hat, gerade nach seiner Verhaftung, wiederholt die Verehrung von Einzelpersonen kritisiert, doch sehen viele Menschen ihn als Vordenker an. In zahlreichen Interviews, die ich geführt habe, fiel sein Name, Gesprächspartner·innen wollten mir seine Ideen vermitteln. Die Bilder Öcalans stehen somit stellvertretend für seine Konzepte, die in Nord- und Ostsyrien umgesetzt werden sollen.

Auch auf dem Schreibtisch von Ferzend Munzir steht ein Bild von Öcalan. Ferzend arbeitet im »Komitee für die Freiheit Abdullah Öcalans« in Qamişlo. Das Komitee ist Teil der »Internationalen Initiative Freiheit für Öcalan – Frieden in Kurdistan«. Er kann die Kritik an der Rolle Öcalans nicht nachvollziehen. »Wir hängen Öcalans Bilder auf, weil wir in ihm mehr sehen als ›einfach nur einen Mann‹«, erklärt Ferzend. »Er ist es, der eine Alternative geschaffen hat. Durch ihn haben wir weit weg von der Realität des Folterregimes Assads unsere Freiheit aufbauen können.« Unter dem Regime mussten Bilder von Assad in öffentlichen Gebäuden hängen. Nun nimmt Öcalan dort seinen Platz ein. Ist das nicht sehr ähnlich? Ferzend winkt ab:

»Wir waren früher gezwungen, Assads Bilder aufzuhängen und ihn als Herrscher zu fürchten. Die Bilder von Öcalan hängen wir auf, weil sie uns Hoffnung und Kraft geben. Sie erinnern uns daran, dass eine andere Welt möglich ist.«

Nicht nur an Öcalan wird deutlich, dass die Selbstverwaltung von Nord- und Ostsyrien ein komplexer und oft widersprüchlicher Prozess ist – sowohl auf rhetorischer Ebene als auch im Hinblick auf die tatsächlichen politischen und sozialen Praktiken.

Grundversorgung und Knappheit

Warum Bauern Papierarbeit erledigen und was
Aktivistinnen mit Gemüsegärten erreichen wollen

Feldarbeit bei Dêrik am 28. Mai 2022 (Quelle: Simon Clement)

Bauarbeiter in Dêrik (Quelle: Simon Clement)

Ölabbau in der Nähe von Dêrik (Quelle: Rojava Information Center)

Vorherige Seite oben: Weizenernte bei Dêrik am 19. Juni 2022 (Quelle: Simon Clement)

Unten: Brotausgabe an einer Regime-Bäckerei in Qamişlo (Quelle: Rojava Information Center)

Zurück in der Gemeinde Cirîn, nah der von der Türkei besetzten Stadt Tall Abyad. Aufgrund der Frontnähe gibt es vor Ort kaum wirtschaftliche Entwicklung. In Cirîn leben Agît Hisen und Xebat Bager. Die beiden rund 50-jährigen Kurden arbeiten im lokalen Gemeinderat. Dort sind sie im Ökonomiekomitee tätig, wobei es ehrlicher wäre, es als Landwirtschaftskomitee zu bezeichnen: »Es gibt hier nur Landwirtschaft«, ruft Agît Hisen. »Keine Fabriken, keine Manufakturen. Es gibt noch nicht einmal eine Bäckerei«, erzählt er. »Unser Brot kommt aus Kobanê.« Sein Kollege Xebat fällt ihm ins Wort: »Ohne Landwirtschaft könnten die Menschen hier nicht mehr leben.« Damit trifft er den Nagel auf den Kopf. Die gesamte regionale Ökonomie kann mit diesem Satz zusammengefasst werden. Die überwältigende Bevölkerungsmehrheit arbeitet in der Landwirtschaft. Hinzu kommen Viehhaltung und kleine Handarbeiten. Die Menschen der Region produzieren vor allem Waren, die sie ohne viele Hilfsmittel selbst erzeugen können: Sie backen Brot, stellen Joghurt her, schneidern, bauen Gemüse an und verarbeiten es weiter. Die Viehzucht beschränkt sich größtenteils auf Geflügel. Für größere Tiere fehlt es schlicht an Wasser.

Nord- und Ostsyrien als Zulieferer

Vor dem Bürgerkrieg spielte Nord- und Ostsyrien trotz seiner peripheren Lage eine zentrale Rolle in der syrischen Wirtschaft. Zwei Bereiche machten die Region für Damaskus besonders interessant: Erdöl und Landwirtschaft.

Ostsyrien ist reich an Erdöl und -gas. Vor dem Bürgerkrieg erreichte die Ölproduktion 90.000 Barrel pro Tag, ein

Barrel sind 159 Liter. Vor Ort ist die Ölförderung allgegenwärtig. Wer im äußersten Nordosten durch Cizîrê fährt, sieht dort Hunderte Tiefpumpen, die das Öl aus dem Boden fördern. Die Hälfte des gesamten syrischen Vorkommens befindet sich hier. Es handelt sich um schweres Erdöl, das aufgrund seines hohen Asphalt- und Schwefelgehalts nur von minderer Qualität ist. Über der Mondlandschaft des Bergbaus hängt der Geruch des Öls in der Luft. Rund 17.000 organische Substanzen entweichen während der Förderung aus der Erde. Kohlenwasserstoff, Stickstoff, Schwefel. 1938 begann hier die Erforschung der Ölfelder. 20 Jahre später wurden südlich von Dêrik die ersten erfolgreichen Bohrungen durchgeführt. Ab 1960 begann Shell mit der industriellen Förderung von Erdöl sowie Erdgas in Rimêlan.

Seit 2012 hat die Selbstverwaltung das »schwarze Gold« in ihren Händen. Für die Bevölkerung sind Öl und Gas Fluch und Segen zugleich. Das Assad-Regime förderte es durch seine staatlichen Firmen und exportierte es auf den Weltmarkt. Die Arbeitsplätze gingen häufig an die arabische Bevölkerung, die sich mit den Firmen in der Region niederließ. Kurd*innen gingen meist leer aus.

Auch die Umwelt wurde durch den Abbau nachhaltig zerstört. Loqman Ehme ist so etwas wie der oberste Naturschützer der Selbstverwaltung. Der kleine, freundliche Mann ist Vorsitzender der Grünen Demokratischen Partei (*Partiya Kesk A Demokratîk*). Gab es bei Assad so etwas wie Naturschutz, will ich wissen? Loqman muss lachen. »Unter dem Regime lief die Ölförderung und -produktion völlig unreguliert und hat zu großen Umweltschäden geführt. Die Natur wurde fast völlig zerstört. Es ging nur um Profit und nicht um die Bedürfnisse der Menschen«, sagt er. Doch auch nach der »Rojava-Revolution« blieben viele ökologische Probleme bestehen. Das regte den Lehrer Loqman auf. Zusammen mit einer kleinen Gruppe gründete er daher 2014 die Partei, die sich seitdem für Umweltschutz und

Ökologie einsetzt. Wer sich vor Ort umschaut, wird schnell merken, dass die Grünen noch viel Arbeit vor sich haben. Direkt unter dem Büro in einer Seitenstraße der vielbefahrenen Amûdê-Straße in Qamişlo brummt einer von zahllosen Dieselgeneratoren zur Stromerzeugung vor sich hin. Die von der Selbstverwaltung bereitgestellte Elektrizität steht durchschnittlich nur knapp fünf Stunden pro Tag zur Verfügung. Von vormittags bis zum Abend gibt es in der Regel keinen Strom, dann läuft kein Ventilator, kein Kühlschrank oder Computer. Generatoren sollen aushelfen, tragen durch ihre ungefilterten Abgase aber zur Umweltverschmutzung bei. »Ein großes Problem«, bekennt Loqman. Die Generatoren sind unfassbar laut, stinken und sind alles andere als effizient. Doch der Grüne, hemdsärmelig, will nicht aufgeben und kämpft weiter. Die allgemeine Situation sei bereits deutlich besser als unter dem Regime, beeilt er sich am Ende des Gesprächs noch hinzuzufügen. Na hoffentlich.

Verlässt man das Büro und lässt die Öl- und Gasfelder der Region hinter sich, ändert sich die Umgebung. Die Ölförderanlagen machen nach und nach weiten Feldern Platz, auf denen vor allem Weizen angebaut wird. Ganz im Westen, in den Hügeln von Afrîn, finden sich Plantagen mit Zitrusfrüchten oder Granatäpfeln und vor allem Olivenbäume – hier ist das Mittelmeer nur 60 Kilometer entfernt. Die Landwirtschaft machte die Region bereits für das Assad-Regime interessant. 1966 kam es zu einer radikalen Agrarreform. Damaskus plante fortan die Landwirtschaft zentral, regulierte streng und ließ alles von Technokraten überwachen – mit strengen Vorschriften, umfassenden Jahresplänen, spezifischen Anbauflächen und Regeln für den Einsatz von Saatgut und Düngemitteln.[58] Das Ziel war die Industrialisierung der Landwirtschaft. Der Staat weitete seine Kontrolle und Bürokratisierung der ländlichen Gebiete massiv aus. Daher ist es auch nicht verwunderlich, dass sowjetische Ingenieure das Regime bei der Agrarreform beraten haben.⁵⁹

Cizîrê wurde systematisch auf den monokulturellen Anbau von Weizen und Baumwolle umgestellt, erinnert sich Hediya Elî. Sie arbeitet als Co-Vorsitzende des Ökonomierats der Region – ist also so etwas wie die Wirtschaftsministerin. Vor dem Bürgerkrieg wurden von der sehr wasserintensiven Baumwolle jährlich bis zu 50.000 Tonnen produziert. Die jährliche Weizenproduktion machte mit bis zu 150.000 Tonnen rund die Hälfte des gesamten syrischen Weizens aus. »Wir wurden als die Kornkammer Syriens bekannt«, berichtet Hediya. Noch heute bekommt man vor Ort den Eindruck, man befinde sich in einem einzigen riesigen Getreidefeld. Die kurdischen Bauern und Bäuerinnen profitierten von dieser Entwicklung nicht. Gesetzlich war es ihnen verboten, selbst Gemüse oder Obst anzubauen. Sie mussten in den staatlichen Landwirtschaftskooperativen arbeiten und durften keine eigenen Bäume pflanzen. In Gesprächen wurde mir auch berichtet, dass Bäume wieder gefällt werden mussten, die nicht in den Plan des Regimes passten. Nahrungsmittel und andere wichtige Güter mussten daher aus anderen Teilen Syriens teuer importiert werden, selbst wenn es (klimatisch und wirtschaftlich) möglich gewesen wäre, sie vor Ort zu produzieren. Cizîrê wurde ausschließlich auf die Rolle des Zulieferers und Rohstofflieferanten reduziert. Ganz ähnlich verhielt es sich in Afrîn. Dort dominierten vor dem Krieg Obst- und Olivenplantagen. Allein um Afrîn soll es mehr als 13 Millionen Olivenbäume gegeben haben, die rund 30 Prozent der gesamten Olivenproduktion des Landes lieferten.⁶⁰ Die Region um Kobanê, die als die ärmste Region Nordsyriens gilt, war lange Zeit ökonomisch kaum erschlossen. Hier dominierte Landwirtschaft, meist zur Selbstversorgung. Industrielle Produktion gibt es bis heute in ganz Nord- und Ostsyrien kaum.

Der Reichtum an Rohstoffen in der Region führte nicht zu ihrem Wohlstand. Das war von Damaskus politisch gewollt. »Das Regime hat die Region nicht entwickelt. Es hat sich nur alle Ressourcen genommen«, sagt Karker Ismail. Er ist ein beschäftigter Mann. Karker arbeitet im Komitee der Kooperativen in der Region Cizîrê und ist somit für die »gemeinwohlorientierte Wirtschaft« der Selbstverwaltung zuständig. Dass er viel zu tun hat, wurde bereits vor unserem Gespräch deutlich. Es dauert Wochen, bis er Zeit findet, mich in seinem Büro in al-Hasaka zu empfangen – und auch dort ist Zeit für ihn Mangelware. Nur eine halbe Stunde habe er, teilt Karker mir mit. Und diese 30 Minuten werden nur durch die zahllosen Zigaretten, die der Mittvierziger raucht, noch mehr unterbrochen als durch die dauernden Anrufe auf seinem Diensttelefon, die er freundlicherweise meist wegdrückt. Nur kurz vor Gesprächsende nimmt er den Hörer ab. Sein Komitee warte, er müsse jetzt wirklich los. Davor berichtet er mir über die wirtschaftliche Entwicklung sowie Probleme beim Aufbau eines alternativen Wirtschaftssystems. Dieses liegt ihm besonders am Herzen. Allein durch seinen Namen scheint er prädestiniert für den Job zu sein. Dazu erzählt er folgende Anekdote. *Karker*, das heißt auf Kurdisch Arbeiter. Während in der kurdischen Bewegung *noms de guerre*, also politische Pseudonyme, üblich sind, handelt es sich bei seinem Namen nicht um ein Pseudonym. Bei seiner Geburt hätten Mitglieder der Arbeiterpartei Kurdistans, der *Partiya Karkerên Kurdistan*, seine Familie besucht – und so einfach sei der Name für den Neugeborenen gefunden worden, erzählt er lachend.

Eine Kippe später ist er wieder ernst, als er über die Zulieferer-Rolle spricht, die die Region jahrzehntelang spielen musste. Sämtliche Rohstoffe wurden anderswo weiterverarbeitet, doziert er. Rohöl und Gas wurden über Pipelines nach Aleppo, Homs und Damaskus transportiert und in den großen Raffinerien von Homs und Baniyas weiterverarbeitet. Ebenso gab es in Nord- und Ostsyrien jahrzehntelang keine großen Getreidemühlen. Weizen und Oliven wurden nach Damaskus geschickt und kamen von dort in die Verarbeitung. Auch die Baumwolle wurde im Süden gesponnen. Somit gehörte die Region zu den am wenigsten entwickelten Gebieten Syriens. Das Regime hielt sie künstlich arm.

Karker Ismail redet schnell, viel und selbstsicher. Er betont auch die ethnische Komponente der Regimepolitik. Die »Arabisierungspolitik« aus Damaskus habe vor allem die Kurd*innen und christlichen Minderheiten aus den fruchtbaren Gebieten in Nordsyrien vertrieben und in Erwerbs- und Perspektivlosigkeit getrieben. Die Erwerbslosenquote in Nordsyrien lag vor dem Bürgerkrieg bereits bei 40 Prozent. Auch das Einkommen der Landwirt*innen und Hirten lag im Landesschnitt am unteren Ende. Bereits bei Kriegsbeginn steckte die landwirtschaftliche Produktion in einer tiefen Krise, da die staatlich gelenkte Zentralisierungspolitik keineswegs nachhaltig oder erfolgreich war.[61] Das findet auch Agît Hisen im Rathaus von Cirîn. Dort ist wie immer viel los. Vor allem ältere Männer kommen und gehen. Nicht alle haben ein Anliegen, manche wollen nur einen Tee trinken und sich unterhalten. Meist sind es Geschichten aus der Landwirtschaft, wie Agît sie erzählt: Wer als kurdischer Bauer unter dem Regime sein Auskommen sichern wollte, dem blieb häufig nur die Bestechung von Beamten, um an mehr Diesel für die Maschinen oder besseren Dünger zu kommen. »Doch natürlich konnten die meisten Menschen niemanden bestechen, weil ihnen schlichtweg das Geld dazu fehlte«, ergänzt Agît. Infolge des Bürgerkriegs und des Zustroms Zehntausender Binnenvertriebener verschärfte sich die Notlage zunehmend. Auch war die industrialisierte Landwirtschaft auf Chemikalien und Düngemittel angewiesen, die durch den

Krieg schlagartig nicht mehr geliefert werden konnten. »Für uns Bauern gab es dann nur noch wenig Saatgut oder Dünger. Die Ernten waren nicht gut«, ergänzt Agît. Die ganze syrische Wirtschaft brach durch den Krieg zusammen. Das Bruttoinlandsprodukt sank zwischen 2011 und 2016 um 63 Prozent.[62] Keine guten Voraussetzungen für den Aufbau einer alternativen Wirtschaft.

Verhinderte Hungersnöte und leerstehende Häuser

Mit dem Rückzug des Regimes im Juli 2012 stand die Selbstverwaltung vor der gewaltigen Herausforderung, die Grundversorgung aufrechtzuerhalten. Die Versorgung mit Lebensmitteln, Dienstleistungen wie Müllentsorgung, Trink- und Abwasserversorgung sowie der Verkehr mussten weitergeführt werden. »Wir mussten unseren Müll mit Pferden und kleinen Wagen einsammeln, weil wir damals nicht genug Treibstoff für Fahrzeuge hatten«, erinnert sich etwa der Grünen-Politiker Loqman Ehme an jene Zeit. Die Selbstverwaltung übernahm zunächst weitgehend die staatliche Verwaltung, um eine kontinuierliche Versorgung zu garantieren. Aus diesem Grund wurden auch nicht alle Beamten, insbesondere in hochspezialisierten Bereichen wie der Wasser- und Elektrizitätsversorgung, sofort entlassen. Trotz dieser relativen Kontinuität macht Hediya Elî, die ›Wirtschaftsministerin‹ von Cizîrê, auf einen wesentlichen Unterschied aufmerksam: Der Anspruch an das Wirtschaftssystem sei fundamental anders, sagt sie ein wenig strahlend: »Unsere Wirtschaftsordnung soll garantieren, dass die Grundbedürfnisse sichergestellt werden. Gleichzeitig darf dies weder auf Kosten der Natur noch auf Kosten der arbeitenden Menschen gehen. Ebenso wollen wir, dass sich vor allem Frauen am ökonomischen Leben beteiligen.« Eine umfassende Emanzipation also. Dies sollte durch die Beteiligung der Bevölkerung an der wirtschaftlichen Entwicklung sichergestellt werden. Dafür wurden auf kommunaler und regionaler Ebene Ökonomiekomitees gegründet. »Dieses kommunale und demokratische Wirtschaftssystem wollen wir perspektivisch in ganz Syrien verbreiten«, gibt Hediya die Fahrtrichtung vor. Doch zunächst standen andere Probleme auf der Tagesordnung. Eine der wichtigsten Aufgaben war die Versorgung der Bevölkerung mit Brot. Es drohten massive Engpässe. Zwar fehlte es nicht an Weizen, aber an Möglichkeiten, diesen zu verarbeiten. Die Brotversorgung verlief zunächst schleppend. Die Komitees entwickelten schnell ein Verteilungssystem und konnten auf den Märkten und in den Lagern Preisobergrenzen durchsetzen.

Zwar blieb die Versorgungslage prekär – und ist es in weiten Teilen heute noch –, verbesserte sich aber langsam. Dafür wurde an zentralen Stellschrauben des bisherigen Systems gedreht. Eine Diversifizierung der lokalen Produktion ersetzte die bisherigen Monokulturen. Die exportorientierte Produktion ging zurück, während die Produktion von Gemüse, Linsen, Gewürzen und Bulgur zunahm.[63] Die damit verbundene Entwicklung regionaler Märkte hatte für die Selbstverwaltung oberste Priorität. Die staatlich gelenkte und industrialisierte Landwirtschaft brach mit dem Rückzug des Regimes nahezu vollständig zusammen. Großbetriebe wurden aufgegeben. Somit standen der Selbstverwaltung nun landwirtschaftliche Flächen zur Verfügung, die an Familien oder kommunale Kooperativen vergeben wurden. Dadurch konnte die kleinbäuerliche Landwirtschaft wieder Fuß fassen.[64] Auch die Öl- und Gasförderung wurde nun lokal gestaltet. Da die großen Raffinerien im Süden nicht mehr genutzt werden konnten, begannen die Menschen, in meist primitiven Anlagen selbst Rohöl und Gas vor Ort zu raffinieren. Diese Methoden sind zwar äußerst umweltschädlich, bedeuteten aber für die Menschen und die Wirtschaft eine erhebliche Erleichterung. Auch Loqman Ehme kann dies nicht verhehlen. Der Umweltschützer in Qamişlo ringt um Worte: »Es gab ja kein staatliches Unternehmen mehr, daher fanden die Menschen ihre eigenen Wege, um Benzin oder Diesel herzustellen.« Sind die selbstgebauten Raffinerien also die Lösung? »Nein, nein«, beschwichtigt er, »wir brauchen eigene, gut funktionierende und nachhaltige Raffinerien. Dazu sind wir gerade nicht in der Lage. Aufgrund des Embargos und der fehlenden Investitionskraft ist es nicht einfach, moderne Raffinerien zu installieren, die den Umweltstandards entsprechen. Die Kosten für geeignete Fabriken sind schlicht zu hoch«, beschwichtigt er weiter. »Wenn wir nun aber die Leute stoppen, mit ihren eigenen Mitteln zu produzieren, haben wir gar keinen Treibstoff mehr.« Doch der wird dringend benötigt. »Wir wollen die wirtschaftliche Entwicklung fördern. Wenn wir jetzt die kleinen Raffinerien stoppen, weil sie umweltschädlich sind, würde das gesamte Leben zusammenbrechen«, sagt er und klingt dabei eher nach Christian Lindner als nach einem Grünen. Aber so sieht die Realität nun einmal aus. Während Loqman Ehme mit mir spricht, brummt der Generator vor dem Haus unaufhörlich weiter.

Blickt man in die Straßen von Qamişlo, zeigt sich deutlich, wie ein anderer Wirtschaftszweig wortwörtlich in den Himmel wächst: der Bausektor. Alle größeren Städte sind übersät mit Baustellen und Beton-Rohbauten, die oftmals nie komplett fertiggestellt werden. Doch es wird gebaut und gebaut. Der Boom resultiert vor allem aus einer erheblich gestiegenen Nachfrage nach Wohnraum infolge des Zustroms von Binnenvertriebenen. Darüber hinaus hat die Selbstverwaltung die vom Assad-Regime auferlegten Beschränkungen für Baulizenzen gelockert: Lange Zeit durften Kurd∗innen nur einstöckige Häuser bauen. Jetzt sind bis zu vier Stockwerke erlaubt. Zudem haben die Ökonom∗innen der Selbstverwaltung den Bausektor als lukrative Einnahmequelle für Steuern erkannt. Meist bauen private Unternehmer. Diese von der Bevölkerung mit einer Mischung aus Ehrfurcht und Missachtung als »Könige der Nachbarschaft« bezeichneten Geschäftsleute stecken ihre Ersparnisse oder Gewinne in Neubauten. Lokale Produktionsstätten sind sonst meist kleine Werkstätten, die Textilien, Shampoo, Seife, Farben, Konserven und Elektronik für den Hausgebrauch herstellen. Dort stagnieren die Investitionen weitgehend. Der Bausektor zieht immer mehr lokales Kapital an, da in ihm hohe Gewinnspannen zu erwarten sind. Das lange Zeit relativ sichere Umfeld in Qamişlo oder al-Hasaka begünstigte zudem Expansionsmöglichkeiten.

Die Baubranche zählt zu den aktivsten Sektoren der lokalen Wirtschaft. Genaue Daten dazu sind nur schwer zu bekommen. Die Selbstverwaltung erteilt zwar Baugenehmigungen, einen genauen Überblick über die Bautätigkeiten scheint es aber nicht zu geben. Bauen, bauen, bauen – und kaum Regulierungen. Diese Entwicklung birgt die Gefahr einer Immobilienblase. Aufgrund fehlender Regulierungen stehen viele Neubauten teilweise weiterhin leer, während sich gleichzeitig der Wohnraum verteuert und zu einem knappen Gut wird. Auch Nord- und Ostsyrien, scheint es, ist vor dem Wahnsinn der kapitalistischen Produktionsweise nicht gefeit. Hinzu kommt noch eine Veränderung der Besitzstrukturen. Während vor dem Krieg Wohneigentum überwog, steigt der Anteil von Haushalten, die zur Miete leben, rasant an. In Qamişlo, einer Stadt mit den höchsten Immobilienpreisen der Region, liegen die Mietkosten für eine Familienwohnung zwischen 235.000 und 940.000 syrischen Pfund (90 bis 350 Euro). Der Kaufpreis für eine solche Wohnung kann bis zu 470 Millionen Pfund (175.000 Euro) betragen. Zum Vergleich: Ein im gesellschaftlichen Vergleich relativ hoher Monatslohn für An-

Korrektur

In der Danksagung des Autors auf S. 255/256 fehlt die Angabe, dass auch die Interviews mit Kendal Kobanê, Ismail Eziz, Hediya Elî und Esed Xelîl von Müslüm Örtülü geführt wurden, der sie für dieses Buch freundlicherweise zur Verfügung gestellt hat.

gestellte der Selbstverwaltung beträgt durchschnittlich 300.000 Pfund (etwa 110 Euro) im Monat. Ein Viertel der Bevölkerung hat aufgrund dieser Entwicklungen Angst, die Wohnung zu verlieren, weil die Miete zu teuer wird.[65]

Die Selbstverwaltung versucht diesem Prozess entgegenzuwirken und fördert Sozialwohnungen. Für sie ist in jedem Neubau mindestens ein Stockwerk reserviert. Ob diese Vorgabe auch eingehalten wird, konnte mir jedoch niemand mit Sicherheit beantworten.

Kommunal oder zentral gesteuert?

Das Wirtschaftsleben vor Ort wirkt auf den ersten Blick wenig revolutionär. Hirten treiben ihre Ziegen und Schafe über die Felder, auf denen die Bauern und Bäuerinnen das Getreide anbauen. Auf dem Land herrscht Subsistenzproduktion von Lebensmitteln vor. Die Städte sind meist geprägt von Läden für den täglichen Bedarf, kleinen Werkstätten und den zentralen Märkten. Die Versorgungslage ist zwar angespannt, doch in den Städten kann man nahezu alles bekommen – wenn man das dafür nötige Kleingeld aufbringen kann. Was unterscheidet dieses agrarische Landleben und eine kleinkapitalistische Ökonomie der Städte von anderen Regionen im Nahen Osten, wo findet sich die »revolutionäre« Wirtschaft Rojavas?

Zurück in al-Hasaka stelle ich Karker Ismail diese Frage. Er erklärt, wie das Wirtschaftssystem organisiert ist. Im Mittelpunkt stehen die Ökonomiekomitees. »Unsere Wirtschaft ist eine kommunale Wirtschaft. Sie geht von der Gesellschaft aus«, erklärt er. »Die Komitees beginnen in der Kommune, reichen bis zur Ebene der Autonomen Selbstverwaltung und sind miteinander verbunden.« Im Prinzip haben die Kommunen das Recht, ihre eigenen Entscheidungen und Maßnahmen zu treffen. Zu ihren ökonomischen Aufgaben gehören Dienstleistungen wie die Gründung und Verwaltung von Kooperativen sowie die Verteilung von Grund und Boden. Außerdem sind sie dazu verpflichtet, Umweltstandards einzuhalten, um Ökologie und Ökonomie gleichzeitig zu fördern. Ziel ist es, möglichst kurze Lieferketten zu ermöglichen und die Produktionsmittel eng an den lokalen Bedarf zu binden. So wird versucht, Spekulationen mit knappen Rohstoffen wie Nahrungsmitteln oder Treibstoff zu verhindern, um die lokale Versorgung zu sichern. Es soll »fair« zugehen, so drückt es Karker Ismail aus. Landwirt*innen und Arbeiter*innen sollen gut bezahlt werden, Händler*innen keine zu hohen Preise nehmen und Verbraucher*innen nicht zu viel zahlen müssen. »Wir wollen, dass die Menschen vor Ort selbst entscheiden und lokal produzieren, was sie brauchen«, antwortet Karker. Eigenverantwortung, lokale Produktion und Dezentralität. Das sind seine Stichworte.

In Cirîn schaue ich mir den Praxistest an. Esed Xelîl, eine lange, dünne Erscheinung, arbeitet dort als Landwirt und ist – Ehrensache! – im Komitee organisiert: »Wir sind hier selbst für die Verteilung des Saatguts und des Düngers verantwortlich«, sagt der junge gutaussehende Mann. Im Hintergrund seines Hauses sind die Felder zu sehen, auf denen seine Partnerin gerade arbeitet. Bei Keksen und Tee berichtet er über die Arbeit im Komitee: »Alle Landwirte müssen nachweisen, wie groß ihre Anbaufläche ist, und erhalten monatlich entsprechende Unterstützung. Auch für die Verteilung von Diesel sind wir selbst verantwortlich.« Unterstützung erhalten Esed und seine Kolleg*innen vom Gemeinderat Xebat Bager, dem wir bereits begegnet sind. Im Gemeinderat wird der Bedarf geprüft und alles schriftlich notiert. Viel Papierarbeit. »Zu unserer Arbeit gehört auch, die ganzen Urkunden über Land- und Maschinenbesitz auszustellen«, antwortet Xebat. Das sei wichtig, um Missbrauch und Schwarzhandel vorzubeugen: »Regelmäßig prüfen wir auch, ob Flächen wirklich bebaut werden oder ob wirklich ein Traktor auf dem Feld arbeitet. Stimmt etwas nicht, streichen wir die Unterstützung.« All das klingt aufwändig, langwierig und verdächtig nach Kontrolle der Landwirte. Der Bauer Esed winkt ab und widerspricht. Vielleicht mag all das nicht wahnsinnig revolutionär wirken, aber, so meint er: »Die ganze Arbeit macht nicht mehr der Staat, sondern wir selbst.« Die Selbstverwaltung, das merkt man hier, macht etwas mit den Menschen. Später erzählt Esed, dass er lange im Libanon gearbeitet hat und von dort über Nordafrika nach Europa fliehen wollte. Auf seiner Flucht wurde er geschnappt und musste zurück nach Syrien. Auch wenn er dabei viel Geld verloren hat, wirkt er nicht unglücklich mit seiner aktuellen Lage, als er in seinem Teeglas rührt.

Trotz lokaler Autonomie können die übergeordneten Strukturen stark in die wirtschaftliche Entwicklung eingreifen. Auf zentraler Ebene beaufsichtigt der Exekutivrat die Politik der Regionen und Kommunen. In Absprache mit den lokalen Verwaltungen soll der Rat einheitliche Bedingungen schaffen. Dazu gehören die Preisgrenzen für Grundgüter sowie die Vereinheitlichung der Zölle, der Treibstoffpreise, der Reisegenehmigungen und des Reiseverkehrs innerhalb Nord- und Ostsyriens. Daneben spielen drei Komitees eine entscheidende Rolle: Das Komitee für Wirtschaft und Landwirtschaft hat die Aufgabe, die Wirtschaftspolitik in den Regionen zu vereinheitlichen; das Komitee für Soziales und Arbeit ist für die Regelung und den Schutz der Arbeitsrechte zuständig, und das Finanzkomitee kümmert sich um die Erhebung von Steuern und Gebühren durch die lokalen Verwaltungen. Diese sind ebenfalls befugt, direkte Einnahmen zu erzielen. Steuern werden auf die meisten Berufe und Gewerbe erhoben, auch auf kleine Unternehmen wie Straßenverkäufer, Geschäfte und öffentliche Verkehrsmittel. Lange weigerte sich die Selbstverwaltung, Steuern zu erheben, da man dies der Bevölkerung nicht zumuten könne – und man sich nicht als Staat verstehe. Mittlerweile rechtfertigt sie es mit der Finanzierung öffentlicher Dienstleistungen. Gelebter Pragmatismus.

Über die Einnahmen und Ausgaben der Selbstverwaltung liegen kaum Daten vor. Dafür gibt es verschiedene Gründe: Zunächst machen es der Krieg und die Kriegsökonomie schwierig, alle Geldsummen, die mal offen, mal verdeckt ausgegeben werden, nachzuvollziehen.[66] Ebenso mangelt es an öffentlich zugänglichen offiziellen Informationen, was sich zum Teil aus dem dezentralen Charakter der Selbstverwaltung erklärt. Da sich der Haushalt der Selbstverwaltung in wesentlichen Punkten von einem Haushalt westlicher Staaten unterscheidet, ist es zudem schwierig, ihn nachzuvollziehen. So gibt es neben dem allgemeinen (zivilen) Haushalt einen separaten Militärhaushalt. Wiederum separat werden die Ausgaben für Gehälter behandelt.

Wagen wir eine kleine Reise in die Welt der Zahlen. Der allgemeine Haushalt der Autonomen Selbstverwaltung für 2022 beläuft sich umgerechnet auf 981 Millionen US-Dollar. Dies sind ganze 37 Prozent mehr als 2021. Woher dieser Anstieg kommt, konnte mir niemand so recht erklären. Wahrscheinlich ist er auf gestiegene Ölverkäufe zurückzuführen. Einen (veröffentlichten) Haushaltsplan gibt es nicht. Die Daten stammen aus lokalen Zeitungsartikeln, die jeweils nur einzelne Posten nennen. Etwas Licht ins Dunkel bringt Muhammad Bakr. Er berät das Finanzkomitee und ist Experte für Finanzfragen. Für 2022 erwartet er Einnahmen von rund 200 Millionen Dollar durch Einfuhrzölle und Steuern. Berichten zufolge sollen Fabrikbesitzer ab 2022 zudem eine spezielle Steuer zahlen. Bakr vermeidet, über die genauen Gesamteinnahmen zu sprechen, da Nord- und Ostsyrien weiterhin auf internationale Hilfe angewiesen ist. 90 Prozent der Einnahmen gehen ohnehin auf den Ölverkauf zurück.

Etwas klarer sind die Zahlen auf der Ausgabenseite. Hier rühmt sich die Selbstverwaltung ihrer sozialen Verantwortung. Fast 40 Prozent des gesamten Haushalts, umgerechnet 389 Millionen Dollar, gehen 2022 in direkte Subventionen der Bevölkerung, so Muhammad. Allein für Brotsubventionen gibt die Selbstverwaltung 180 Millionen Dollar aus. Es folgen 159 Millionen Dollar für Treibstoffsubventionen und 50 Millionen Dollar Hilfen für Medikamente. Auch die extra berechneten »Ausgaben« folgen politischen Maßgaben. Ihrem föderalen Anspruch folgend gehen zwei Drittel davon direkt an die sieben Regionalverwaltungen. Das restliche Drittel teilt sich auf in Gehälter der Angestellten (107 Millionen Dollar) sowie Ausgaben für den Wiederaufbau und Investitionen, wie die Reparatur von Bewässerungsanlagen, Dämmen und Gebäuden, die Instandhaltung des Stromnetzes und die Kosten für den Betrieb von Einrichtungen des öffentlichen Gesundheits- oder Bildungswesens (80 Millionen Dollar).

Bei so vielen Zahlen beginnt der Kopf zu rauchen. Da ist es gut, dass sich der ebenfalls separate Militärhaushalt klarer zusammensetzt: Die kompletten Ausgaben für die Streitkräfte belaufen sich 2022 auf 177 Millionen Dollar und werden komplett von den USA bereitgestellt. 2023 soll diese Zahl auf 183,5 Millionen Dollar ansteigen.

Aber abgesehen vom Militär sieht Klarheit in Haushaltsfragen anders aus. Gesprächspartner*innen, häufig sogar Expert*innen, winken hier meist ab. Der Mangel an Transparenz in diesem Bereich wird dadurch verstärkt, dass es keinen eigenen Bankensektor gibt und die Region weiterhin von den staatlichen Banken abhängig ist. Vor Ort gibt es keine Geldautomaten. Die syrische Zentralbank stellt nach wie vor die Hauptgeldquelle dar: Die Menschen zahlen weiterhin mit dem Pfund – und halten täglich die Geldscheine mit dem Konterfei Baschar al-Assads in den Händen. Zwar arbeitet die Selbstverwaltung an einer eigenen Zentralbank, welchen Einfluss diese haben soll, ist bislang jedoch noch vollkommen unklar. Die Einführung einer eigenen Währung würde zudem dem Bekenntnis zur »Nicht-Staatlichkeit« widersprechen und Probleme auf internationaler Ebene hervorrufen.

Nord- und Ostsyrien ist somit weitgehend in die syrische Wirtschaft integriert. Dies bedeutet, dass die Autonomieregion von der Steuer- und Wirtschaftspolitik des Regimes betroffen und somit der Inflation und den starken Wechselkursschwankungen des Pfunds ausgesetzt ist. Dadurch hat die Selbstverwaltung keine endgültige Kontrolle über große Bereiche ihrer Wirtschaft.

Wie eng – und konfliktreich – die Beziehungen zwischen der Autonomieregion und Damaskus sind, wird an einem bedeutenden Produkt deutlich: Brot.[67] Das Komitee für Wirtschaft und Landwirtschaft versucht, den Brotpreis zu regulieren. Dabei wird es ständig von Käufern des Regimes unterlaufen, denen es weiter gelingt, große Weizenmengen auf den lokalen Märkten zu erwerben. Die Selbstverwaltung versucht, dem entgegenzuwirken, indem sie den Landwirt•innen höhere Preise anbietet, wovon der Bauer Ismail Eziz aus Cirîn berichtet: »Weizen, Gerste und Mais sind unsere wichtigsten Produkte. Weizen wird für Brot benötigt. Gerste wird für die Tiere, Mais für Öl benötigt. Die Selbstverwaltung kauft das über dem Marktpreis, um die Landwirte zu unterstützen.« Als die Weizenkosten aufgrund des Ukraine-Kriegs 2022 weltweit deutlich gestiegen waren, kaufte die Selbstverwaltung Weizen zu den angeblich höchsten Preisen weltweit ab (0,55 Dollar pro Kilogramm im Vergleich zum globalen Handelspreis von 0,46 Dollar). Möglich wurde dies durch die direkten Brotsubventionen. Dennoch war der Weizen 2022 aufgrund einer schlechten Ernte im Vorjahr knapp; die

Bäckereien meldeten bereits zur Jahresmitte einen Rückgang der Vorräte. Engpässe und Preisanstiege könnten die Folge sein.

Die Dominanz des Öls

Damit es in Nord- und Ostsyrien allerdings überhaupt weiterhin Landwirtschaft und Brot gibt, sind Öl und Gas notwendig. Nur sie ermöglichen – raffiniert zu Diesel – den Betrieb von Fahrzeugen und landwirtschaftlichen Geräten. Auch zur Aufrechterhaltung der Stromversorgung ist Diesel unerlässlich. Wir erinnern uns an die allgegenwärtigen Generatoren.

Zudem spülen das Öl und das Gas Geld in die Kassen der Selbstverwaltung. Sie kontrolliert fast alle syrischen Gasfelder und die Hälfte der Ölquellen. Zwar sind zahlreiche Förderanlagen stark reparaturbedürftig oder ganz ausgefallen, sie bilden aber weiterhin das industrielle Rückgrat der lokalen Ökonomie.

Doch ist Nord- und Ostsyrien von einem doppelten Embargo betroffen. Als (völkerrechtlicher) Teil Syriens wirkt sich das internationale Embargo gegen das Land auch auf die Region aus. Darüber hinaus stellt auch das totale Wirtschaftsembargo eine große Belastung dar, das die Türkei direkt nach der »Rojava-Revolution« über die Region verhängt hat. Dies besteht bis heute. Ebenso schließt die kurdische Autonomieregion im Nordirak aufgrund innerkurdischer Rivalitäten regelmäßig die Grenzen nach Nord- und Ostsyrien und erschwert damit den Handel.

Doch an wen verkauft die Selbstverwaltung unter diesen Bedingungen das Öl? Auch politisch ist dies eine heikle Frage. Angesichts der geografischen Nähe zur Autonomen Region Kurdistan im Irak ist davon auszugehen, dass der Großteil des in der Region al-Hasaka geförderten Öls und

Gases dorthin exportiert wird.[68] Im Februar 2019 wurden zudem erste Berichte über Ölverkäufe an das Assad-Regime veröffentlicht.[69] Dieser Handel soll vor allem über die Städte Deir ez-Zor und Tabqa abgewickelt werden.[70]

In Damaskus bestimmt die *Qaterji International Company* maßgeblich den Ölankauf. Die Firma steht auf der US-Sanktionsliste. Beim Gas spielt Ammar al-Sousi eine wichtige Rolle. Der Geschäftsmann ist ein enger Bekannter von Rami Makhlouf, einem Cousin von Baschar al-Assad. Er regelt den Gaseinkauf des Regimes – was ihm mehrere Millionen Dollar eingebracht haben soll.[71]

Im August 2021 trafen sich *Qaterji*-Vertreter mit Verantwortlichen der Selbstverwaltung, um die Möglichkeit einer Steigerung der Ölexporte zu erörtern. Damit gestanden beide Seiten ein, dass es bereits Verkäufe gegeben hat. *Qaterji* forderte, die wöchentliche Zahl von Tankwagen mit Rohöl von 250 auf 400 zu erhöhen. Die Selbstverwaltung ihrerseits forderte 100 anstelle von bisher 50 Lastwagen mit raffiniertem Treibstoff.[72] Nach langen Verhandlungen konnten sich beide Seiten schließlich einigen. Für die Selbstverwaltung ist dies ein lukratives Geschäft.[73]

Beim Öl und beim Gas geht es in Nord- und Ostsyrien ans Eingemachte – auch machtpolitisch. Dies wird nicht zuletzt dadurch verdeutlicht, dass die Gespräche auf Seiten der Selbstverwaltung nicht etwa von Vertreter*innen der zuständigen Komitees geführt wurden, sondern hohe SDF-Vertreter am Tisch saßen. Während die gewählten Räte und Komitees für Entscheidungen häufig längere Zeit brauchen, ermöglichen die militärischen Strukturen der SDF schnellere Beschlüsse. Ebenso verdeutlicht die Präsenz der Generalität bei Verhandlungen auch die Bereitschaft, das Öl mit militärischen Mitteln zu verteidigen. Damit übernehmen die SDF jedoch genuin politische Aufgaben, für die sie niemand gewählt hat, und machen damit ihren Machtanspruch deutlich.

Doch auch nach diesem Deal ist die Versorgung der Bevölkerung mit Treibstoff nur sehr eingeschränkt sichergestellt. Es fehlt weiterhin an eigenen Raffinerien. Grundsätzlich ist es Aufgabe der kommunalen Ökonomiekomitees, den Bedarf an Treibstoff zu ermitteln und ihn an speziellen Tankstellen auszugeben. Überall fallen aber – vor allem morgens – die teils mehrere Kilometer langen Motorrad- und Autoschlangen auf, in denen Menschen häufig mehrere Stunden auf Diesel und Benzin warten. Manchmal auch erfolglos. Dann geht es mit leeren Tanks und Kanistern zurück.

Auch die allgegenwärtigen Gasflaschen für den Haushalt, die die meisten privaten Küchen laufen lassen, sind knapp. Die Kommunen liefern sie monatlich für umgerechnet knapp drei Euro an die Haushalte. Doch das passiert nicht immer. Dann bleiben die Küchen kalt – oder es bleibt der Schwarzmarkt: dort kosten Gasflaschen rund 30.000 Pfund (rund 10 Euro).[74]

Der illegale Handel mit Öl und Gas wirkt sich wiederum auf die kommunale Verteilung aus. Hier hakt Abdulwahab al-Muhajri aus Qamişlo ein. Der Co-Vorsitzende einer Kommune im arabischen Stadtteil al-Tayy hatte bereits über die Schwierigkeiten beim Aufbau der Selbstverwaltung gesprochen. Eigentlich arbeitet Abdulwahab als Bäcker und bekommt so die Armut in seinem Stadtteil hautnah mit: »Es gibt Familien, die sich nicht jeden Tag Brot leisten können«, bekennt er. »Auch fehlt es an Wohnungen, hier gibt es keinen Wohnungsbau. Zudem sind die Gehälter hier sehr niedrig – im Durchschnitt bei etwa 100.000 Pfund.« Davon kann man kaum überleben. »Das gilt natürlich nur für diejenigen, die überhaupt noch einen regulären Job haben«, ergänzt er zerknirscht. 68 Prozent aller Bewohner•innen in Nord- und Ostsyrien beklagen, dass es nicht genügend Jobs gibt.[75] In al-Tayy bleibt ihnen dann der Schmuggel. Da in der Innenstadt von Qamişlo das Preisniveau deutlich höher ist, wird der kommunale Treibstoff aus dem Stadtteil gebracht: »Kanister werden unter Autos montiert und der Treibstoff nach draußen geschmuggelt, weil es dort mehr Geld dafür gibt«, offenbart Abdulwahab. »Es wird so viel geschmuggelt, dass es die Arbeit der Kommune beeinträchtigt und die Versorgung nur noch sehr eingeschränkt möglich ist.«

Anspruch und Wirklichkeit der Kooperativen

Zurück auf die Felder Nord- und Ostsyriens. Hier soll ein bedeutender Teil der neuen Alternativwirtschaft entstehen: die Kooperativen. Dies sind Unternehmen, die ihren Mitgliedern gleichberechtigt gehören. Kommunale Gremien verwalten und kontrollieren sie. Auf Ebene der Autonomen Selbstverwaltung gibt es zudem eine Kammer für alle Kooperativen in Nord- und Ostsyrien.

Fatma Bihar ist an der »Aufbauarbeit« der Kooperativen beteiligt, wie sie es nennt. Ihr Alltag bewegt sich irgendwo zwischen Tierzuchtprojekten, Gemüsegärten, der Herstellung von Tomatenmark und eingelegtem Gemüse und dem Anbau von Mais und Wassermelonen. Die junge Frau, vielleicht Anfang 20, ist bei der Frauenorganisation *Kongra Star* im Kanton Kobanê aktiv und dort für Frauenkooperativen zuständig. Zusätzlich arbeitet sie im Bekleidungsgeschäft ihrer Familie auf der Hauptstraße von Kobanê. Auf Plastikhockern vor dem Laden sitzend, erzählt sie ihre Vision. Frauenkooperativen wurden gegründet, um Beschäftigungsmöglichkeiten für Frauen zu schaffen und ihre wirtschaftliche Unabhängigkeit zu unterstützen.[76] Damit stehen sie im Einklang mit den gleichstellungspolitischen Vorstellungen der Selbstverwaltung. Fatma und ihre Kolleginnen haben verschiedene Frauenprojekte in der Region gestartet. »Unsere Frauen sind vor allem in landwirtschaftlichen Projekten tätig«, erklärt sie. »Kleinvieh oder Hühner. Wir helfen Frauen auch, Land zu erwerben oder Gärten anzulegen.« Die Kooperativen produzieren alles, was mit ihren beschränkten Mitteln möglich ist und was vor Ort gebraucht wird. Sie arbeiten nicht profitorientiert, was sie von privaten Unternehmen unterscheidet. Gesetzlich festgelegt müssen 25 Prozent der Einnahmen reinvestiert werden. 20 Prozent gehen als Steuer an das Finanzkomitee und 5 Prozent werden als Beitrag an die Kammer der Kooperativen gezahlt. Der Rest geht an die Mitglieder. Die Kooperativen wollen Produktionsüberschüsse in den Kommunen halten, der Markt ist zweitrangig. Es ist gesetzlich verboten, Kooperativen zu privatisieren. Damit sind sie dem kapitalistischen Profitstreben entzogen. Werden neue Kooperativen gegründet, achtet die Kammer darauf, dass sie nicht mit bestehenden Unternehmen in Konflikt geraten, sondern sich ihr Angebot ergänzt. »Wir versuchen dort, wo es Bedarf gibt, Kooperativen zu gründen«, fasst Fatma zusammen.

Die ersten Kooperativen wurden 2012 in der Landwirtschaft gestartet. Keine leichte Aufgabe, erinnert sich Hediya Elî vom Ökonomierat der Region Cizîrê in Qamişlo. Es bestanden große Vorbehalte innerhalb der Bevölkerung. Noch war bei vielen Landwirt•innen die Erinnerung an die staatlich gelenkte Misswirtschaft lebendig, die auch auf (Groß-)Kooperativen basierte.

Ziel des Aufbaus eigener Kooperativen sei jedoch die Sicherung der Nahrungsmittelsouveränität, der Diversifizierung der Produktion sowie der demokratischen Beteiligung der Bevölkerung, erklärt sie. Bis heute finden sich die meisten Kooperativen in der Landwirtschaft. Sie produzieren auf den ehemaligen staatlichen Anbauflächen, also auf rund 80 Prozent der landwirtschaftlichen Fläche. Die Selbstverwaltung verpachtet dieses Land jährlich an die Kooperativen. Aber auch in anderen Wirtschaftsbereichen haben sich Kooperativen entwickelt: vor allem in Bäckereien, aber auch in der Textilindustrie, der Milchwirtschaft und im Kleingewerbe.

Zurück zu *Kongra Star* in Kobanê. Neben Fatma Bihar sitzt Hevî Kobanê. Sie verantwortet die örtlichen Frauenkooperativen. Etwas älter als Fatma, ist sie bereits lange in der lokalen Frauenbewegung aktiv. Sie ist sympathisch, aber wenn sie über Politik spricht, klingt sie hart, fast soldatisch. Wichtig ist ihr, erzählt sie, den Anspruch des Gesellschaftsvertrags zu erfüllen, der die rechtliche und ökonomische Gleichstellung der Geschlechter vorsieht. Gleichstellung und soziale Frage gehen für sie in den Frauenkooperativen miteinander einher: »Wir versuchen in erster Linie Frauen aus armen Familien für unsere Projekte zu gewinnen«, erklärt Hevî. Die Frauenkooperativen sind Emanzipations- und Sozialprojekt in einem. Dabei gehe es nicht nur um Geld. Ebenso seien die Kooperativen ein Ort, an dem Frauen zusammenkommen und sich treffen könnten. Zudem spielen sie häufig die Rolle einer Versicherung. »Es gibt eine Kasse von *Kongra Star*. Wir unterstützen bedürftige Frauen mit allen notwendigen Lebensmitteln, wenn beispielsweise in einer Familie niemand mehr arbeiten kann.«

Weibliche Emanzipation und Unabhängigkeit sind auch die Stichworte von Sultana Khuschu. Sie leitet die Stiftung der freien Frau in Syrien (*Weqfa Jina Azad a Sûrî*; WJAS). Bei einem Besuch der Zentrale fällt zunächst eines auf: Ruhe. Während in der Innenstadt von Qamişlo, auf dem belebten Markt reges Treiben herrscht, Autos und Motorräder hupend durch die Straßen fahren und die Generatoren brummen, herrscht bei der 2014 gegründeten Stiftung Stille. Das Stiftungsgebäude liegt auf einem Hügel am Rande der Stadt, nahe der Universität. Auch der Wachmann, der die Einfahrt kontrolliert, wirkt gelassen und ist vieles, nur nicht wach. Den Empfang übernehmen zwei freundliche Angestellte. Wir durchqueren einen lichtdurchfluteten Innenhof und gelangen in das Büro von Sultana im ersten Stock. Eine freundliche und sehr offene Frau sitzt vor mir. Das Hauptziel der Stiftung sei es, »Frauen und Kindern in Syrien in jeder Hinsicht zu helfen. Damit versuchen wir, ihre Stellung in der Gesellschaft zu stärken«, erklärt sie und entschuldigt sich lachend beim Übersetzer für ihre langen Sätze. Deutlich merkt man ihr die Begeisterung für die Arbeit an. Die Stiftung solle helfen, patriarchale Gewalt zu verringern, indem Frauen durch Bildung und verschiedene Gemeinschaftsprojekte gestärkt werden. Dafür hat die Stiftung zum Beispiel kommunale Gesundheitsstrukturen und -kampagnen nur für Frauen lanciert. So gibt es Seminare zu Themen wie Krebsvorsorge, Brustkrebs und Kinderkrankheiten. Darüber hinaus gibt es seit kurzem eine mobile Arztpraxis, die in Dörfer fährt und dort vor allem schwangeren Frauen hilft. Hinzu kommen soziale und psychologische Beratung – all dies kostenlos; finanziert wird die Stiftung ausschließlich über Spenden. Gestartet mit wenigen Mitarbeiterinnen, sind es nun 110 Beschäftigte. Eine zentrale Aufgabe sei die Stärkung der ökonomischen Unabhängigkeit von Frauen. So gibt es Kurse für Schneiderei, Friseurhandwerk, Computer, Sprachen und auch Fahrkurse. Im Erdgeschoss der Zentrale hat die Nähkooperative ihren Sitz. Alles hier wirkt sehr hell, offen und freundlich. Viele Pflanzen schmücken die Arbeitsplätze und Lager. In der Kooperative lernen Frauen den Umgang mit Nähmaschinen und stellen einerseits Kleidung für bedürftige Kinder her und verkaufen andererseits selbst ihr Kunsthandwerk. Eine Arbeiterin berichtet, dass Familien nun eher akzeptieren würden, wenn Frauen arbeiten, alles entwickle sich daher in eine sehr gute Richtung. Fast drängt sich der Verdacht auf, dass mir hier etwas vorgespielt, potemkinsche Dörfer aufgebaut werden. Aber nein, keine der Arbeiterinnen wusste von meinem Besuch und auch sonst fühlt sich die Stimmung echt und keinesfalls nach Propaganda an. Die Arbeiterinnen sind von meinem Besuch freudig überrascht, reagieren spontan und sind freundlich, ohne sich aufzudrängen. Ihnen geht es mit ihrer Arbeit nicht nur darum, eigenes Geld zu verdienen, sondern auch um eine solidarische Zusammenarbeit: »Wir haben Genossenschaften, in denen Frauen zusammen Kleidung nähen, sie verkaufen, das Geld zusammenlegen und es dann gleichmäßig verteilen«, so Sultana.

Unweit der von der Türkei besetzten Stadt Serê Kaniyê liegt das Frauendorf *Jinwar*, das 2018 eröffnet wurde.[77] Der Name bedeutet so viel wie *Ort der Frauen*. *Jinwar* ist ein weiteres und sehr bekanntes Beispiel dafür, wie Frauenpolitik in Nord- und Ostsyrien umgesetzt wird. Das Dorf wurde in ökologischer Lehmbauweise aufgebaut und ist seitdem Heimat für rund zwei Dutzend Frauen und Kinder. Sie kommen in das Dorf, um zusammen zu leben und zu arbeiten. In den inzwischen 32 Häusern leben und arbeiten sie zusammen, entscheiden kollektiv, backen ihr Brot und gestalten ihren Alltag autonom. In der Schule *Jinwars* werden auch Kinder aus der Umgebung unterrichtet. Aber das Wichtigste ist, dass Frauen dort ökonomisch unabhängig sein können. Solche Leuchtturmprojekte können nicht darüber hinwegtäuschen, dass es weithin an Erwerbsmöglichkeiten für Frauen fehlt. Befragt, wie viele Frauen im Kanton Kobanê in Kooperativen arbeiten, zählen Fatma Bihar und Hevî Kobanê auf ihren Plastikstühlen zur Sicherheit lieber nochmal nach: »Wenn ich niemanden vergessen habe, arbeiten hier 24 Frauen in Kooperativen«, antwortet Hevî. In ganz Nord- und Ostsyrien sind es 38 Frauenkooperativen, in denen insgesamt rund 1.200 Frauen beschäftigt sind. Dies ist nur ein Tropfen auf den heißen Stein.

Das Ziel der Selbstverwaltung ist es, Kooperativen in möglichst vielen Wirtschaftsbereichen auszubauen und sie mittelfristig zur dominierenden Wirtschaftsform zu machen, hält Karker Ismail ehrgeizig entgegen. Er und viele andere Verantwortliche feiern ihre Leistungen. Doch wie groß ist ihr Einfluss? Karker kann keine genauen Zahlen nennen und gesteht ein: »Unsere Kooperativen entwickeln sich, aber viele sind es nicht.« Sie bleiben bislang eine Ausnahmeerscheinung. Ebenso sind sie meist nur kleine Unternehmen auf relativ niedrigem technischen Niveau mit einer Handvoll Mitarbeiter*innen. Die strategisch wichtigen Produktionsbereiche wie Öl und Gas werden nicht kooperativ betrieben. Sie stehen meist unter direkter Kontrolle der Selbstverwaltung oder werden von Privatfirmen betrieben, denen gute Kontakte zur PYD nachgesagt werden.[78] Angesichts von nahezu fünf Millionen Einwohner*innen in Nord- und Ostsyrien sind die Kooperativen im Vergleich zur Produktion und Konsumtion marginal. Die Idee einer kooperativen Wirtschaft in Nord- und Ostsyrien entspricht bislang nicht der Realität.

»Es ist eine Herausforderung, Menschen davon zu überzeugen, Anbauflächen mit anderen zu teilen«, weiß Hediya Elî. Die Bevölkerung sei weiter in alten Denkstrukturen gefangen. »Sie agieren leider sehr individualistisch«, ergänzt sie. Gerade deswegen sieht sie es als ihre Aufgabe an, von den Vorteilen der Kooperativen zu berichten. »Wenn die Menschen sehen, dass Kooperativen erfolgreich arbeiten, überlegen sie vielleicht auch, sich selbst so zu organisieren.« Nur dem guten Willen überlässt es Hediya aber nicht. »Bei der Gründung einer Kooperative unterstützen wir mit einem zinslosen Kredit für sechs bis zwölf Monate. Anschließend soll die Kooperative ökonomisch auf eigenen Beinen stehen.« Sie wird weiterhin viel Arbeit vor sich haben.

Die Krux des Eigentums

2014 besuchte der Anthropologe David Graeber Rojava und fand bei seiner Reise eines nicht mehr: soziale Klassen.[79] Vielmehr sei vor Ort eine bezüglich Einkommen und Besitz weitgehend nivellierte Gesellschaft entstanden. Graeber begründete dies mit der Tatsache, dass zahlreiche Besitzende und Angehörige der finanzstarken freien Berufe aus Nord- und Ostsyrien geflohen seien.

Was zunächst logisch klingt, hält genauerer Überprüfung kaum stand. Auch nach 2012 blieben die zentralen ökonomischen Kategorien (Waren, Geld, Kapital etc.) weitgehend unangetastet. Enteignungen von Unternehmen und Fabriken fanden nicht statt. Weiterhin gibt es in Nord- und Ostsyrien Privateigentum; wesentlich als Eigentum an Wohnraum, Kfz-Werkstätten, Baubetrieben oder kleinen Läden. Zwar sollen dem Eigentum Grenzen gesetzt werden, doch ist es weiterhin geschützt. »Das Recht auf Privateigentum wird garantiert.« Dies sagt Artikel 95 des aktuell diskutierten Entwurfs des Gesellschaftsvertrags, während Artikel 17 Privatinvestitionen erlaubt. Im Gegensatz zum Vertrag von 2018, der Enteignungen »im öffentlichen Interesse« möglich machte, werden sie im aktuellen Entwurf nicht mehr erwähnt. Eigentümer*innen sollen nicht zu Feinden der Selbstverwaltung gemacht werden. Weiterhin existiert auch Großgrund-besitz, meist in arabischer Hand. Eine Landreform wurde nicht in Angriff genommen. Auch wenn es erklärtes Ziel der Selbstverwaltung war, dadurch ethnische Spannungen zwischen Kurd*innen und Araber*innen zu vermeiden, blieben somit eklatante ökonomische Ungleichheiten, Klassenunterschiede, bestehen.[80]

Der Gesellschaftsvertrag verbietet zwar Monopolbildung, eine dezidiert antikapitalistische Orientierung lässt sich aus ihm aber nicht ableiten. Zwar beharren die Verantwortlichen der Selbstverwaltung auf dem Ziel einer »gemeinwohlorientierten Wirtschaft«, jedoch scheint dies eher eine genaue Vorstellung, wie die Ökonomie grundsätzlich gestaltet werden soll, zu kaschieren. Quasi-staatliche Lenkung, Privateigentum und kommunaler Anspruch existieren parallel und machen die regionale Ökonomie zu einer seltsamen Melange.

Zunächst zur Selbstverwaltung. Sie greift durch zahlreiche Regularien in die wirtschaftliche Entwicklung ein. Zudem arbeiten nirgends so viele Menschen wie in ihren Institutionen: rund 250.000 Personen, davon 100.000 bei den Streit- und Sicherheitskräften. Für die Menschen ist eine Anstellung bei der Selbstverwaltung aufgrund eines durchschnittlichen Monatslohns von 300.000 Pfund sehr begehrt. Nicht nur die meisten Arbeiter*innen, sondern auch viele kleine Ladenbesitzer*innen, Landwirt*innen und Kaufleute müssen mit deutlich weniger auskommen.

Zudem stellt der Privatsektor nach wie vor eine beträchtliche Größe dar. Die Wirtschaft der Region ist weithin von Landbesitzern, Geschäftsleuten und Auslandsüberweisungen von Familienmitgliedern in Europa oder in Ländern der Region mit höherem Einkommen abhängig. Die Gretchenfrage in Nord- und Ostsyrien lautet daher: Wie hältst du es mit dem Privateigentum? Die Frage spaltet selbst Vertreter*innen der Selbstverwaltung. »Die Kooperativen haben sich nicht so gut bewährt«, ist sich etwa Kino Gabriel sicher. »Wir haben nicht genug Erfahrungen und Studien, wie man sie richtig umsetzt. Unsere Wirtschaft ist immer noch eher kapitalistisch als sozialistisch oder gemeinwohlorientiert.« Der ausgebildete Zahnarzt Gabriel ergänzt einen unerwarteten Vorschlag: »Mir schwebt eine Annäherung an die deutsche Wirtschaft vor. Kapitalistische Elemente, aber auch eine gemeinschaftsbasierte Unterstützung für kleine und mittlere Unternehmen. Wir müssen private Unternehmen und Investitionen unterstützen, sonst schränken wir die Fähigkeit der Wirtschaft zu expandieren ein.« Kino Gabriel ist ein kräftiger Mann und ein sympathischer Typ. Der Suryoye, der hier das hohe Lied auf die soziale Marktwirtschaft singt, ist nicht irgendwer, sondern war einer der bekanntesten Militärs der Region. Er beteiligte sich an der Gründung des MFS (*Mawtbo Folhoyo Suryoyo*; Assyrischer Militärrat) und fungierte lange als dessen Sprecher. Bis heute ist er im Generalkommando des MFS. 2018 wurde er zum SDF-Sprecher ernannt und wurde somit zu einem bekannten Gesicht des Feldzugs gegen den »Islamischen Staat«. Innerhalb der Selbstverwaltung steht Gabriel für eine Strömung, die ökonomische Liberalisierung fordert und Kooperativen und Vergesellschaftung kritisch beäugt. Auch mit der Festschreibung einer »gemeinwohlorientierten Wirtschaft« im Gesellschaftsvertrag kann Gabriel wenig anfangen: »Was soll das heißen? Wer sagt, was das gemeinsame Interesse ist? Vielleicht wird es gegen das Potenzial privater Investitionen eingesetzt. Ebenso ist es korruptionsanfällig. Wir hätten diese Sprache vermeiden sollen«, platzt es aus ihm heraus und er fügt hinzu: »Wir arbeiten gegen Monopole, das ist gut, aber wir sollten auch sagen, dass wir den Wettbewerb unterstützen.« Wettbewerb, Investition und Unternehmertum. Wovon Gabriel hier spricht, lässt sich auf einen Nenner bringen: Stärkung des Privateigentums.

Hediya Elî, Co-Vorsitzende des Ökonomierats der Region Cizîrê, kann da nur den Kopf schütteln. Sie findet es falsch, dass im neuen Gesellschaftsvertrag auf Enteignungen verzichtet wurde. Vielmehr möchte sie die kommunale Wirtschaft weiter ausbauen. »Das heißt nicht, dass wir das Eigentum der Menschen beschlagnahmen wollen. Wir wollen ihre Geisteshaltung verändern und sie davon überzeugen, dass sie ihre Ländereien zum Nutzen der Gesellschaft zur Verfügung stellen.« Es gilt nicht nur ökonomische, sondern vor allem auch mentale Hindernisse zu überwinden. Hier stimmt auch der Bauer Esed Xelîl aus Cirîn zu. Er weiß, wie die Landwirte ticken: »Hier ist es seit jeher so. Jeder will für sich Landwirtschaft betreiben. Das ist praktisch seit unseren Großeltern so. Jeder will seine Erde selbst düngen, seine Ernte selbst einfahren.« Die Abschaffung des Eigentums bedarf somit eines langfristigen Bewusstseinswandels.

Bei *Kongra Star* zerbricht sich die Aktivistin Hevî Kobanê genau darüber den Kopf und denkt viel über kapitalistische Geisteshaltung und Eigentumsverhältnisse nach, die sich in den Köpfen der Menschen festgesetzt haben. Hevî spricht schnörkellos und nüchtern, ihre dünne Statur verleiht ihr etwas Asketisches. »Wir müssen«, teilt sie mit, »die Kommunen stärken und sie besser organisieren. Sie sollen ja nicht nur ein Ort sein, an dem Heizöl und Brot verteilt, sondern das gesamte Leben kollektiviert wird. Die Menschen können dort ihre Probleme selbst lösen.« Doch die Verlockungen des Kapitalismus seien allgegenwärtig und würden das Denken und Handeln der Menschen beeinflussen, platzt es aus Hevî heraus. »Die kapitalistische Denkweise hat großen Schaden angerichtet. Mit vielen Menschen kannst du sprechen, so viel du willst, am Ende sagen sie, dass sie sich lediglich für ihr Geld und ihr Einkommen interessieren. Eine solche Denkweise zu durchbrechen ist schwierig. Auf der einen Seite«, konstatiert sie, »stehen Revolutionäre, die ein kommunales Leben aufbauen wollen, und auf der anderen Seite das Ungeheuer des Kapitalismus. Diesen Kampf tragen wir tagtäglich aus.« Für Hevî ist sicher auch Kino Gabriel dem »Ungeheuer des Kapitalismus« erlegen. Das Privateigentum geistert weiterhin durch Nord- und Ostsyrien.

Kriegsfolgen und Armut

Neben diesen internen Faktoren prägen auch zahlreiche externe Bedingungen die politische Ökonomie der Region. »Der Krieg, die Besatzung und das Embargo sind unsere größten Probleme«, sagt Karker Ismail am Ende unseres Gesprächs in al-Hasaka. »Sie hängen wie schwarze Wolken über uns. Die wirtschaftliche Lage ist schlecht.« Alle Bemühungen seien vergebens, wenn man sich im Krieg befindet. Wer durch die Region fährt, sieht ausgebombte Häuser und weitere ganz unmittelbare Kriegsfolgen: zerstörte Produktionsmittel, darunter Fabriken, Lagereinrichtungen, Pumpen oder Bewässerungssysteme. Zusätzlich fehlt es an Arbeitskräften. Und der Krieg hat auch mittelbare Folgen, die nicht auf den ersten Blick sichtbar sind, sich aber ebenso deutlich auf den Alltag der Menschen auswirken: Preisschwankungen, Unterbrechungen der Vertriebsnetze und Märkte, kaum Investitionen in die Region. Zahlreiche Menschen versuchen Syrien zu verlassen – all dies sind verschiedene Gesichter des Kriegs.

Besonders dramatisch ist die Lage in Frontnähe. Agît Hisen vom Cirîner Ökonomiekomitee berichtet eindrücklich davon. Regelmäßig liegen die Felder unter türkischem Raketenbeschuss. Zerstörtes Getreide, aber auch Verletzte und Tote sind die Folge. »Die Landwirte wissen nie, ob sie hier morgen überhaupt noch ernten können. Daher ziehen sie sich komplett zurück oder bepflanzen nur noch einen Teil ihrer Anbaufläche, der weiter weg von der Front liegt«, erklärt er. »Daher gibt es auch keine Investitionen. Alle halten sich zurück.« Ohne Krieg, da ist er sich sicher, würde die Wirtschaft wachsen. »Landwirte könnten Viehzucht betreiben, Milch, Joghurt oder Fleisch verkaufen. Hier könnten auch Fabriken entstehen und die Menschen hätten wieder Arbeit.« Unter den Raketeneinschlägen klingt das wie ein ferner Traum.

Ein weiteres zentrales Problem für die Ökonomie Nord- und Ostsyriens ist der enorme Wassermangel. 15 Prozent der Bevölkerung beklagen einen Mangel an Wasser für Toiletten. 38 Prozent haben Probleme mit dem Trinkwasser und 69 Prozent berichten, dass sie generell keinen Zugang zu ausreichend Wasser haben.[81] Infolge mehrjähriger Perioden extremer Trockenheit von 2002 bis 2018 erlebte die Region intensive Dürren und schwere Ernteausfälle. Diese Trockenperiode wurde als schlimmste Langzeitdürre seit Beginn der landwirtschaftlichen Zivilisation im Fruchtbaren Halbmond bezeichnet.[82] Landflucht war die Folge.[83] In den Städten stieg durch den Zuzug die Erwerbslosigkeit und auf dem Land kam es zur Aufgabe von Feldern und ganzen Dörfern.[84] Wasserkraftwerke, die genug Strom für die gesamte Region produzieren könnten, liegen still, so etwa in Tabqa.

Die bewässerten Flächen gingen bereits zwischen 2001 und 2009 um bis zu 40 Prozent zurück. Vor allem die Regionen al-Hasaka und Deir ez-Zor sind von schwerem Wassermangel betroffen. Der Fluss Khabur ist zu einem Rinnsal geworden. Von seinen 300 Quellen sprudelt nur noch eine einzige und sie wird durch einen Kanal zur Versorgung von al-Hasaka verwendet. Die Menschen müssen immer tiefer nach Grundwasser bohren. 50 Meter, 100 Meter, nun 200 Meter. Dadurch steigen die Förderkosten der dieselbetriebenen Motorpumpen. Zudem sind die Bohrungen unreguliert, was die Wasserqualität einschränkt, den Grundwasserstand gefährdet und zu einer zusätzlichen Belastung für das gesamte Ökosystem führt.

Auch die Türkei schränkt die Wasserversorgung der Region ein, indem sie durch Staudämme auf ihrem Gebiet das Wasser von Euphrat und Tigris zurückhält sowie durch Tiefbrunnen das Grundwasser abpumpt. In Grenznähe kann man den Unterschied heute direkt erkennen – auf der türkischen Seite leuchten die Felder grün, auf der syrischen Seite sind sie gelb.

All diesen Problemen könnte durch Handel und Investitionen begegnet werden. Aufgrund der Grenzlage war der grenzüberschreitende Handel auch lange Zeit ein wichtiger Wirtschaftszweig. So lange, bis er durch die komplette Schließung der Grenze zur Türkei und der periodischen Grenzschließung zum Irak durch die KRG erheblich eingeschränkt wurde. Ankara hat nahezu am kompletten syrisch-türkischen Grenzverlauf Anlagen und Militärstützpunkte errichtet. Eine 873 Kilometer lange Mauer und zahlreiche Wachtürme trennen die Länder. Der Grenzbereich ist eine Todeszone. Regelmäßig, so höre ich immer wieder, schießen türkische Soldaten wahllos auf Landwirte in der Nähe zur Grenze. Insbesondere in Kobanê ist die Präsenz der Grenze deutlich spürbar. Dort durchschneidet die Mauer die Stadt ganz in der Nähe vom zentralen Markt. Der Grenzübergang ist geschlossen, auf türkischer Seite prangt eine überlebensgroße türkische Fahne, die überall in der Stadt sichtbar ist.

Doch nicht nur die Türkei schließt ihre Grenze militärisch ab. Auch die KRG hat die – bislang relativ poröse – Grenze befestigt. Zunächst wurde in den vergangenen Jahren ein 35 Kilometer langer und rund zwei Meter tiefer und breiter Graben ausgehoben. Er soll Flüchtende aus Syrien abhalten und es Menschen erschweren, etwa über Şingal nach Syrien einzureisen. Neben dem Personen schränkt er auch den Warenverkehr ein. Vor allem Kurd*innen haben den Graben immer wieder als eine »Schande« bezeichnet – trennt er doch zwei kurdische Siedlungsgebiete voneinander und wurde vom Präsidenten der KRG Mesûd Barzanî angeordnet.

Die meisten Importe der Autonomieregion stammen aus dem Nordirak oder aus dem Assad-Gebiet. Sowohl die KRG als auch Damaskus nutzen ihre Kontrolle über den Warenfluss als politisches Druckmittel gegen die Selbstverwaltung. Investitionsgüter werden nicht oder nur mit extrem hohen Abgaben durchgelassen, sodass eine wirtschaftliche Entwicklung kaum möglich ist. Schwarzmarkt und Schmuggel blühen unter diesen Bedingungen auf. Sie sind häufig die einzige Möglichkeit, an Waren zu gelangen.

Doch auch die vorhandenen Waren und Dienstleistungen können sich nicht alle leisten. Armut ist weit verbreitet in Nord- und Ostsyrien. Insbesondere die Landbevölkerung kämpft ums nackte Überleben, doch auch zahlreiche Tagelöhner*innen und kleine Beschäftigte in den Städten kommen mit ihrem Einkommen kaum über die Runden. In Qamişlo ist die Armut deutlich sichtbar. Hier drängen sich bettelnde Mütter vor Moscheen und am Eingang zum zentralen Markt, bettelnde Kinder an Verkehrsampeln und vor Restaurants. Bereits vor dem Krieg lag die Armutsquote in Raqqa, al-Hasaka und Deir ez-Zor landesweit am höchsten. Die Hälfte aller syrischen Armen lebte 2007 in diesen Regionen. Dies spürt man heute noch. Die innersyrische Migration verschärft die Lage zunehmend. Binnenvertriebene sind besonders von Armut und Perspektivlosigkeit betroffen.

Welche Bedeutung die Armut hat, machen folgende Zahlen deutlich: Nahezu alle Menschen in Nord- und Ostsyrien (94 Prozent) sagen, dass ihr Einkommen nicht zum Überleben reicht und sie nicht ausreichend Nahrungsmittel zur Verfügung haben (98 Prozent).[85] Welch ernüchternde und schockierende Statistik. In der Region Cizîrê belaufen sich die Kosten für Lebensmittel für eine fünfköpfige Familie pro Monat auf knapp 260.000 Pfund (knapp 100 Euro) – hinzu kommen Strom, Internet, Miete und Treibstoff. Kaum jemand kann das bezahlen.

Strom wird den Menschen der Region prinzipiell kostenlos zur Verfügung gestellt. Dies war bereits unter Assad der Fall und ist dadurch begünstigt, dass die lokalen Preise sehr niedrig sind. Viele Haushalte ergänzen ihre Energieversorgung durch private Generatoren. Meist teilt sich eine Nachbarschaft in einem Stadtteil oder einem Dorf die Kosten dafür. Solche Generatoren können bis zu 20.000 Pfund pro Monat und Haushalt kosten. Für 59 Prozent der Bevölkerung stellen diese Kosten ein Problem dar. Hinzu kommen Treibstoffkosten. Die Autos vor Ort fahren meist mit Diesel, der durchschnittlich 1.500 Pfund pro Liter kostet; Benzol, mit dem die allgegenwärtigen Roller und Motorräder fahren, nur 1.000 Pfund. Da es in Privathaushalten kaum Heizungen gibt, werden diese im Winter meist mit Ölöfen beheizt, was das Budget zusätzlich belastet. Ein Internetanschluss im Haushalt kostet monatlich rund 15.000 Pfund und eine Datenkarte für zehn Gigabyte pro Monat für ein Smartphone beim regionalen Telekommunikationsanbieter Rcell 9.000 Pfund.

In vielen Familien müssen somit mehrere Menschen arbeiten. Da das Einkommen dennoch häufig nicht ausreicht, sind viele Menschen auf Transferleistungen angewiesen. Ismail Ezîz, der Landwirt aus Cirîn, kennt sich gut damit aus: »Die Selbstverwaltung unterstützt Landwirte, die finanzielle Probleme haben, zunächst kostenlos mit Saatgut und Düngemitteln. Erst wenn sie ihre Ernte einfahren und ihre Produkte verkaufen können, müssen sie ihre Rechnungen begleichen.« Somit werden die Landwirte einerseits an die Selbstverwaltung gebunden, andererseits, so ergänzt er, »wird ihnen trotz ihrer Armut geholfen, in die Landwirtschaft einzusteigen.« Diese Hilfe zur Selbsthilfe kommt vor Ort an, doch die Armut in Nord- und Ostsyrien bleibt weiterhin das bestimmende Problem der Region.

Die »Demokratische Nation«

Wieso sich ein arabischer Scheich
für Frauenrechte einsetzt

Vorherige Seite oben: Neue Syrisch-Orthodoxe Kirche in Dêrik
(Quelle: Rojava Information Center)

Unten: Christlicher Friedhof von Qamişlo
(Quelle: Rojava Information Center)

»In den westlichen Medien wird die Autonomieverwaltung häufig als kurdisch dominiert wahrgenommen. Doch das stimmt nicht. Sie ist kein kurdisches Projekt, sondern ein Projekt der verschiedenen Völker der Region.« Sanharib Barsom legt Wert darauf, seine Sätze mit Nachdruck zu betonen. Sanharib lebt in Qamişlo. Ein kantiger, etwas ernsthafter Mensch. Und ein Christ, der sich von Anfang an für die Selbstverwaltung engagiert. Im Januar 2017 übernahm er zusammen mit der Kurdin Fawza Yousef den Co-Vorsitz des Exekutivrats der damaligen Demokratischen Föderation. Politikprominenz also. Mit Nazira Goreya steht er nun der 2005 gegründeten Assyrischen Einheitspartei (*Gabo d'Huyodo Suryoyo*) vor, die die Interessen der christlichen Gruppen der Suryoye vertritt. »Wir Suryoye sind so etwas wie die Ureinwohner des Nahen Ostens. Der Name Syrien geht sogar auf uns zurück«, doziert Sanharib. Ein bisschen Stolz liegt in seiner Stimme. »Wir haben uns seit Beginn an der Selbstverwaltung beteiligt. Wir hatten damals Visionäre in unseren Reihen, die zusammen mit Arabern und Kurden gewagt haben, ein gemeinsames, föderales System aufzubauen.«

Syrien war immer ein multiethnisches und -religiöses Land. Araber*innen unterschiedlicher Konfessionen stellen zwar die Mehrheit, doch finden sich neben Kurd*innen auch Armenier*innen, Suryoye, Turkmen*innen, Tscherkess*innen und Tschetschen*innen. Während die meisten Armenier*innen Nachkommen von Geflüchteten des Genozids von 1915/16 sind, der unter anderem in der Wüste Deir ez-Zors stattfand, gehen die heutigen Suryoye – darunter auch Aramäer*innen und Assyrer*innen – auf jene Christ*innen zurück, die bereits vor der Herrschaft des Osmanischen Reichs auf dem Gebiet des heutigen Syriens lebten. Die Turkmen*innen, Tscherkess*innen und Tschetschen*innen stammen größtenteils von den Muslim*innen ab, die nach der Eroberung des Kaukasus durch das Zarenreich zwischen 1763 und 1864 fliehen mussten.[86]

Neben diesen zahlreichen Ethnien sind auch die Religionen bunt gemischt. Die Mehrheit der syrischen Bevölkerung ist sunnitischen Glaubens. Danach folgen schiitische Minderheiten wie die Alawit*innen, zu denen auch die Familie Assad gehört. Hinzu kommen drusische, alevitische und jesidische Menschen. Letztere betrachten sich teilweise als ethnische Kurd*innen, teilweise als eigene Ethnie. Über die Jahrhunderte wurden die Jesid*innen immer wieder verfolgt; der »Islamische Staat« verübte 2014 einen Genozid an ihnen. In Nord- und Ostsyrien leben sie vor allem in den Regionen Cizîrê und Afrîn, wobei die türkische Besatzung für sie eine permanente Gefahr darstellt. Schließlich gehören rund 10 Prozent der syrischen Bevölkerung verschiedenen christlichen Konfessionen an. Während ein Großteil der syrischen Christ*innen Arabisch spricht, ist auch Aramäisch weit verbreitet.

Die Selbstverwaltung schützt diese Vielfalt. Minderheiten haben feste Quoten in den Institutionen. Der Gesellschaftsvertrag schreibt das Recht auf freie Religionsausübung fest. Dort findet sich zwar weiterhin ein starker Gottesbezug, doch betont der Vertrag die säkulare Haltung der Selbstverwaltung: Öffentliche Angelegenheiten dürfen weder auf der Grundlage religiöser Überzeugungen noch von Familien- oder Clanstrukturen geregelt werden. Die Präambel schreibt Nord- und Ostsyrien als eine Vielvölkerregion fest: »Wir sind als Kurden, Araber, Syrer, Assyrer, Turkmenen, Armenier, Tscherkessen, Tschetschenen, Muslime, Christen und Jesiden zusammengekommen, um ein demokratisches System in Nord- und Ostsyrien zu errichten und ein zukünftiges Syrien ohne Rassismus, Diskriminierung, Ausgrenzung und Marginalisierung jeglicher Identität aufzubauen.«

Im Gesellschaftsvertrag hört man somit erneut das Echo der bürgerlichen Revolutionen. Die »Einheit in der Vielfalt« der Völker wurde in Nord- und Ostsyrien zur »demokratischen Nation« weiterentwickelt. Dieser Begriff geht auf Abdullah Öcalan zurück, der damit zunächst einmal das friedliche und demokratische Zusammenleben verschiedener Ethnien meint.[87] Dabei darf man den Begriff der Nation nicht missverstehen. Es geht nicht um eine einheitliche Nationalität oder Sprache. Geteilte demokratische Grundsätze werden als wichtiger angesehen als ethnische Zugehörigkeit oder Religion. Demokratie ist somit im Konzept Öcalans zugleich Dach und Bindeglied innerhalb der »demokratischen Nation«.

Damit unterscheidet sich die Selbstverwaltung radikal von den nationalistischen Herrschaftsvorstellungen Assads, Erdoğans oder anderer Regime im Nahen Osten. Während diese danach trachten, unterschiedliche Identitäten, Kulturen und Sprachen zu assimilieren, sollen in Nord- und Ostsyrien alle Gruppen Raum erhalten, sich zu organisieren und auf allen Ebenen der Entscheidungsfindung teilhaben zu können.[88] Sanharib Barsom nickt zustimmend. Den Begriff »demokratische Nation« verwendet er zwar nicht – und will überhaupt wenig mit Öcalan und der PKK zu tun haben –, er meint aber grundsätzlich das gleiche: »Wir Suryoye haben früh erkannt, dass die Revolution von 2011 auch falsch laufen und es Krieg zwischen den Ethnien und Nationen geben kann. Um dies zu verhindern, haben wir von Anfang an mit unseren Nachbarn, mit Kurden, Arabern und Jesiden, gesprochen und gemeinsam die Selbstverwaltung aufgebaut.« Auf dieser Basis wurde der Gesellschaftsvertrag geschrieben und Institutionen geschaffen: Bereits 2014 wurde die »Religiöse Versammlung« von christlichen, jesidischen und muslimischen Vertreter*innen gegründet. Die Organisation ist Teil von TEV-DEM und setzt sich für die Förderung des interreligiösen

Dialogs ein. Im Jahr 2019 wurde zudem die »Akademie für einen Demokratischen Islam« eröffnet. Dort erhalten Imame eine zweijährige Ausbildung, die den Grundsätzen der Selbstverwaltung entspricht und mit der sie dann vor Ort tätig sein können.[89] »Die Gespräche der verschiedenen Gruppen von damals sind das Fundament der heutigen Verwaltung«, sagt Sanharib mit strahlendem Gesicht.

Doch wie sieht es mit der Realität dieser Vorstellungen und Institutionen aus? Ist die demokratische Nation eine gelebte Tatsache – oder doch nur schöner Schein? Antworten finde ich hoffentlich im christlichen Viertel von Qamişlo sowie bei den muslimischen Minderheiten in Manbij.

Beten und Kämpfen unter dem Kreuz

Nach Ägypten war Syrien bis zum Ausbruch des Bürgerkrieges mit rund zwei Millionen Christ*innen das Land mit der größten christlichen Minderheit im Nahen Osten. Ein deutlich sichtbares Zeichen christlicher Vielfalt im biblischen Land Syrien findet sich mitten in Qamişlo. Nur wenige Meter vom zentralen Markt, über den die Planen des UNHCR, des Flüchtlingshilfswerks der Vereinten Nationen, gespannt sind, und unweit der Großen Moschee liegt das christliche Viertel. Wie auf einer Perlenkette aufgereiht stehen hier die Kirchen der unterschiedlichen Konfessionen direkt nebeneinander. Die erst nach dem Ersten Weltkrieg gegründete Stadt Qamişlo wuchs in den 1920er und 1930er Jahren vor allem durch den Zuzug von Geflüchteten, die sich nach dem Völkermord an den Armenier*innen und Suryoye dort ansiedelten. Dadurch bildeten Christ*innen in Qamişlo – wie auch in al-Hasaka und Dêrik – in der Mitte des 20. Jahrhunderts die Bevölkerungsmehrheit.

Die Suryoye gehören ebenso wie die Armenier*innen unterschiedlichen Glaubensrichtungen an. Es gibt neben altorientalischen Konfessionen auch katholische und protestantische Einflüsse, was zu einer wahren Kirchenfülle führt. Die größte christliche Gemeinschaft der Region ist die syrisch-orthodoxe Kirche, die auf das Patriarchat von Antiochia zurückgeht, das von Petrus gegründet worden sein soll. Große Gemeinden mit eigenen Kirchen gibt es in Qamişlo und Dêrik. Von der syrisch-orthodoxen spaltete sich im 17. Jahrhundert die syrisch-katholische Kirche ab. Diese hat zwar ihre eigenen Riten, akzeptiert aber den Papst als geistliches Oberhaupt. Das Bistum Hasaka-Nisibi umfasst rund 5.000 Gläubige und wird seit Juni 2022 von Erzbischof Joseph Abdel-Jalil Chami geleitet.

Auch die Assyrer*innen sind gespalten. Gemeinden der Assyrischen Kirche des Ostens finden sich vor allem zwischen al-Hasaka und Tall Tamr entlang des Flusslaufs des Khabur. Bis zur Eroberung des Gebiets durch den »Islamischen Staat« sollen dort rund 20.000 Assyrer*innen gelebt haben – nur knapp 1.000 sind seitdem zurückgekehrt. Die Assyrische Kirche des Ostens hat zahlreiche Abspaltungen, wie ihren katholischen Zweig, die Chaldäische Kirche. Diese wiederum ist die größte Kirche des Irak und hat einige Gemeinden in Nordsyrien: vor allem um Aleppo. Zusätzlich gibt es verschiedene armenische Kirchen. Neben der armenisch-apostolischen steht die armenisch-katholische Kirche, die ebenfalls dem Vatikan unterstellt ist. Letztere hat größere Gemeinden in Dêrik und al-Hasaka. Die 1954 zur Kathedrale erhobene Kirche St. Joseph befindet sich in Qamişlo. Auch in Kobanê gab es bis zum Angriff des »Islamischen Staats« eine bedeutende armenische Gemeinde, ebenso wie in den aktuell von der Türkei besetzten Städten Afrîn, Tall Abyad und Serê Kaniyê. Hinzu kommen zahlreiche Freikirchen, die in der ganzen Region verstreut sind.

Wo man hinsieht: Kirchen und Kreuze. Die christliche Vielfalt in Syrien weist auf eine wechselvolle Geschichte hin. Besonders bedeutsam ist ein Ereignis, dass in die kollektive Erinnerung aller Christ*innen der Region eingegangen ist: der Völkermord an den Armenier*innen und den Suryoye durch die Jungtürken. Des Völkermords von 1915/16, bei dem auch kurdische Stämme beteiligt waren, wird bei den Armenier*innen als *Aghed* (Katastrophe) und bei den Suryoye als *Sayfo* (Schwert) gedacht. Rund 1,5 Millionen Armenier*innen und bis zu 550.000 Suryoye – rund die Hälfte des kleinen Volks – sollen dem Genozid zum Opfer gefallen sein. Genaue Zahlen existieren nicht.[90]

Neben Qamişlo, Dêrik und al-Hasaka ließen sich viele, die fliehen konnten, in Amûdê nieder. Dort wartete direkt das nächste Unheil. 1936 brach in der Stadt ein Aufstand kurdischer Stämme gegen die französischen Kolonialtruppen aus, der schnell niedergeschlagen wurde. Als Racheakt griffen am 13. August 1937 etwa 500 Kurden und Araber die Christ*innen der Stadt an.[91] Das kurdisch-christliche Verhältnis war nachhaltig belastet und ist es, trotz beiderseitiger Bemühungen, weiterhin. »Bis heute erinnern wir uns an den Völkermord. Wir haben nicht vergessen, was damals passiert ist. Unsere Angst ist immer noch präsent«, bekennt Sanharib.

Die Angst sollte nicht unbegründet bleiben. Die Herrschaft Assads brachte für die syrischen Christ*innen zunächst gewisse Erleichterungen. Sie durften weiter Aramäisch lernen und es war ihnen erlaubt, für das Regime zu arbeiten oder der Baath-Partei beizutreten. Doch während des Bürgerkriegs wurden die Suryoye zum »ersten Ziel« dschihadistischer Gruppen, erklärt Sanharib Barsom. Der Politprofi spricht nun leiser und sehr bedacht. »Wir sind keine Araber, keine Kurden – und auch keine Muslime. Daher wurden wir als Volk und als religiöse Minderheit mehrfach diskriminiert und waren im Krieg einer erhöhten Gefahr ausgesetzt.« Viele Suryoye mussten fliehen, viele wurden auch ermordet. Insbesondere der »Islamische

Staat« führte zahlreiche grausame Massaker an der christlichen Bevölkerung durch. Im Gespräch mit Sanharib glaube ich zu spüren, wie die Farbe aus meinem Gesicht weicht. Zwar gibt es keine verlässlichen Opferzahlen, doch leben Schätzungen zufolge von den vormals zwei Millionen Christ*innen aktuell nur noch rund 400.000 in Syrien. Die Frage nach der zukünftigen sozialen Ordnung des zerrütteten Landes gewann für sie somit existenziellen Charakter. Mehr und mehr Christ*innen beteiligten sich am Aufbau der Selbstverwaltung. Die Suryoye wagten sich auf Neuland. Sie wollten nicht mehr wehrlos sein. Der militärischen Selbstverteidigung wurde eine entscheidende Rolle zugesprochen. Bereits 2013 wurde daher der MFS gegründet. Diese zu Beginn 1.000-köpfige christliche Miliz soll nach internen Berichten mittlerweile 5.000 Frauen und Männer unter Waffen haben. Daneben unterhalten die Suryoye rund 1.000 *Sutoro*-Kräfte, eine Art christliche Polizei. »Wir haben gemeinsam die Selbstverwaltung aufgebaut und sie auch gemeinsam gegen innere und äußere Gegner verteidigt«, betont Sanharib. »Wir mussten uns bewaffnen, wir hatten keine Wahl. Daher können wir Christen nun in unserer Heimat Syrien bleiben.«

Doch teilen nicht alle syrischen Christ*innen diese Hoffnung. Sie sind intern gespalten. Unter ihnen finden sich jene, die sich wie Sanharib Barsom begeistert am Aufbau beteiligen. Vor allem die christlichen Gemeinden am Khabur sowie in Dêrik stehen der Selbstverwaltung nahe. Andere verhalten sich vorsichtig distanziert. Wieder andere sind offen oppositionell. In Qamişlo und al-Hasaka gibt es nach wie vor eine große Unterstützung für Damaskus. »Wir haben eine andere politische Agenda«, sagt etwa der 59-jährige Daoud Lahoud Daoud. »Wir sind nicht in der Selbstverwaltung vertreten und nicht mit ihr verbündet.«[92] Der Christ Daoud ist Bauingenieur und Generalsekretär der ADO (Assyrische Demokratische Organisation). Die

Partei wurde bereits 1957 zum Schutz der Rechte der Assyrer*innen gegründet. Das Assad-Regime schränkte die Aktivitäten der ADO massiv ein, sodass sie nach 2011 die Nähe der syrischen Opposition suchte. Heute ist die Partei Teil des Syrischen Nationalrats, der international anerkannten, aber politisch ohnmächtigen Exil-Opposition. Gleichzeitig sympathisiert sie mit dem ENKS. Wenig verwunderlich, dass sie kaum etwas von der Selbstverwaltung erwartet. »Niemand erkennt die Verwaltung an«, antwortet Daoud. »Dafür wäre es zunächst nötig, dass die PYD ihre PKK-Ideologie aufgibt.« Unvereinbare Positionen, scheint es. Und für eine Verständigung war es sicherlich nicht hilfreich, dass die Selbstverwaltung bereits im März 2017 zwei Büros der ADO in Qamişlo und Dêrik wegen »fehlender Genehmigungen« schließen ließ.

An anderer Stelle zeigten die Behörden mehr Fingerspitzengefühl. Ein Vorwurf der Christ*innen betraf die Eigentumsrechte: Die Selbstverwaltung habe christlichen Grundbesitz enteignet, nachdem die Eigentümer vor dem »Islamischen Staat« fliehen mussten und nicht zurückkehren konnten. Tatsächlich ist es der Selbstverwaltung gesetzlich erlaubt, verwaistes Land zu nutzen, um dort Kooperativen anzusiedeln oder Militärposten zu errichten. Nach Protesten wurde die Anwendung dieses Gesetzes auf christliches Eigentum jedoch gestoppt. Diese Ausnahme sollte die besondere Notlage von Christ*innen anerkennen, die vor dem »Islamischen Staat« fliehen mussten. Nun wird Land und Eigentum geflohener Christ*innen von den Behörden bis zu ihrer Rückkehr treuhänderisch verwaltet.

2018 folgte eine weitere Auseinandersetzung im Bildungsbereich. In diesem Jahr wollte der Bildungsrat der Selbstverwaltung seine eigenen Lehrpläne auch für Privatschulen verbindlich machen. In ihnen werden zahlreiche christliche Kinder unterrichtet. Bei den Christ*innen herrschte die Sorge, dass sich der Unterricht nun einseitig auf kurdische Sprache und Kultur fokussieren würde. Im September folgte nach mehreren Gesprächen eine Einigung zwischen dem Bildungsrat und der örtlichen Erzdiözese der syrisch-orthodoxen Kirche. Fortan gab es in den ersten beiden Klassen Unterricht nach dem Lehrplan der Selbstverwaltung, während für die Stufen drei bis sechs der von Damaskus genehmigte Lehrplan gültig war. Darüber hinaus gibt es in den öffentlichen Schulen auch weiterhin das Angebot des muttersprachlichen Unterrichts auf Aramäisch.

Trotz Annäherungsversuchen gibt es unter den syrischen Christ*innen genügend, die immer noch das Regime unterstützen – manche ganz offen und andere eher aus Angst oder Berechnung. »Viele fürchten die Rückkehr und die Rache des syrischen Regimes«, weiß Sanharib Barsom. »Das hindert viele, sich zu beteiligen.« Doch davon lässt er sich nicht entmutigen und legt nach: »Gleichzeitig sehen immer mehr Suryoye, wie sich die Selbstverwaltung von anderen Regierungen in der Region unterscheidet. In keinem anderen Land ist es uns Christen erlaubt, aktiv zu sein. Nur in Nord- und Ostsyrien haben wir garantierte Rechte und können politisch gestalten. Das wollen wir nicht wieder aufgeben.« Noch sind nicht alle Sanharibs Rhetorik gefolgt, was man deutlich im christlichen Viertel von Qamişlo sehen kann. Wenn man durch die Straßen läuft, erkennt man sofort, dass man sich in einer vergleichsweise reichen Gegend der Stadt befindet: Klamottenläden sowie teure Bars und Cafés, in denen es neben Wasserpfeifen auch Pizza und Cocktails zu kaufen gibt, erinnern an westliche Städte. Nicht ganz so offensichtlich ist, dass nur ein Teil des Viertels die Selbstverwaltung unterstützt und von der *Sutoro* kontrolliert wird. Andere Straßen werden von einer Abspaltung dieser Miliz bewacht, die dem Regime nahesteht und sich *Sootoro* nennt. Beide unterscheiden sich optisch kaum. Ihre Symbole sind nahezu identisch.[93]

Wie groß der Prozentsatz derer ist, die weiterhin Assad unterstützen, kann wohl nicht endgültig beantwortet werden. Der Christ Kino Gabriel glaubt nicht daran, dass es unter ihnen überproportional viele Assad-Anhänger*innen gibt. »Vor allem in den großen Städten hat das Regime die ›christliche Karte‹ sehr gut ausgespielt«, bekennt Kino. »Es hat ihnen nur zwei Möglichkeiten gelassen: Staat oder Terrorismus, Damaskus oder Chaos.« Viele haben daher auf Assad gesetzt. »Wir haben Leute, die auf die Propaganda des Regimes hereingefallen sind, aber das gibt es auch bei den Kurden und den Arabern«, merkt er an. Wehmütige Rückblicke seien für die Suryoye der falsche Weg, ist er sich sicher. Rege Zustimmung erhält er dabei von Tony Vergili: »Unter dem Assad-Regime hatten wir auch keine Rechte und wurden unterdrückt.« Auch wenn er Nord- und Ostsyrien nur aus der Ferne beobachtet, ist seine Erregung deutlich zu hören. Tony kam 1992 nach Europa und beteiligte sich 2004 an der Gründung der ESU (*European Syriac Union*). Die ESU ist der Dachverband der Suryoye in Europa und vertritt dort deren Interessen. Er lebt in Brüssel und bildet zusammen mit Alicia Isik den Co-Vorsitz der ESU. Auch die Suryoye in Europa unterstützen die Selbstverwaltung. Gleichzeitig betont Tony Vergili im Gespräch, wie wenig sie ihrerseits von der westlichen Staatengemeinschaft beachtet würden: »Von unseren Mitchristen in Europa werden wir meistens vergessen.« Enttäuschung und Unverständnis liegen in seiner Stimme. Europa habe ein Eigeninteresse an einer starken christlichen Präsenz im Nahen Osten: »Wir können der Vermittler zwischen Orient und Okzident sein. Mit uns wird es für die Türkei auch viel schwieriger zu behaupten, in der Selbstverwaltung seien nur Kurden oder gar PKK-Mitglieder aktiv. Wir sind das eindeutig nicht.« Zahlreiche Suryoye werden sich weiter zivil und militärisch für die Selbstverwaltung einsetzen. Für sie bildet sie die wohl einzige Möglichkeit, im Nahen Osten als Christ*innen überhaupt weiter friedlich leben zu können.»Wir wissen um diese einmalige Chance. Diese wollen und werden wir nutzen«, ergänzt Tony Vergili.

Skepsis und Engagement: Manbij und seine muslimischen Minderheiten

Rund 300 Kilometer westlich von Qamişlo, jenseits des Euphrats, liegt Manbij. Im Gegensatz zu Qamişlo kann die Stadt auf eine jahrtausendealte und wechselvolle Geschichte zurückblicken.

Im 9. Jahrhundert v. u. Z. war sie bereits das Zentrum einer Dynastie aramäischer Priesterkönige, bis sie unter mazedonische und später römische Herrschaft geriet. Unter seinem antiken Namen *Hierapolis Bambyke* entwickelte sich Manbij zu einer der größten Städte auf dem Gebiet des heutigen Syriens. Im 7. Jahrhundert wurde etwa 30 Kilometer östlich der Stadt die Burg *Qalʿat Nadschm* errichtet, die bis heute über dem Euphrat thront. Der abbasidische Kalif Harun al-Raschid machte sie Ende des 8. Jahrhunderts zur Hauptstadt der Provinz al-Awasim. Danach fiel Manbij unter die Herrschaft verschiedener byzantinischer, arabischer und türkischer Dynastien. 1260 wurde sie von den Mongolen zerstört und verlassen. Durch die wechselnden Einflüsse war die Region seit jeher multiethnisch geprägt.

Die Neugründung der Stadt im Osmanischen Reich erfolgte 1879 durch tscherkessische Geflüchtete. Sie sollten ein regierungstreues Gegengewicht zu den aufständischen Beduinen der Region bilden und erhielten neben Land auch landwirtschaftliche Geräte, Rinder und Geld. 1911 waren die 1.500 Einwohner*innen der Stadt ausschließlich tscherkessisch.[94] Nach dem Völkermord 1915/16 siedelten sich rund 100 Armenier*innen in der Stadt an.[95] Bis vor dem

Bürgerkrieg war Manbij schließlich auf knapp 150.000 Menschen angewachsen.

Der Wechsel der Herrschaft wiederholte sich auch im Bürgerkrieg mehrmals. 2012 zog sich das Regime infolge eines Generalstreiks aus der Stadt zurück. Sie wurde befreit, ohne dass ein Schuss fiel. In den folgenden eineinhalb Jahren wurde die Stadt von einem Revolutionsrat verwaltet. Beobachter beschrieben ihn als überzeugendes Beispiel für eine erfolgreiche Rätedemokratie.[96] Das politische Leben in der Stadt blühte auf. Es gab elf lokale Zeitungen, wo es vorher nur eine gegeben hatte. Es entstanden Dutzende von politischen Parteien. Doch Damaskus bombardierte die Stadt und zerstörte große Teile der zivilen Infrastruktur. 2014 wurde Manbij durch den »Islamischen Staat« eingenommen. Arbeiter*innen und lokale Geschäftsleute organisierten jedoch bemerkenswerterweise noch im Mai 2014 einen weiteren Generalstreik und legten die gesamte Stadt lahm. Dies war eine der seltenen Formen zivilen Ungehorsams gegen die sogenannten Gotteskrieger des »Islamischen Staats«. Im Januar 2016 überschritten die SDF nahe der Burg *Qalʿat Nadschm* den Euphrat und rückten Anfang Juni 2016 weiter auf die Stadt vor. Nach schweren Kämpfen wurde sie am 13. August 2016 vollständig befreit. Seitdem steht sie unter Kontrolle des Militärrats von Manbij. Dieser wurde eingerichtet, um eine als einseitig kurdisch wahrgenommene Dominanz der PYD oder YPG/YPJ in der Stadt zu vermeiden. Gleichwohl gab es von den zahlreichen Minderheiten in Manbij zum Teil erhebliche Bedenken gegenüber den neuen Machthabern. Dies zeigte sich auch in einer neuen Streikbewegung. Als die SDF versuchten, auch in Manbij die Wehrpflicht einzuführen, folgte 2018 ein erneuter Generalstreik, dem sich die SDF beugten und ihr Anliegen in der Stadt aufgaben.

Vor allem die syrischen Turkmen*innen, die meisten sind türkischsprachig, sahen der neuen Verwaltung sorgenvoll entgegen. Vor dem Krieg lebten rund 12.000 von ihnen in Manbij. Turkmenische Kämpfer gehörten zu den ersten, die sich am bewaffneten Aufstand gegen Assad beteiligten und zudem in Rebellengruppen eintraten, die von der Türkei unterstützt wurden.

Keine guten Voraussetzungen also für eine Zusammenarbeit mit der neuen demokratischen Selbstverwaltung. »Es war ein Kampf gegen das Regime«, beeilt sich Juma al-Haydar zu erklären. Der ältere Herr mit Halbglatze, Dreitagebart und einem etwas eingefallenen Gesicht ist Vertreter der turkmenischen Gemeinde in Manbij. Er blickt zurück auf die jüngste Geschichte: »Wir mussten uns wehren – für unsere Kultur, Bräuche und Traditionen. Das Regime wollte, dass alle Minderheiten ausgelöscht werden. Alles sollte arabisch werden.« Stockend erzählt er davon und wirkt fast entschuldigend. Doch mit der Etablierung der Selbstverwaltung in der Stadt hätten sich mehr und mehr Turkmen*innen beteiligt. »Unter der Selbstverwaltung sind wir als Turkmenen und Tscherkessen anerkannte Minderheiten. Wir besetzen Positionen in den Räten und Komitees der Stadt und können somit an politischen Entscheidungen mitwirken.« Juma al-Haydar selbst ist stellvertretender Co-Vorsitzender des Legislativrats der Region Manbij. In seinen Aufgabenbereich fielen daher im Sommer 2022 die Diskussionen um den neuen Gesellschaftsvertrag. Dort habe er gemerkt, dass sich das Bild der Turkmen*innen von der Selbstverwaltung gewandelt habe. Aus Ablehnung und Distanz sei Engagement geworden. »Wir haben öffentliche Versammlungen in allen Stadtteilen und in den Dörfern der Region abgehalten, um den Gesellschaftsvertrag zu diskutieren. Wir Turkmenen haben uns stark eingebracht und jeden Artikel des Vertrags einzeln diskutiert. Unsere Meinung wurde gehört und wir konnten auch Kritik ganz offen äußern.«

Muhammad Ali al-Abo stimmt zu. Er hat seine dichten schwarzen Haare mit Gel nach hinten gelegt. Im Gegensatz zu Juma al-Haydar wirkt Ali al-Abo in seinem großen Büro im zentralen Verwaltungsgebäude der Stadt äußerst repräsentativ. Ein großes Logo des Militärrats und Flaggen hinter seinem Schreibtisch unterstreichen diesen Eindruck. Ali ist Co-Vorsitzender des Legislativrats. Der Turkmene Juma ist also sein Stellvertreter. Auch Ali al-Abo erinnert sich an das Schicksal der muslimischen Minderheiten. Er spricht lässig, obwohl es die Thematik in sich hat: »In den letzten Jahrzehnten waren in der Region vor allem Kurden, Tscherkessen und Turkmenen von Ausgrenzung, Verfolgung und Marginalisierung betroffen. Nun versuchen wir, durch unser demokratisches Projekt eine neue Gesellschaft aufzubauen, in der soziale Gerechtigkeit herrscht und alle Ethnien und Völker in Nord- und Ostsyrien leben können.« Schnell wird deutlich, dass Ali seinen Öcalan gelesen hat. Wie dieser wolle er Frieden und Freiheit innerhalb einer »Bruderschaft von Völkern«, wie er es nennt. »Das bezeichnen wir hier als demokratische Nation.« Die Strahlkraft dieser Idee wirkt also nicht nur in der kurdischen Bewegung. Auch der Araber Ali al-Abo will ein Syrien, in dem alle Gruppen einen Platz haben: »Am Ende sind wir alle Teil Syriens. Die Arbeit am Gesellschaftsvertrag soll ein Startschuss für das ganze Land sein. Wir wollen ein geeintes Syrien auf den Grundprinzipien des Vertrags errichten.« Kein Wunder also, dass sich Ali auch noch im Generalrat der Syrischen Zukunftspartei engagiert, die nach Eigenaussage das Ziel »eines demokratischen Syriens unter Einbeziehung aller Völker, gesellschaftlicher Gruppen und Religionsgemeinschaften« hat.

Auch unter den Tscherkess*innen in Manbij waren solche Brückenbauer selten. Vor 2011 gab es rund 700 Familien der Minderheit in Nord- und Ostsyrien, von denen etwa 150 nach der Befreiung zurückgekehrt sind – nahezu alle nach Manbij. »Unter dem Regime hatten wir keine Probleme«, erinnert sich die Tscherkessin Shahrivan Gawish.

»Wir durften unsere Sprache sprechen. Es gab sogar eine eigene Schule.« Daher hielten sich die Tscherkess∗innen zu Beginn der Aufstände zurück und blieben neutral. »Wir waren gegen den ›Islamischen Staat‹, aber auch gegen die türkischen Invasionen in der Region.« Allerdings gab es auch gegenüber der neuen Selbstverwaltung Vorbehalte, gibt die Frau mit dem hellgrauen Hidschab unumwunden zu. Es habe gedauert, bis sich auch Tscherkess∗innen zur Beteiligung entschließen konnten. Nun engagiert sich Shahrivan im Legislativrat. Warum ist sie nun bei der Selbstverwaltung? »Es hat durchaus Fortschritte gegeben«, erinnert sie sich. »Wir als Tscherkessen sind nun an der Selbstverwaltung beteiligt. Sie kann auch in Zukunft erfolgreich sein, wenn es ihr gelingt, allen Ethnien ihre Rechte zuzugestehen.« Man kann das durchaus als Warnung verstehen. Die Autonomie und die Eigenleistung der Minderheiten müsse gewahrt werden, meint Shahrivan. Das hätten nicht zuletzt die Diskussionen um den Gesellschaftsvertrag gezeigt. »Der Vertrag ist nicht ausschließlich das Ergebnis der kurdischen Revolution von 2012. Zahlreiche Artikel haben sich einzelne Ethnien und Religionen erst später eigenständig erkämpfen müssen.«

Auch wenn Menschen wie Juma al-Haydar oder Shahrivan Gawish nun an der Selbstverwaltung beteiligt sind – der Großteil der muslimischen Minderheiten ist es noch nicht. Die »demokratische Nation« wird zwar von einigen Funktionären gerne im Mund geführt, ihre gesellschaftliche Verwirklichung muss sich allerdings tagtäglich beweisen. Auch in der multiethnischen Stadt Manbij wird dies noch ein langer Weg sein.

Die neue, alte Mehrheit: Die Araber*innen

Der Weg zurück von Manbij nach Qamişlo führt über Ain Issa, vorbei an Raqqa und durch die Wüste von Deir ez-Zor und durch al-Hasaka. Seitdem die SDF all diese arabischen Gebiete sowie Tabqa aus den Fängen des »Islamischen Staats« befreien konnten, bilden sunnitische Araber*innen die Bevölkerungsmehrheit in der Autonomieregion. Die Kurd*innen sind nur noch die zweitstärkste Ethnie. Es ist schon aufregend, wie sich in der Politik die Dinge drehen können. Seit einem Jahrzehnt kämpfen die Kurd*innen in Syrien um ihre Autonomie. Nun müssen sie sich dazu durchringen, auch anderen Ethnien diese Eigenständigkeit zu gewähren. Dafür werden Kompromisse notwendig sein, wenn die Kurd*innen nicht selbst zu neuen Herrschern werden wollen.

Spannungen gibt es immer wieder. Die Gründe hierfür liegen vor allem in den Folgen der »Arabisierungspolitik« des Assad-Regimes. Die Siedler*innen des »Arabischen Gürtels« und ihre Nachkommen sind bis heute Anlass für Streitigkeiten und Missverständnisse zwischen den Gruppen.

Die Araber*innen befürchteten im Zuge der kurdischen Autonomie in Rojava ihre Vertreibung. Zu Unrecht, wie sich herausstellen sollte. Doch auch innerhalb ihrer Gemeinschaft brachte der gesellschaftliche Wandel ab 2012 Veränderungen mit sich. Gerade für arabische Frauen sowie für Jugendliche boten die Strukturen der Selbstverwaltung – einschließlich ihrer bewaffneten Organe – die Möglichkeit der persönlichen Emanzipation. Dies führte auf der Seite von konservativen Araber*innen, die noch in feudalen Stammesordnungen lebten, zur Ablehnung der neuen Machthaber. Diese Tatsache konvergiert mit dem Vorwurf, die Selbstverwaltung sei ein rein kurdisches Projekt. Dahinter verbirgt sich jedoch nicht selten auch die Ablehnung grundlegender Prinzipien der Selbstverwaltung wie Geschlechtergerechtigkeit, Basisdemokratie und religiöse Gleichstellung.

Doch auch für die kurdische Seite stellen die arabischen Siedler*innen eine Herausforderung dar. Von ihnen betonten viele auch nach 2012 ihre Loyalität zu Damaskus. Vor allem Vertreter*innen kurdisch-nationalistischer Parteien, meist im ENKS organisiert, forderten daher die Umsiedlung der Araber*innen aus dem »kurdischen Kernland«. Andere Akteure, wie die PYD, versuchten sie in die Selbstverwaltung zu integrieren.[97] Vor allem um arabische Stämme zu binden, waren Verantwortliche immer wieder zu Zugeständnissen bereit. So treffen in einigen arabischen Gebieten anstelle der demokratischen Räte und Komitees Versammlungen von Stammesvertretern die Entscheidungen. Auch TEV-DEM ist hier nicht in gleichem Maße aktiv, sondern fokussiert sich auf die kurdischen Gebiete. Araber*innen besetzen zwar mittlerweile zahlreiche wichtige Positionen innerhalb der Selbstverwaltung, sind aber insgesamt weiterhin stark unterrepräsentiert. Viele Araber*innen fühlen sich daher als Bürger*innen zweiter Klasse. Gegenseitige Vorurteile vor Ort herrschen relativ beständig und zeigen sich in Aussagen wie von kurdischen Geflüchteten aus Serê Kaniyê oder Tall Abyad: »Die Araber sind unsere Feinde.« Sie werden darüber hinaus immer wieder als unsichere Kantonisten beschrieben, da einzelne arabische Stämme wechselnde Allianzen pflegen.[98]

Das Verhältnis zwischen Kurd*innen und Araber*innen ist weiterhin angespannt, da es auf beiden Seiten an Vertrauen mangelt.[99] Hier reicht schon ein Funke, um einen neuen Konflikt ausbrechen zu lassen. Doch die Zukunft der Selbstverwaltung hängt letztlich exakt von dieser Allianz ab. Ohne das Bündnis besteht die Gefahr, dass die Selbstverwaltung wieder auf die kurdischen Gebiete reduziert wird und bestehende soziale Differenzen als ethnische Konflikte ausgetragen werden. Ein erneutes Blutbad in Syrien wäre dann wohl die Folge.

Doch gibt es genügend Menschen, die das verhindern wollen. Unter ihnen ist Scheich Muhammad Sadiq al-Asidi. Er ist Sprecher der arabischen Stämme und ihrer Vertreter in der Region Manbij und sieht aus wie der Inbegriff eines Scheichs. Am strahlend weißen *Thawb*, jenem typischen knöchellangen, luftigen Gewand, blitzen an den Ärmeln goldene Manschettenknöpfe. Über dem runden Gesicht eine *Kufiya* mit der ringförmigen Kordel, dem *Agal*. An der rechten Hand trägt der Scheich einen großen Siegelring sowie eine golden und silbern glänzende Uhr. Der Mann wirkt protzig und genießt es förmlich, dass man ihm seinen Einfluss ansieht. Doch als der Scheich zu sprechen beginnt, folgen keine Auslassungen über arabische Traditionen, den Stolz der Stämme oder die Bedeutung von Autonomierechten – sondern ein Lob auf die Emanzipation der Frauen. »Für uns als Stammesführer ist es wichtig, dass sich die Selbstverwaltung vor allem um die Rolle der Frau kümmert sowie allen Ethnien und Religionen ihre grundlegenden Rechte einräumt«, offenbart der Scheich. Spielt die kurdische Bewegung eine besondere Rolle? Selbstverständlich, antwortet er. »Die Revolution begann mit der Vertreibung des syrischen Regimes aus der Stadt Kobanê am 19. Juli 2012 durch die Kurden. Daraufhin haben die verschiedenen Völker ein demokratisches Leben aufgebaut.« Seitdem steht »Völkerverständigung« ganz oben auf seiner Tagesordnung. In kurdischen Medien ist er ein gern gesehener Gast – ein waschechter Scheich! Doch er wirbt vor allem unter Araber·innen um Zustimmung zur Selbstverwaltung. Auch militärisch sollen die Stämme die Selbstverwaltung verteidigen. Auf die Kriegsdrohungen der Türkei reagierte der Scheich mit einem Aufruf an alle arabischen Milizen: »Dem türkischen Regime ist die Selbstverwaltung ein Dorn im Auge. Die Türkei versucht, Chaos und Instabilität in Syrien zu erzeugen. Doch bestätigt dies nur, wie erfolgreich wir mit der Selbstverwaltung sind. Sollte die Türkei Nord- und Ostsyrien angreifen, werden wir es gemeinsam als Kurden und Araber verteidigen.« Wie viele Milizen im Ernstfall einem solchen Aufruf folgen würden, kann man nicht absehen. Aber dass sich arabische Würdenträger sehr ernsthaft und überzeugend für Frauenrechte einsetzen und zu Kooperation zwischen verschiedenen Ethnien aufrufen, macht einen Zauber der Region aus. Ob man dies dann »demokratische Nation« nennt oder nicht, ist fast zweitrangig.

Mangel an Medikamenten und Anerkennung

Wie ein Anästhesist versucht, das
lokale Gesundheitssystem zu erneuern

Vorherige Seite oben: Der Anästhesist Suleiman Issa Ahmed in Qamişlo (Quelle: Rojava Information Center)

Unten: Rebaz Hasan, Mitarbeiter im Prothesenzentrum in Qamişlo (Quelle: Rojava Information Center)

Ich stehe bei Sêmalka an der syrisch-irakischen Grenze. Hier bin ich nach Rojava eingereist. Von der syrischen Seite kommend, sieht man weit über das Tal des Tigris in den Irak hinein. Auf beiden Seiten der Grenze stauen sich lange Auto- und LKW-Schlangen, die Menschen und Waren von der einen auf die andere Seite bringen. Es ist staubig, laut und heiß. Unter die Menge der lokalen Bevölkerung mischen sich auch immer wieder wenige Ausländer*innen, die die Grenze in beide Richtungen überqueren. Sêmalka bildet aktuell für sie die einzige legale Möglichkeit, in das Autonomiegebiet einzureisen. Sollten sich Tourist*innen an diesen Ort verirren, werden sie an der Grenze abgewiesen. Einreisen dürfen nur Journalist*innen, Wissenschaftler*innen oder Angestellte von Nichtregierungsorganisationen (NGO). Den langen Blechlawinen der LKWs zum Trotz kommen auch technisches Gerät oder Waren nur schwer in die Autonomieregion, die auch dem internationalen Wirtschafts- und Handelsembargo unterliegt, von dem der syrische Staat betroffen ist. Allein über Sêmalka und Bab al-Hawa in der westsyrischen Provinz Idlib können Waren legal eingeführt werden. Dies hat vor allem für die Gesundheitsversorgung vor Ort dramatische Folgen. Strom, Medikamente und medizinische Vorräte sind knapp, dringend benötigte Hilfsgüter finden selten den Weg in die Region. Das Gesundheitssystem von Nord- und Ostsyrien funktioniert daher nur sehr eingeschränkt.

Aufbauarbeit in zerstörten Strukturen

Im Krankenhaus von Qamişlo sitze ich Suleiman Issa Ahmed gegenüber. Der Anästhesist ist gleichzeitig zuständig für die »diplomatischen Beziehungen« der Selbstverwaltung im Gesundheitswesen. Ein stiller, freundlicher und angenehmer Typ. Seit 2011 organisiert der Kurde klandestin Ärzt*innen und Gesundheitspersonal. Die Vorbereitung der Revolution in weißen Kitteln, könnte man sagen.

Suleiman war bereits unter dem Regime als Arzt tätig. Seine Kolleg*innen und er arbeiteten in einem System, das jahrzehntelang staatlich kontrolliert wurde. Staatliche Krankenhäuser und Einrichtungen sorgten für eine kostenfreie medizinische Grundversorgung. In der syrischen Verfassung ist das Recht auf Gesundheit verankert. Lange konnte das Gesundheitssystem mit anderen Ländern der Region mithalten. Die Zahl der Krankenhausbetten pro 1.000 Einwohner*innen lag im Jahr 2011 bei 1,6, verglichen mit 1,3 im Irak, 1,7 im Iran, 3,5 im Libanon und 1,8 in Jordanien.[100] Nach und nach wurde ein Großteil des Systems privatisiert. Der öffentliche Sektor geriet in sehr schlechten Ruf, insbesondere in den ländlichen Gebieten. Die Oberschicht suchte private Ärzte und Kliniken auf. Die Mehrheit konnte sich eine Versorgung kaum noch leisten.[101]

Dann begann der Bürgerkrieg, erinnert sich Suleiman. Das ohnehin prekäre Gesundheitssystem wurde noch weiter zerstört und die Arbeitsbedingungen wurden untragbar. Es wird geschätzt, dass landesweit durch den Krieg mehr als die Hälfte der Krankenhausgebäude und Gesundheitszentren beschädigt oder zerstört wurden und nicht mehr oder nur noch teilweise funktionsfähig waren.[102] Besonders stark betroffen war der Nordosten. Während 2021 in Südsyrien wieder 88 Prozent der Gesundheitszentren vollständig funktionsfähig waren, waren es im Nordwesten erst 48 Prozent und im Nordosten erst 45 Prozent. Mit anderen Worten: Mehr als die Hälfte der Gesundheitseinrichtungen im Norden des Landes waren zu diesem Zeitpunkt nicht voll einsatzfähig.[103] Hinzu kam, dass viele Ärzt*innen und Pflegepersonal getötet wurden oder geflohen sind.

Allein in Deutschland arbeiten heute rund 5.500 syrische Ärzt*innen.[104]

Die Lage während des Bürgerkriegs sei verheerend gewesen, berichtet Suleiman. »Das Gesundheitssystem war ruiniert und daher bestand die Notwendigkeit, das System komplett neu zu organisieren.« Dies geschah 2012. Nicht nur die Politik und Ökonomie sollten grundlegend verändert, auch das Gesundheitssystem sollte demokratisiert und allen zugänglich gemacht werden.

Dafür zahlte sich die bisherige Organisierungserfahrung der Ärzt*innen aus. Suleiman war von Anfang an beteiligt und erinnert sich an die Aufbauarbeit in total zerstörten Strukturen. »2012 begannen wir mit dem Aufbau der Gesundheitsverwaltung. Unser Ziel war es, möglichst schnell die ruinierten Kliniken wieder aufzubauen.« Aus den Trümmern wieder hochgezogen wurde etwa das *Roj-Krankenhaus* in Serê Kaniyê. Assad-Kräfte hatten es bombardiert, weil sich dschihadistische Milizen darin versteckt hielten. Da zahlreiche Krankenhäuser weiterhin demoliert waren, wurden Patient*innen auch in Privathäusern und -kliniken versorgt – vor allem, wenn Operationen durchgeführt werden mussten. Einen Rettungsdienst gab es faktisch nicht, alles musste improvisiert werden. Darüber hinaus wurden weitere Kliniken erst wieder an das System angebunden. Nur wenige Krankenhäuser konnten weiterarbeiten, so zum Beispiel im ostsyrischen Dêrik. »Je weiter man nach Westen kam, desto größer wurden Zerstörung, Chaos und organisatorisches Defizit«, ergänzt Suleiman.

Auf einem Kongress des Gesundheitspersonals im April 2012 sollten diese Probleme thematisiert und die Grundlagen für eine eigene Verwaltung des Gesundheitssystems gelegt werden. Jedoch konnten aufgrund des Kriegs nur Delegierte aus Cizîrê teilnehmen, Teilnehmer*innen aus Afrîn oder Kobanê blieben ausgeschlossen. Die Arbeit musste dennoch beginnen. »Wir haben einen Gesundheitsrat und Gesundheitskomitees gegründet«, so Suleiman. Komitees für die alltägliche Versorgung, für Selbstverteidigung, für Medikamente und für Behandlungsmethoden führten die Arbeit konkret aus. Der zentrale Rat diskutierte die Leitlinien. Dieses System wurde zunächst nur in Cizîrê aufgebaut und weitete sich erst dann stetig aus. Gesundheitsräte wurden nach und nach in allen größeren Städten Nord- und Ostsyriens eingerichtet, die auch für die umliegenden Gebiete zuständig waren. Neben Ärzt*innen, Apotheker*innen, Labortechniker*innen und Krankenhauspersonal waren auch medizinische und humanitäre Hilfsorganisationen sowie Frauenorganisationen und die Gewerkschaften in ihnen organisiert. »Alle Menschen, die zu Beginn aktiv waren, arbeiteten ohne Gehalt«, betont Suleiman.

Vor Ort konnten die Räte relativ autonom Entscheidungen treffen und orientierten sich dezentral an den Bedürfnissen der lokalen Bevölkerung. Die Stärke des öffentlichen Gesundheitssystems vor Ort hing somit stark von der Funktionstätigkeit dieser Räte ab. In kleinen Städten und Gemeinden wurden Gesundheitszentren eröffnet. Abgesehen von größeren Operationen findet dort bis heute die medizinische Grundversorgung statt. Ärzt*innen sollen in diesen Zentren einige Stunden am Tag ehrenamtlich arbeiten. Krankenhäuser gibt es ausschließlich in den Großstädten. In Raqqa, Kobanê, Manbij und Tabqa arbeiten sie einigermaßen zuverlässig. Das Krankenhaus in Dêrik bietet nur einen sehr eingeschränkten Service. Die Krankenhäuser in al-Hasaka und Deir ez-Zor stehen vor den größten Herausforderungen, da es dort an Personal und Medikamenten mangelt. Diese Krankenhäuser sind schlecht ausgestattet und verfügen nur über wenige Abteilungen, so dass kaum Personal dort arbeiten möchte.

Mit der Ausrufung der Kantone 2014 wurde auch auf der überregionalen Ebene ein allgemeiner medizinischer

Rat eingerichtet, der begann, die Arbeit zu koordinieren. Die Hauptakteure des Gesundheitssystems sind weiterhin die regionalen Räte, die in den sieben Regionen in Nord- und Ostsyrien gegründet wurden. Sie sind für die Versorgung der Krankenhäuser und der Gesundheitszentren sowie für die Gehälter und Verträge zuständig. Sie arbeiten recht eigenständig und auf unterschiedliche Weise – ein Ausdruck des dezentralisierten Systems Nord- und Ostsyriens.

Vielfältige Herausforderungen

Zunächst mussten die Verantwortlichen des Gesundheitssystems auf die weit verbreitete Armut vor Ort eine Antwort finden. Sie wollten weg von der Zwei-Klassen-Medizin des Regimes hin zu einer kostenfreien Versorgung für alle. Dieser Anspruch ist auch im Gesellschaftsvertrag festgeschrieben.

Bereits 2012 lag der Fokus der Gesundheitsverwaltung auf der Versorgung armer Menschen. Gegen die Vorlage spezieller Berechtigungsscheine wurden sie kostenfrei behandelt. Ebenso konnten sie sich in Apotheken kostenfrei Medikamente abholen – sofern sie aufgrund des Embargos überhaupt vorhanden waren. Ein demokratisches System, vor allem für die Ärmsten, aufzubauen, sei bis heute die größte Leistung der Verantwortlichen, betont Suleiman – und meint damit auch ein wenig sich selbst.

Durch die internationalen Sanktionen, denen Syrien unterliegt, wurden 2020 zahlreiche Grenzübergänge geschlossen, so auch der von Til Koçer zur KRG, der jahrelang für die Einfuhr internationaler Hilfen genutzt wurde. Infolgedessen verschlechterte sich die Lage vor Ort dramatisch.[105] Humanitäre Hilfe ist ohnehin rar. Insgesamt sind rund 30 internationale Hilfsorganisationen vor Ort im

Einsatz. Da die Selbstverwaltung international nicht anerkannt ist, wird sie ausschließlich von NGOs unterstützt. Die erste Organisation, die sich vor Ort engagierte, war »Ärzte ohne Grenzen« aus der Schweiz. Es folgte die Hilfsorganisation »Médecins du Monde« aus Frankreich. Aus Deutschland ist vor allem »medico international« in Nord- und Ostsyrien aktiv. Die NGOs unterstützen und betreiben zahlreiche medizinische Einrichtungen. Dabei handelt es sich zum einen um höher spezialisierte Kliniken in den Städten. Andererseits wird auch ein großer Teil der lokalen Gesundheitszentren von NGOs finanziert oder unterstützt. Doch diese Zentren können meist nur so lange betrieben werden, wie die Organisationen auf ihre zeitlich begrenzten Projektgelder zurückgreifen können. Wenn die Finanzierung ausläuft, werden die Einrichtungen in der Regel wieder geschlossen, weil die Selbstverwaltung nicht über die eigenen Mittel verfügt, um sie weiter zu betreiben. Dabei geht es nicht in erster Linie um die Ausstattung, sondern um die Gehälter der Mitarbeiter*innen: NGOs zahlen ihren eigenen Angestellten in der Regel höhere Gehälter – und sie zahlen in Euro oder Dollar und ziehen damit qualifiziertes Personal an, das in der öffentlichen Versorgung dann fehlt. Die Mieten der Büros oder Häuser der internationalen Mitarbeiter*innen treiben den allgemeinen Mietspiegel so stark in die Höhe, dass es in einigen Vierteln zu Verdrängung kommt. Um die Arbeit der Gesundheitsverwaltung und der NGOs besser zu koordinieren, wurden daher 2018 Komitees für »Diplomatie« eingerichtet, denen Suleiman Issa Ahmed vorsteht. Neben diesen Einrichtungen bestehen auch Privatkliniken und -praxen weiter, die weit besser ausgestattet sind als die öffentlichen Gesundheitseinrichtungen und auch medizinisches Personal besser bezahlen können. Zahlreiche Ärzt*innen arbeiten daher in erster Linie im privaten Sektor und erst dann in öffentlichen Einrichtungen, wenn sie zusätzliche Zeit haben. Klare Schicht- und Arbeitspläne gibt es kaum. Der Arbeitsalltag einer Ärztin kann so aussehen, dass sie in einem öffentlichen Krankenhaus operiert und dann einen Anruf erhält, um den restlichen Tag in einer Privatklinik zu arbeiten. Dies hat die Abwanderung des medizinischen Personals von öffentlichen zu privaten Einrichtungen zur Folge. Die Löhne im öffentlichen Sektor werden aber kaum erhöht werden. Dazu ist die Selbstverwaltung, realistisch gesehen, nicht in der Lage. Eine Begrenzung der privaten Gehälter wäre politisch umstritten und würde auf viel Widerstand stoßen. Somit stellt das Verhältnis zwischen privatem und öffentlichem Sektor eines der größten Probleme des Gesundheitssystems dar.

Deutlich sichtbar ist dieses Problem in den ländlichen Gebieten, wo die Gesundheitsversorgung schlicht unzureichend ist. In den meist kleinen Gesundheitszentren auf dem Land sind selbst einfachere Eingriffe wie Blinddarmoperationen häufig nicht möglich. Es fehlt an Ausstattung und Fachkräften. Da für viele Menschen bereits eine Reise in ein städtisches Krankenhaus zu teuer wäre, hat der Großteil der Bevölkerung Nord- und Ostsyriens faktisch keine ausreichende gesundheitliche Versorgung.

Als wäre das alles nicht schon schlimm genug, brach im September 2022 auch noch die Cholera aus und wütete den ganzen Herbst. Bis zum Januar 2023 wurden knapp 78.000 Verdachtsfälle gemeldet. Rund 100 Todesopfer sind zu beklagen. »Die Cholera hat sich im Westen von Deir ez-Zor aufgrund der Kontamination des Trinkwassers stark ausgebreitet«, erklärt Maryam al-Awad, die im lokalen Gesundheitsrat für die Öffentlichkeitsarbeit zuständig ist. »Wir benötigen Medikamente und vor allem Chlor, um die Bakterien im verunreinigten Wasser abzutöten«, führt sie aus. Cholera ist eine akute Durchfallerkrankung, die durch die Aufnahme von kontaminierten Lebensmitteln oder Wasser verursacht wird. Die weitgehende Zerstörung der Wasserinfrastruktur durch den Krieg bedeutet, dass ein

Großteil der Bevölkerung auf unsichere Wasserquellen angewiesen ist. Sowohl die Wasserversorgung als auch die Abwasserentsorgung sind in katastrophalem Zustand. Wasser wird häufig ungefiltert aus Brunnen oder Flüssen entnommen. Klärwerke gibt es kaum, viele sind durch den Krieg zerstört worden. Insbesondere die Wasserqualität des Euphrats, an dessen Ufern Deir ez-Zor liegt, hat in den letzten Jahren stark gelitten.

Eine bedeutende Werkbank in Qamişlo

Neben der Behandlung der Cholera benötigen die Menschen in Nord- und Ostsyrien auch eine alltägliche Gesundheitsversorgung: von Diabetes bis Depression, von Rheuma bis Schilddrüsenerkrankungen. Hinzu kommen die Folgen des Krieges. So schätzen die SDF, dass über 20.000 Kämpfer*innen allein im Krieg gegen den »Islamischen Staat« schwer verletzt worden sind.[106] Zu diesen Zahlen kommen die Verletzten infolge der türkischen Invasionen noch hinzu. Es ist daher davon auszugehen, dass in Nord- und Ostsyrien Zehntausende Menschen mit schweren körperlichen Verletzungen und mit den psychischen Folgen des Krieges leben.

»Viele Operationen können wir aufgrund fehlender Infrastruktur schlicht nicht durchführen«, sagt Adnan Ibn Ali. Alltäglich spielen sich Dramen ab, wenn Patient*innen weggeschickt werden müssen oder nicht ausreichend behandelt werden können. Der Arzt leitet in Qamişlo ein neu gebautes Prothesenzentrum. Es wurde im März 2022 eröffnet und umfasst neben Behandlungsräumen auch eine Prothesenwerkstatt. »Viele Menschen haben in letzter Zeit von uns erfahren. Von sehr reich bis sehr arm, es kommt wirklich ein Querschnitt durch die Gesellschaft. Die meisten Menschen können sich keine Prothesen leisten, doch wir tun auch für sie unser Bestes«, versichert Adnan. Das Zentrum, das sich in einem dreistöckigen, rot-weißen Neubau zwischen zahlreichen kleinen PKW-Werkstätten befindet, ist das einzige der Region, in dem Menschen nun Prothesen, Behandlung und Rehabilitation erhalten können. Im Keller des Gebäudes befindet sich die Werkstatt, in der Rebaz Hasan auf der Werkbank an den handgefertigten Prothesen schraubt. »Der Bedarf an Prothesen und Physiotherapie in Rojava ist enorm. Allein zwischen 2014 und 2019 wurden mehr als 5.000 Zivilisten durch den Krieg verletzt und verloren Gliedmaßen«, erklärt er. Dem steht die Zahl von 500 Prothesen gegenüber, die in ganz Nord- und Ostsyrien bislang produziert wurden. »Gerade bei Kinderprothesen ist es schwierig«, erklärt Rebaz, »sie wachsen und wir müssen die Prothesen laufend austauschen. Da immer eine passende Prothese zu finden, ist nicht einfach.«

Und doch sollen sich hier alle kostenfrei behandeln lassen können. »Ich frage nicht nach Beruf oder Religion«, ergänzt Adnan Ibn Ali. »Jeder ist hier willkommen, der Hilfe braucht.« Neben den Kriegsverletzten kommen vor allem Kinder mit Geburtsfehlern oder Kinder, die Physiotherapie brauchen, in die Klinik. Ein Angebot, das vor Ort seinesgleichen sucht. Die Prothesen und die Behandlungen sind kostenfrei, auch indirekte Kosten wie Reisekosten, die bei langfristigen Therapien entstehen können, sollen durch aufsuchende Arbeit bei den Patient*innen vermieden werden. »Das ist sehr schwierig für uns«, erklärt Adnan, »aber wir haben ein mobiles Team, das aufs Land fährt.« Können damit alle versorgt werden? »Nein«, muss der Arzt eingestehen, »trotz starker Bemühungen können wir nur die Menschen besuchen, die es wirklich brauchen, also Patienten, die kein Auto oder Motorrad haben. Wir können nicht alle versorgen, wie wir es wünschen.« Die Enttäuschung in seiner Stimme ist deutlich zu hören. »Aber«, und darauf ist er stolz, »wir haben ein Team, das nur aus Frauen besteht und das mehrmals die Woche in die Dörfer der Umgebung fährt, um Frauen zu betreuen.« Gerade Frauen aus stärker religiös geprägten Gemeinschaften haben es häufig schwerer, (allein) in die Stadt zu kommen, und werden daher vor Ort aufgesucht. Trotz eingeschränkter Möglichkeiten scheinen die Verantwortlichen ihrem Anspruch, besonders Bedürftige zu versorgen, so gut es geht gerecht zu werden.

In direkter Nachbarschaft zum Prothesenzentrum befindet sich eine Klinik im Bau, die auf Verbrennungen und Krebsbehandlung spezialisiert ist. Brandverletzungen entstehen sowohl durch militärische Angriffe als auch durch Unfälle beim Betrieb der allgegenwärtigen Ölöfen, die im Winter die schlecht isolierten Häuser heizen. Wie Verbrennungen erfordern auch Tumorerkrankungen eine komplexe Behandlung, die derzeit nicht oder nur durch Verlegung der Patient*innen ins Ausland geleistet werden kann. Die Einrichtung der beiden Spezialabteilungen soll nun eine Therapie in Nord- und Ostsyrien ermöglichen.

Beide Einrichtungen werden vom Kurdischen Roten Halbmond (*Heyva Sor a Kurd*; HSK) betrieben. In den Wirren von 2012 von einigen Medizinstudierenden und Ärzt*innen gegründet, ist der Halbmond zu einem wichtigen Teil der medizinischen Versorgung in der Region geworden. Die unabhängige Organisation ist weitgehend auf Spendengelder aus dem Ausland angewiesen, da sie nicht als Teil der internationalen Rotkreuz- bzw. Halbmond-Bewegung anerkannt wird. Auch wenn sich HSK von Beginn an eindeutig zu deren Prinzipien wie Humanität, Neutralität und Unabhängigkeit bekannt hat, wird weiterhin der syrisch-arabische Halbmond, der von Damaskus aus operiert, als syrischer Vertreter anerkannt. Zwei Bewegungen in einem Land sind nicht vorgesehen.

Gestartet mit rund 200 Aktiven, hat die Organisation nun mit rund 1.700 Mitarbeiter*innen eine professionelle und einsatzbereite Struktur aufgebaut. Erstmalig wurde dies bei der Rettung der Jesid*innen aus Şingal im August 2014 deutlich. Die Situation bedeutete für Nord- und Ostsyrien eine enorme humanitäre Kraftanstrengung. Suleiman Issa Ahmed erinnert sich an die Ereignisse. »Hunderttausende Jesiden kamen als Flüchtlinge nach Rojava, zahlreiche hatten gesundheitliche Probleme«, erzählt der Augenzeuge. »Wir mussten den Menschen doch helfen.« Seine Angespanntheit ist acht Jahre nach den Ereignissen immer noch deutlich zu spüren. Unter seiner Leitung wurden direkt an der syrisch-irakischen Grenze improvisierte Gesundheitszentren eingerichtet. Die Situation blieb prekär. Suleiman verdeutlicht dies mit einer Anekdote: »Ich erinnere mich genau. Es war an einem Freitag, an dem wir 4.000 Menschen zu versorgen hatten. Wir organisierten daher spontan knapp 300 Ärzte aus ganz Cizîrê, die uns zu Hilfe kamen.« Sie alle arbeiteten ohne Bezahlung, betont er. »Unsere Leute organisierten sich in kürzester Zeit zusammen mit dem Kurdischen Roten Halbmond und halfen den Menschen in dieser katastrophalen Situation.« Nach diesem Einsatz evakuierten HSK-Mitarbeiter*innen bis zuletzt Menschen aus Afrîn, um sie vor den türkischen Bombardierungen zu retten, und waren bei der Befreiung von Raqqa an der Front im Einsatz. Während der COVID-19-Pandemie führten die Mitarbeiter*innen groß angelegte Präventionskampagnen durch und halfen beim Aufbau mehrerer spezieller COVID-19-Krankenhäuser. Bis heute betreut HSK über 100.000 Geflüchtete in den Lagern, die von der UN-Hilfe nicht erreicht werden. Für die Opfer des verheerenden Erdbebens im Februar 2023 war HSK auf syrischer Seite ein zentraler Akteur, der die Bergung und Erstversorgung Verschütteter organisierte. Der Kurdische Rote Halbmond ist damit zu einem wichtigen Pfeiler des Gesundheitssystems in Nord- und Ostsyrien geworden.

Fehlender Rahmen, fehlende Anerkennung

Trotz all dieser Entwicklungen steht das Gesundheitssystem in Nord- und Ostsyrien vor großen Herausforderungen. Dies betrifft zunächst den fehlenden rechtlichen Rahmen, in dem sich das System bewegt. Bislang gibt es, abgesehen von den Gesetzen aus Damaskus, keine eigenen Rechtsgrundlagen. Dies sollte durch die Verabschiedung eines allgemeinen Gesundheitsgesetzes geändert werden. Der Text, von einem Komitee vorbereitet und von Gewerkschaften, Frauen- und Jugendorganisationen kommentiert, wartet seit Beginn 2022 auf seine Ratifizierung. In ihm ist die komplett unentgeltliche öffentliche Gesundheitsversorgung festgeschrieben. Würde dieses Gesetz Wirklichkeit werden, wäre dies ein revolutionärer Schritt. Zunächst in der Theorie. In der Praxis würde ein komplett kostenfreies System bedeuten, dass die Mittel für die Gesundheitsversorgung massiv aufgestockt werden müssten. Die große Aufgabe der Verwaltung bestünde folglich darin, die gesamten Kosten der medizinischen Versorgung zu decken, um die Gesundheitsversorgung wirklich kostenfrei zu machen.

Das Ziel ist formuliert, bleibt aber bislang in der Schublade. In der alltäglichen Praxis sieht es so aus, dass bei medizinischen Eingriffen wie Operationen die Ärzt*innen und das medizinische Personal von der Selbstverwaltung bezahlt werden, die Patient*innen in der Regel aber selbst für Zusatzmittel wie Verbände, Tabletten, Krücken oder Rollstühle aufkommen müssen. Da sich dies mitunter auf umgerechnet mehrere hundert Euro summieren kann, stellt es für einen großen Teil der Bevölkerung ein erhebliches Hindernis dar.

Hinzu kommen externe Faktoren. Seit 2016 ist die Grenze zur Türkei komplett geschlossen. Der Schmuggel ist zwar weiter unter lebensgefährlichen Bedingungen möglich, aber nicht für alle Produkte. Gerade medizinisches Gerät gelangt kaum mehr nach Nord- und Ostsyrien, wie mir Gesprächspartner*innen berichtet haben. Suleiman Issa Ahmed bestätigt dies: »Wegen des Kriegs und des Embargos ist es für uns schwierig, an medizinische Instrumente zu kommen. Die Grenzen sind dicht, und nichts kommt durch.« Auch Medikamente sind Mangelware, was jedem sofort auffällt, der eine lokale Apotheke betritt. In der Folge sind nicht alle Arzneimittel verfügbar oder kostenfrei. Dies ist besonders für Menschen mit chronischen Erkrankungen eine starke Belastung. Für Patient*innen mit Bluthochdruck oder Diabetes sind die Medikamente oft sehr begrenzt – oder nur teuer in privaten Einrichtungen zu erhalten. Auch Adnan Ibn Ali macht auf die Schwierigkeiten bei der Beschaffung von Materialien für sein Prothesenzentrum aufmerksam. »Das Material für die Prothesen kommt meistens aus dem Ausland. Aber es ist schwierig zu bekommen und nimmt zu viel Zeit in Anspruch. Der Bedarf steigt, aber die Importe gehen zurück.«

Als Lösung wurden mir immer wieder die internationale Anerkennung der Autonomieverwaltung sowie die Möglichkeit, direkt mit der Gesundheitsverwaltung oder Organisationen wie HSK zusammenzuarbeiten, präsentiert. Derzeit gibt es keine direkten Zahlungen von staatlichen Organisationen an die Selbstverwaltung. Es ist immer die vermittelnde Rolle einer NGO nötig. Dies ist in vielen Fällen auch nicht weiter problematisch, doch häufig lassen sich die NGOs ihre Arbeit gut bezahlen und das Geld fließt dann eher in ihre Organisation als in die dringend benötigte Hilfe. Die internationale Anerkennung wäre nicht nur eine monetäre Frage, sondern würde auch zeigen, dass die Verantwortung für das Gesundheitssystem bei der Selbstverwaltung liegt. Die Gesundheitsräte und -komitees sind die Gesichter des lokalen Gesundheitssystems, und nicht internationale NGOs.

Der Gesundheitsverwaltung fehlt es an internationaler Unterstützung. Denn die Gelder für humanitäre Hilfe, die auf den jährlich stattfindenden Geberkonferenzen von EU und UN beschlossen werden, kommen in Nord- und Ostsyrien nicht an. Im Gegenteil. Diese Hilfe wird entweder über solche UN-Organisationen in Syrien verteilt, die unter dem Assad-Regime operieren oder die über die Türkei Zugang in die Region Idlib haben, wo bis zu drei Millionen Geflüchtete unter katastrophalen Bedingungen in Lagern leben. So werden viele Hilfsgelder an regierungsnahe Organisationen weitergegeben. Die UN-Organisationen mit Sitz in Damaskus sind an Absprachen und Genehmigungen des Assad-Regimes gebunden und Zugänge zu hilfsbedürftigen Menschen sind eingeschränkt. Im syrischen Bürgerkrieg ist humanitäre Hilfe zu einem politischen Druckmittel geworden.

Seit Jahren wird diese Instrumentalisierung der Syrienhilfe kritisiert. Expert*innen beobachten, dass die syrische Regierung immer wieder lebenswichtige Hilfe für Gebiete außerhalb ihrer Kontrolle zurückhält und das Hilfssystem nutzt, um die Menschen in den Gebieten zu überwachen und zu kontrollieren. Zuletzt wurde dies beim Erdbeben deutlich, das im Februar 2023 die Türkei und Syrien erschütterte. Das Regime in Damaskus blockierte Hilfslieferungen der Selbstverwaltung für die Regionen Idlib und Aleppo. Zudem gelang es Assad durch das Beben in Teilen, seine politische Isolation zu durchbrechen. Assad benutzte die internationale Hilfe als politische Waffe. Er konnte eine zentrale Steuerung über Damaskus durchsetzen. Damit ist es ihm gelungen, ein System aufzubauen, in dem er massiv Geld und Hilfsgüter abzweigen und seine Herrschaft festigen konnte. Angesichts dieser katastrophalen humanitären Situation bedarf es dringend einer grundlegenden Reformierung der UN-Hilfe, die lokale Akteure stärkt – wie etwa den Kurdischen Roten Halbmond. Zudem sollte die Selbstverwaltung eine anerkannte Gesprächspartnerin für die internationale Gemeinschaft werden, um über direkte Unterstützungsmöglichkeiten im Nordosten des Landes zu verhandeln.

Die Gesellschaft als Richterin

Warum Nachbar*innen mehr von Gerechtigkeit
verstehen als Gerichte

Vorherige Seite oben: Rima Barakat, Co-Vorsitzende des Justizrats (Quelle: Rojava Information Center)

Unten: Mitglied der HPC in Dêrik (Quelle: Simon Clement)

An der Fassade des zweistöckigen Gebäudes bröckelt der Putz, lose Kabel und Leitungen hängen von den Dächern. Neben einer kleinen, gläsernen Eingangstür quillt ein Aschenbecher über. Das Gebäude des Rats für soziale Gerechtigkeit in Qamişlo erinnert eher an eine in die Jahre gekommene Bahnhofshalle als an ein Gerichtsgebäude.

Ich betrete einen lichtdurchfluteten Innenhof, der mit schmucklosen Säulen umgeben ist. In ihm tummeln sich zahllose Menschen. Sie alle sind mit rechtlichen Anliegen hier: Streitigkeiten in der Nachbarschaft, Diebstähle, aber auch Kapitalverbrechen werden hier verhandelt. Der Rat wird angerufen, wenn Rechtsstreitigkeiten nicht kommunal von Friedenskomitees geregelt werden können. Im Hof in Qamişlo ist es laut, Menschen stehen gestikulierend in Kleingruppen zusammen und scheinen ihre Fälle bereits selbst lösen zu wollen. Der Portier an der Rezeption hat Schwierigkeiten, den Überblick zu behalten und allen, die hinzukommen, zu erklären, was sie tun oder wohin sie gehen müssen. Termine gebe es hier zwar, aber es komme auch immer wieder vor, dass Parteien mit ihren Anliegen einfach so vorbeikommen würden. Zunächst heißt es daher auch: hinsetzen. Irgendwie und irgendwann gehe es schon weiter. Und tatsächlich scheint es in diesem Chaos ein System zu geben. Immer wieder verlassen Personen, die auf den Plastikstühlen Platz genommen hatten, die Halle in Richtung der anliegenden Büros oder Säle, in denen ihre Fälle diskutiert und Entscheidungen getroffen werden. Vielfach gestempelte Formulare werden bereitgehalten. Den Menschen, die aus den Gerichtssälen kommen, merkt man an ihren Gesichtsausdrücken und Kommentaren an, wie es für sie ausgegangen ist. Es ist zwar laut, aber nicht angespannt oder aggressiv. Auch Personen, die nicht mit einer Entscheidung einverstanden sind, scheinen sie zu akzeptieren.

Das Erdgeschoss ist für den Parteienverkehr zuständig, im ersten Stock ist die Verwaltung. Dort sitzen in einem großen Eckbüro die Kurdin Rima Barakat und der Araber Hassal Ahmed. Bei einem Glas Tee ist von der Hektik des Innenhofs kaum mehr etwas zu spüren. Die beiden Jurist*innen brauchen wohl auch die Ruhe, denn sie müssen den Überblick über das gesamte Justizsystem behalten. Barakat und Ahmed sind die Co-Vorsitzenden des Justizrats von Nord- und Ostsyrien, der höchsten Justizbehörde der Autonomen Selbstverwaltung. Als ›Minister*innen‹ stehen sie diesem Gremium von 13 Anwält*innen sowie Richter*innen vor, die wiederum von den regionalen Justizräten gewählt wurden. Der Justizrat hat mit den Menschen im Erdgeschoss des Gebäudes nichts zu tun. Er befasst sich nicht mit konkreten Fällen, sondern organisiert und beaufsichtigt die Justizbehörden der sieben Regionalverwaltungen und kümmert sich um die rechtlichen Grundlagen.

Zu tun gibt es genug, wovon Rima Barakat berichtet. Die adrette junge Frau in Jeans und weißem Blazer redet sehr selbstsicher über die Geschichte und den Aufbau des Rechtssystems der Selbstverwaltung. Sie spricht die meiste Zeit. Nur am Ende wird Hassal Ahmed noch wenig hinzufügen, doch hier im Gerichtsgebäude von Qamişlo dominiert Rima Barakat.

Der Aufbau eines zivilen Justizsystems

Eine Kurdin, die an der Spitze der obersten Justizbehörde steht. Allein das ist schon ein Politikum, blickt man in die jüngste Vergangenheit. »Das Justizsystem des Regimes kannte genau einen Slogan: ›Eine Regierung. Ein Volk.‹ Alles war arabisch, arabisch, arabisch«, erinnert sich Rima.

Ethnischen Minderheiten, insbesondere den Kurd*innen, wurden Rechte abgesprochen und sie wurden in zahlreichen Bereichen diskriminiert: Eigentum, Staatsbürgerschaft, Beamtentum, Militär. Von all diesen Bereichen waren sie ausgeschlossen. Repressionen bis hin zum offenen, staatlich geförderten Mord gehörten für sie zum Alltag. Staatliche Justiz bedeutete für die Kurd*innen daher jahrzehntelang Ausgrenzung und Verfolgung. Sie war ein Mittel der Unterdrückung und Ungleichheit. »Ein Vertrauen in ein ›gerechtes‹ Justizsystem gab es nicht«, spricht Rima in deutlichen Tönen. Daher reicht die Justizkritik der kurdischen Freiheitsbewegung weit zurück. Sie erschöpft sich nicht darin, Ungerechtigkeiten anzuprangern, sondern will auch eigene Strukturen aufbauen.

Im Zuge der »Rojava-Revolution« gründeten sich erste kommunale Justizräte. In ihnen waren Jurist*innen organisiert, aber auch Personen, die in ihren Kommunen oder Stadtteilen hohes Ansehen genossen. Eine der ersten Aktionen dieser Räte war 2012 die Befreiung der politischen Gefangenen. In einem zweiten Schritt übernahmen sie die Verantwortung für die Gerichte und die Gefängnisse und begannen mit tiefgreifenden Reformen. Das erklärte Ziel war es, ein demokratisches System aufzubauen, das an die Stelle des staatlichen Justizsystems treten sollte. Nach und nach schlossen sich Richter*innen, Rechts- und Staatsanwält*innen und andere Jurist*innen, die sich von Damaskus losgesagt hatten, den neuen Räten an. Sie waren von einem Gedanken beseelt: Die Justiz sollte nicht mehr dem Staat, sondern der Bevölkerung gegenüber rechenschaftspflichtig sein und demokratisch kontrolliert werden.

Dies geschah durch die flächendeckende Einrichtung der Friedenskomitees. Sie wurden zur Grundlage des zivilen Justizsystems in Nord- und Ostsyrien, das auf Versöhnung basiert und nur in Ausnahmefällen auf Gerichte zurückgreifen muss. Die Mitglieder einer Kommune wählen die Komitees, die die Aufgabe haben, rechtliche Auseinandersetzungen direkt in der Gemeinschaft zu klären. Die meiste Zeit befassen sie sich mit alltäglichen Problemen wie Schulden, Kauf und Verkauf von Eigentum, Erbschaftsangelegenheiten und häuslicher Gewalt.[107]

Man darf sich die Mitglieder der Friedenskomitees nicht als klassische Richter*innen vorstellen. Sie sind gewählte Gesellschaftsmitglieder, die Streitigkeiten in öffentlichen Sitzungen lösen wollen. Die Mitarbeit ist freiwillig und unbezahlt. Um Mitglied zu werden, ist lediglich eine 45-tägige Ausbildung erforderlich, die Philosophie, die Analyse des Patriarchats und die Grundsätze des Gesellschaftsvertrags und des Justizsystems der Selbstverwaltung beinhaltet.[108] Hier hakt Rima Barakat ein. Viel wichtiger als eine formelle Ausbildung sei ohnehin das Vertrauen der Gesellschaft in die gewählten Personen. »Die Mitglieder der Komitees werden respektiert und geschätzt. Sie sind gewählt worden, das ist doch Ausbildung genug.« Die Komitees können somit als ein Aspekt neuer sozialer Beziehungsweisen verstanden werden, die sich jenseits der Unterordnung unter den Staat entwickeln. Eine soziale Gerichtsbarkeit tritt an die Stelle der staatlichen Autorität und ermöglicht somit eine Emanzipation der Menschen jenseits staatlicher Beschränkungen.

Solche Komitees haben in der kurdischen Bevölkerung eine lange Tradition, weiß Rima: »Wir Kurden haben eine stammesgeschichtliche Vergangenheit. Früher wurden Menschen, die innerhalb eines Stammes respektiert wurden, ausgewählt, um Probleme zu lösen. Diese Ältestenräte sind der Hintergrund der heutigen Friedenskomitees. Jetzt wählt die Gesellschaft Menschen aus ihrer Mitte aus, um ihre Probleme selbst zu lösen.« Bereits in den 1990er Jahren waren erste »Versöhnungs- und Friedenskomitees« von linken kurdischen Aktivist*innen in Syrien gegründet worden. Sie befassten sich vor allem mit Fällen wie Diebstahl oder Blutfehden. Sie mussten klandestin arbeiten. Das Regime in Damaskus sah in ihnen eine Bedrohung ihres Gewaltmonopols. Nach den Unruhen in Qamişlo 2004 waren die Komitees erheblicher staatlicher Repression ausgesetzt, existierten aber weiter, wenn auch in geringerer Zahl und ohne den Großteil der kurdischen Bevölkerung zu erreichen. Die Arbeit und die Aufgaben der Komitees waren nicht im Detail niedergeschrieben, und so haben sich ihre Regeln und Grundsätze im Laufe der Zeit immer weiterentwickelt. Entscheidungen dürfen aber nicht allein auf der Grundlage von Abstimmungen oder gar von Vorurteilen getroffen werden, sondern müssen den Prinzipien des Gesellschaftsvertrags entsprechen. Auf diese Weise verbinden sich in den Komitees traditionelle Mechanismen mit direkter Demokratie, kultureller Vielfalt und Geschlechtergerechtigkeit. Die Komitees bilden so eine Brücke zwischen Tradition und Revolution.

Doch wie arbeiten die Komitees konkret? Ich besuche das Komitee, das für Dêrik und die umliegenden Dörfer zuständig ist. Es besteht aus vier Frauen und fünf Männern mittleren Alters. Sie alle sind für zwei Jahre gewählt und dürfen nur zwei Amtszeiten absolvieren. Es herrscht das Rotationsprinzip.

Mehrere Schritte leiten die Arbeit der Komitees an.[109] Zunächst kommen die Konfliktparteien in das Komitee. Dieses versucht in einem ersten Schritt, die Problematik zu verstehen und Wünsche und Bedürfnisse zu erfahren. Im Verfahren können erfahrene Personen oder externe Expert*innen hinzugezogen werden. Die Idee dahinter sei, dass Menschen, die mit dem Konflikt verbunden sind und die beteiligten Parteien kennen, die Situationen diskutieren können. Dies ermöglicht es, den Fall nicht als isoliertes Objekt zu betrachten, sondern ihn in seinem Kontext und seiner Geschichtlichkeit zu verstehen. »Wir wollen beide Seiten anhören, ohne jemanden vorab zu verurteilen, und die

Umstände verstehen«, wird mir erklärt. Nach Anhörung der beiden Seiten unterbreitet das Komitee Lösungsvorschläge, die darauf zielen, die Interessen beider Seiten zu wahren. Im Zentrum steht nicht das Ziel einer Verurteilung einer der Parteien, sondern die Konsensfindung. Akzeptieren beide Seiten dieses Angebot, ist der Fall erledigt. Ist eine der Parteien nicht überzeugt, ist ein dritter Schritt notwendig. Die Mitglieder des Komitees treffen sich in einer nichtöffentlichen Sitzung und unterbreiten einen erneuten Vorschlag. Erst wenn eine Partei auch mit diesem Ergebnis nicht einverstanden ist, wird der Fall an ein Gericht übergeben. Es obliegt dem Ermessen der Konfliktparteien und nicht dem Komitee, diesen Weg zu gehen. Die Komitees versuchen alles, um Fälle ohne gerichtliche Beteiligung zu lösen. Auch ein Schuldspruch soll nicht zu Inhaftierung oder Ausgrenzung führen. Vielmehr gehe es um die Anerkennung des eigenen Fehlverhaltens. Gerichte hingegen, so höre ich, würden keine Versöhnung anstreben, sondern ihre Entscheidungen lediglich durchsetzen. Während die Verantwortung des Gerichts mit einem Urteilsspruch endet, arbeiten die Komitees mit den Parteien auch nach der Entscheidung weiter und versuchen, zukünftige Streitigkeiten zu verhindern. Um dies zu erreichen, sind in der Regel lange Diskussionen notwendig. Die Arbeit der Komitees dauert daher in der Regel viel länger als ein Gerichtsverfahren. Doch begreifen die Komiteemitglieder von Dêrik diesen langfristigen Prozess selbst als Teil der Konfliktlösung. Dadurch werde es möglich, Streitigkeiten in einem breiteren Kontext zu diskutieren.

Die Komitees sind Ausdruck eines Justizsystems, in dem die Gesellschaft an den Entscheidungsprozessen teilnehmen und mitgestalten kann. Dies zeigt sich auch an ihrem großen Erfolg. Nach Rima Barakat lösen die Komitees bis zu 85 Prozent aller Fälle, mit denen sie beauftragt wurden. Andere Berichte sind etwas vorsichtiger, gehen aber immer noch von einer Erfolgsquote von knapp 75 Prozent aus.[110] Die Komitees haben sich zur legitimen Institution der Konfliktlösung in den lokalen Gemeinschaften entwickelt.

»Gerechtigkeit kann es ohne Frauen nicht geben«

Unter diesem Motto wurde 2016 in Nord- und Ostsyrien ein Frauenjustizrat gegründet. Er ist die oberste Instanz der geschlechtsspezifischen zivilen Konfliktlösung. Überall gibt es autonome Frauenräte und -komitees, die sich parallel zu den allgemeinen Justizräten und Friedenskomitees mit frauenspezifischen Angelegenheiten befassen. Dazu gehören vor allem sexuelle Gewalt, Zwangsheirat und Scheidung sowie Erbschaftsangelegenheiten. Die Frauenkomitees verfügen in den *Mala Jin*, den bereits beschriebenen lokalen Anlauf- und Treffpunkten für Frauen, jeweils über einen eigenen Raum ausschließlich für Beratung, Schutz und Unterstützung der Frauen. Die Bedeutung der *Mala Jin* für das Justizsystem in Nord- und Ostsyrien ist nicht hoch genug einzuschätzen, sagt auch Rima Barakat. »Die *Mala Jin*, die Frauenjustizräte und -komitees spielen eine große Rolle. Sie befassen sich mit frauenspezifischen Problemen und vermitteln zwischen Familien oder zwischen Ehefrau und Ehemann. Die wichtigsten Themen für die *Mala Jin* sind Zwangs- oder Kinderheirat oder Missbrauch.« Im *Mala Jin* von Qamişlo arbeitet Henîfe Mihemed. Die ältere Frau trägt ein perlenbesticktes rosarotes Kopftuch und spricht nüchtern und doch eindringlich von ihrer Arbeit. Zunächst gehe es darum, Frauen aufzuklären und zu ermutigen: »Frauen mit Problemen sollten wissen, dass es viele Frauenorganisationen und -institutionen gibt, die sie unterstützen. Dafür müssen wir das Bewusstsein der Frauen schärfen«, sagt sie etwa. Henîfe ist Mitglied des Frauenjustizrates in Qamişlo. Der Rat tritt zusammen, wenn sich eine

Frau an das *Mala Jin* gewendet hat und dort keine Lösung gefunden werden konnte. Allein im Jahr 2021 seien 169 Fälle in der Stadt gelöst worden – von Frauen, für Frauen. »Bei den meisten Fällen handelt es sich um Sozialfälle«, berichtet Henîfe weiter. Doch auch Gewalt, Scheidung und Familienstreitigkeiten gehören zu ihrem Alltag. Droht einer Frau unmittelbare Gefahr, kann sie im *Mala Jin* unterkommen und wird dort weiter unterstützt. Die Frauenräte und die *Mala Jin* sollen helfen, die frauenspezifischen Gesetze umzusetzen. Denn in Nord- und Ostsyrien herrscht seit 2014 die rechtliche Gleichstellung von Männern und Frauen (inklusive Lohngleichheit). Frauen haben das Recht auf eigene Organisationen. Weitere Bereiche, die rechtlich geregelt sind, betreffen das Erbrecht, das Heiratsalter von 18 Jahren oder auch das Verbot von Polygamie und sexueller Gewalt. Das Sorgerecht für Kinder liegt nach einer Scheidung bei der Mutter. Abtreibung ist legal. Zudem können Männer für sexualisierte Gewalt oder Polygamie zu Haftstrafen von bis zu drei Jahren verurteilt werden.

Neben diesen progressiven Entwicklungen habe ich jedoch immer wieder auch Berichte gehört, wonach in den *Mala Jin* und Frauenkomitees ein traditionelles Geschlechter- und Familienbild vorherrsche. Liebe, Sexualität und Beziehungen sind für die meisten Frauen weiterhin Tabuthemen. Ihnen wird vermittelt, die »Harmonie« und das »Wohl« der Familie als Zentrum der sozialen Ordnung zu achten. Streitigkeiten zwischen Ehepartner∗innen werden häufig auf Kosten des Trennungswunsches der Frau entschieden und einem vermeintlichen familiären »Konsens« geopfert. Solch »gemeinsame« Lösungen können mit den Bedürfnissen der Frauen kollidieren. Frauen, so wurde mir erzählt, kehrten zu ihren gewalttätigen Männern zurück – auf Anraten der *Mala Jin*. Die Situation ist komplex, denn gleichzeitig bieten die *Mala Jin* eine Form von Aufklärung und Schutz für Frauen, stehen für eine Arbeit und Selbstaktivierung von Frauen für Frauen, die im Nahen Osten selten ist.

Same same but different: Das Gerichtssystem

Friedenskomitees, Frauenräte und *Mala Jin*. Die Juristin Rima Barakat hat in ihrem Büro in Qamişlo bereits von vielen Themen berichtet. Ihr Tee ist kalt geworden, ehe sie auf ihre eigentliche Arbeit im Justizrat zu sprechen kommt: Denn neben der zivilen Gerichtsbarkeit gibt es auch ein offizielles Gerichtssystem. Dieses entspricht in weiten Teilen dem westlichen Pendant und verhandelt alle Arten von Zivil-, Handels-, Straf-, Verwaltungs-, Arbeitsrecht. Gerichtsfälle kommen auf zwei Arten zustande, erklärt Rima. Zum einen behandeln die Gerichte die ungelösten kommunalen Fälle, zum anderen werden schwerere Straftaten und Kapitalverbrechen direkt dem Gericht vorgelegt. »Da es hier teilweise um langjährige Haftstrafen gehen kann, müssen wir uns auf ausgebildete Juristinnen und Juristen verlassen«, erklärt Rima diesen Sachverhalt.

Endlich meldet sich auch Hassal Ahmed, der zweite Co-Vorsitzende des Justizrats, zu Wort. Der Jurist im grauen Karohemd wirkt ein bisschen reserviert. Über seinem kantigen Gesicht verdecken die graumelierten Haare den zurückweichenden Haaransatz nur noch ein wenig. Ahmed kann auf eine lange juristische Erfahrung zurückblicken. »Ich arbeite seit 15 Jahren als Anwalt«, sagt er mit etwas Stolz in der Stimme. »Ich habe bereits unter dem Regime gearbeitet und dort studiert.« Als Araber war ihm dies im Gegensatz zur jüngeren Kurdin Rima möglich. Seine Kanzlei hatte er in direkter Nähe zum zentralen Markt in Qamişlo. In einer Seitenstraße reihen sich hier zahlreiche Kanzleien direkt aneinander, sodass sie mit einem Augenzwinkern als »Anwalts-Bazar« bezeichnet wird. Gegenwärtig geht es tausenden Jurist*innen wie Hassal Ahmed. Sie alle wurden unter dem Regime ausgebildet und kennen die Gesetze aus Damaskus, aber nicht das Rechtssystem der Selbstverwaltung. Daher hat der Justizrat bereits 2013 begonnen, ein Programm für Anwält*innen sowie Richter*innen, die im Regime ausgebildet wurden, aufzubauen. Die neu eingerichteten Mesopotamien-Akademien für soziale Gerechtigkeit übernehmen diese sechsmonatige Ausbildung, in der die Jurist*innen in Form einer Klausur zusammenleben, kochen und arbeiten. Zunächst gab es drei Akademien in Afrîn, Qamişlo und al-Hasaka, in denen hunderte Jurist*innen umgeschult wurden. 2018 kamen die Standorte Manbij, Tabqa und Raqqa hinzu, in denen seitdem vor allem arabische Jurist*innen die neuen Rechtsgrundlagen kennenlernen. Jedoch: Die meisten Gesetze seien ohnehin identisch, ergänzt Hassal. »Nur dort, wo ein altes Gesetz im Widerspruch zu unserem Gesellschaftsvertrag steht, haben wir neue erlassen. Wenn es bei uns eine Gesetzeslücke gibt, greifen wir auf die Gesetze aus Damaskus zurück.« Jedes Gesetz, jede Verordnung und jede Richtlinie wird neu analysiert, die undemokratischen Elemente werden gestrichen oder durch neue ersetzt, und je nach Bedarf werden neue Teile hinzugefügt.

Setzt die Selbstverwaltung somit autonom Recht? Dies kommt nur selten vor, erklärt Hassal. Grundsätzlich stehe gesetztes Recht in einem direkten Zusammenhang mit Staatlichkeit und sei damit dem anti-staatlichen Anspruch der Selbstverwaltung tendenziell entgegengesetzt. Daher gibt es in Nord- und Ostsyrien auch nur wenige positiv gesetzte Rechtsnormen. Die rechtlichen Grundprinzipien sind im Gesellschaftsvertrag festgelegt und orientieren sich an der Vorstellung einer »sozialen Gerechtigkeit«. Alles, was das friedliche Zusammenleben oder die Umwelt stört, wird laut Artikel 85 der aktuellen Fassung des Gesellschaftsvertrags als Verbrechen betrachtet.

Dahingehend hat auch das Gerichtswesen von Nord- und Ostsyrien seine Eigenheiten. Es ist deutlich demokratischer, als es unter Assad der Fall war. Auf der untersten Ebene gibt es zunächst Volksgerichte. Sie befinden sich in jeder größeren Stadt, für die und deren Umland sie zuständig sind. Je nach Größe der Region variiert auch die Zahl der Richter*innen. Diese werden von den örtlichen Justizräten eingesetzt und sind somit in hohem Maße demokratisch von der Bevölkerung kontrolliert. Unter ihnen finden sich nicht nur ausgebildete Jurist*innen, doch fügt Hassal hinzu, es gebe die ungeschriebene Regel, dass zumindest einige Richter*innen über juristische Erfahrung verfügen sollten. Was zunächst nach Unklarheit und Beliebigkeit aussieht, zeigt viel eher, wie stark das Justizsystem mit der Gesellschaft verbunden ist. Denn auch in Nord- und Ostsyrien sei es wichtig, dass vor dem Gericht Rechtsgleichheit herrsche, fügt Rima hinzu: »Wenn eine Partei mit einem Urteil des Volksgerichts nicht einverstanden ist, hat sie das Recht, Berufung einzulegen und vor das Berufungsgericht zu ziehen.«

Nachgelagert gibt es die Regionalgerichte sowie das Verfassungsgericht auf der Ebene der Autonomen Selbstverwaltung. Die Richter*innen dort sind ausschließlich ausgebildete Jurist*innen, deren Unabhängigkeit im Gesellschaftsvertrag festgeschrieben ist. In den Gerichten vertreten Rechtsanwält*innen ihre Mandant*innen. Diese Gerichte arbeiten somit wesentlich professioneller als die Komitees und Volksgerichte. Daraus kann ein Konflikt entstehen: Die Streitfälle werden den direkt Beteiligten entzogen und in die Hände von Spezialist*innen, von Richter*innen und Anwält*innen, gelegt. Justizsystem und Gesellschaft treten hierbei – entgegen dem formulierten Anspruch – auseinander. Damit einher geht auch eine soziale Frage: Nicht alle Menschen können sich einen meist teuren Rechtsbeistand leisten, auch wenn das Recht auf Verteidigung festgeschrieben ist.[111]

Eine weitaus größere Gefahr für das Justizsystem besteht aber darin, dass weder Abschlüsse noch die Gerichtsentscheidungen der Selbstverwaltung von Damaskus oder der internationalen Gemeinschaft anerkannt werden. Die meisten Jurist*innen umgehen dieses Problem ganz pragmatisch und haben sowohl eine Zulassung des Regimes als auch eine der Selbstverwaltung. Für die Selbstverwaltung bedeutet diese fehlende Anerkennung eine gewaltige Unsicherheit, da sie nicht weiß, wie sie etwa mit den Tausenden inhaftierten IS-Kämpfern umzugehen hat. Die internationale Gemeinschaft schweigt dazu weitgehend.

Gefängnisse und Strafverfolgung

Gerichte können Angeklagte zu Freiheitsstrafen verurteilen. In Nord- und Ostsyrien gibt es weiterhin Strafverfolgung und Gefängnisse. In al-Hasaka arbeitet Abir Khaled. Sie ist Co-Vorsitzende des Büros für Justiz- und Reformangelegenheiten und in dieser Funktion für die Verwaltung der Gefängnisse zuständig. Etwa 2.700 Zivilist*innen seien derzeit inhaftiert, berichtet sie. Der Justizrat hat die lebenslange Haft auf 20 Jahre festgelegt.[112] Im Gegensatz zum Regime ist in Nord- und Ostsyrien Folter verboten und es gibt auch keine Anzeichen, dass gegen das Verbot verstoßen wird. Eine weitere Humanisierung stellte die Abschaffung der Todesstrafe dar, die in Artikel 32 des aktuellen Gesellschaftsvertrags festgelegt ist. Auch in den vorherigen Fassungen tauchte das Verbot bereits an prominenter Stelle auf.

Die Gefängnisse der Selbstverwaltung verstehen sich eher als Rehabilitationszentren.[113] »Noch funktionieren unsere Gefängnisse relativ klassisch, aber wir hoffen, dass sie eines Tages überflüssig werden«, sagt Abir. Erste Erfahrungen mit offenem Vollzug und alternativen Modellen seien durchaus vielversprechend gewesen: »An einigen Orten haben wir die traditionellen Gefängnisse durch Bildungseinrichtungen ersetzt, die die Verurteilten jederzeit auch verlassen können. Dort können die Straftäter eine Ausbildung machen, lesen oder diskutieren.« Weit verbreitet sei dieses Modell noch nicht, ergänzt sie schnell. Doch stellen solche Projekte bereits unübersehbare Schritte dar. Abir verdeutlicht dies durch einen Vergleich mit dem Gefängnissystem des Regimes: »Innerhalb der Gefängnismauern besteht der wichtigste Unterschied zwischen unserem Ansatz und dem des Regimes darin, dass wir großen Wert auf das Wohlbefinden der Gefangenen legen. Während früher Menschen jahrelang unter schrecklichen Bedingungen festgehalten wurden, gefoltert wurden, starben oder auch einfach verschwanden, legen wir großen Wert auf die Einhaltung der Gesetze und die Gewährleistung angemessener Lebensstandards in den Gefängnissen.«

Doch auch wer nie in einem Friedenskomitee aktiv war oder gar vor Gericht stand, ist nahezu täglich mit einer weiteren Institution des Justizsystems konfrontiert. Über den zahllosen Checkpoints, die die Zu- und Ausfahrten zu Ortschaften kontrollieren, weht meist eine hellblaue Flagge, auf der in weiß zwischen Ähren ein Adler im Greifflug zu sehen ist. Es handelt sich um das Logo der *Asayîş*. Übersetzt bedeutet dies so viel wie Sicherheitskräfte – und so sehen sie sich auch selbst. Der Begriff »Polizei« wird von der Selbstverwaltung aktiv vermieden und zurückgewiesen, da dieser zu sehr an ein staatliches Organ erinnere.

Eigenen Angaben zufolge sollen die Sicherheitskräfte, deren Frauenanteil auf circa 30 Prozent geschätzt wird, die innere Sicherheit aufrechterhalten sowie Angriffe abwehren, wie zum Beispiel durch dschihadistische Gruppen und das Regime. Ebenso gibt es eine Abteilung für organisierte Kriminalität, Wirtschaftsverbrechen und Verkehrsdelikte. Die hochgerüsteten und gut ausgestatteten Anti-Terror-

Kräfte *Hêzên Antî-Teror* sowie der Nachrichtendienst unterstehen ebenfalls den *Asayîş*. Doch die faktische Arbeit des Großteils der *Asayîş* besteht in alltäglichen polizeiähnlichen Aufgaben wie der Verfolgung von gewalttätigen Übergriffen, Raub, Drogenhandel und Betrug. Auf dem Land treten die *Asayîş*-Kräfte meist an den Checkpoints einschließlich Straßenkontrollen auf, in den Städten befinden sich größere Stationen, in denen die Arbeit koordiniert wird. Die *Asayîş* tragen militärähnliche Uniformen und sind mit den vor Ort allgegenwärtigen Kalaschnikows ausgestattet. Daneben gibt es eine Abteilung, die nur aus Frauen besteht und die bei Fällen von sexueller Gewalt oder bei Familienstreitigkeiten eingesetzt wird.

Die *Asayîş*-Kräfte haben das Recht, Menschen in Gewahrsam zu nehmen. Generell gilt: Niemand darf länger als 24 Stunden ohne Gerichtsbeschluss inhaftiert werden. Inwieweit diese Vorgabe auch eingehalten wird, konnte ich nicht überprüfen. Doch glaube ich, vor Ort eine fast freundliche Beziehung der Zivilbevölkerung zu den Männern und Frauen in *Asayîş*-Uniform wahrgenommen zu haben. Sie werden gegrüßt und als *heval*, also Genosse, angesprochen, was die nervöse Spannung, die an allen Checkpoints herrscht, ein wenig mindert. Sie scheinen als Sicherheitskräfte der Selbstverwaltung akzeptiert zu sein. Gleichzeitig bleibt durch die sichtbare Präsenz von Waffen und gepanzerten Militärfahrzeugen ein Rest von Anspannung und Hierarchie erhalten. Ebenso deutet wenig darauf hin, dass die schwer bewaffneten Kräfte bald der Vergangenheit angehören könnten, was David Graeber noch 2015 vorauszusehen meinte.[114] Im Gegenteil: Neue Einheiten, wie jüngst eine gut ausgestattete und gefeierte Motoradeinheit, sind hinzugekommen und die *Asayîş* werden weiter aufgerüstet. Zwar gibt es in den Dörfern und Stadtteilen die kommunalen Sicherheitskräfte HPC, doch ist es dadurch zu keiner Auflösung oder »Vergesellschaftung« der polizeilichen Arbeit gekommen. Die bewaffneten Zivilist*innen der HPC haben nicht die rechtlichen und militärischen Mittel, eine substanzielle Selbstverteidigung durchzuführen und für Sicherheit zu sorgen. Diese Arbeit wird dann von den *Asayîş* als Spezialist*innen durchgeführt, die sich somit doch in einer gewissen Entfernung zur Zivilbevölkerung befinden und polizeiähnlich auftreten.

Eine Erfolgsstory?

Auch vor dem Gerichtsgebäude in Qamişlo stehen die *Asayîş*-Kräfte und schwitzen in der Sonne. Nur ein kleiner Unterstand spendet ihnen ein wenig Schatten. Im Büro von Rima Barakat und Hassal Ahmed ist es dank der Klimaanlage weiterhin angenehm kühl. Wie beurteilen die beiden ›Justizminister‹ ihr System? Beide lachen ein wenig schüchtern, können aber nicht verbergen, dass sie durchaus stolz sind auf ihre Arbeit und auf das, was sie erreicht haben. Dazu haben sie auch allen Grund. Die Selbstverwaltung hat mit ihrem erneuerten Justizsystem viel erreicht. Manche halten es gar für den erfolgreichsten Bereich in Nord- und Ostsyrien.[115]

Für westliche Beobachter*innen mag das Doppelsystem aus Komitees und Gerichten zunächst ungewöhnlich erscheinen. Während man hier davon ausgeht, dass ein Gerichtsverfahren mit der richterlichen Entscheidung abgeschlossen ist, verfolgt das Justizsystem der Selbstverwaltung schlichtweg andere Ziele: Es geht auch darum, die Zusammenhänge eines Konflikts zu verstehen, um zu verhindern, dass sich ähnliche Fälle in Zukunft wiederholen. Das Justizsystem zielt somit nicht nur darauf ab, Fälle zu lösen, sondern darauf, die Gesellschaft zu verändern. »Wir wollen, dass Menschen aus bisherigen Erfahrungen lernen und dadurch dazu beitragen können, eine gerechtere Gesellschaft aufzubauen, ganz im Sinne unseres Gesellschaftsvertrags«, so Rima.

Vor allem die Justizräte und die Friedenskomitees erlauben die Einbeziehung lokaler Perspektiven und stehen somit für die Verbindung des Justizsystems mit der Gesellschaft. Recht und Gerechtigkeit sind vor Ort nicht länger ausschließlich die Angelegenheit von Spezialist*innen, die für sie zuständig sind. Vielmehr gelingt es den Komitees durch ihre inklusive und vielfältige Zusammensetzung, ein wirksamer Konfliktlösungsmechanismus zu sein und Menschen im Justizsystem eine Stimme zu geben. Es schieben sich nicht länger Staatsanwälte oder Gerichtspräsidenten zwischen die Menschen und das Recht. Vielmehr sind die Menschen mit dem Recht, als einem Recht »von unten«, verbunden. Es handelt sich um eine Sache, die zu der ihren geworden ist. Ein wenig spürt man davon bereits im Gerichtsgebäude von Qamişlo.

Eine neue Generation

Was Bildung alles bedeuten kann – und wo
Nord- und Ostsyrien selbst noch lernen kann

Kurs an der Universität von Qamişlo

Vorherige Seite oben: Schüler*innen in Qamişlo
(Quelle: Rojava Information Center)

Unten: Universitätsgebäude in Kobanê
(Quelle: Rojava Information Center)

»Das Schulsystem des Regimes beruhte auf einer Sprache, einer Ideologie und einer Kultur. Im Unterricht durfte nur Arabisch gesprochen werden.« Bedran Serkeft lässt keinen Zweifel daran aufkommen, welche Funktion Bildung im syrischen Staat vor 2012 hatte: »Der Zweck war es, die Schüler zu guten Arabern und zu guten Muslimen zu erziehen.« Diese Geisteshaltung wirkt bis heute nach. Daher gebe es immer noch tiefe Gräben zwischen den Ethnien und Religionsgemeinschaften, fügt der Kurde hinzu. Bedran ist Mitte 40 und macht gleich einen sympathischen Eindruck. Er arbeitet am »Forschungszentrum für Schulbildung in Nord- und Ostsyrien« und ist dort für die Erstellung neuer Lehrmaterialien verantwortlich. Bedrans Fokus liegt auf seiner Muttersprache – und so war es bereits vor 2012. Sein Engagement war damals gefährlich, denn Kurdisch durfte in Syrien nicht gesprochen werden. Während andere Minderheiten wie die Armenier*innen, Suryoye und Tscherkess*innen ihre Sprachen zumindest an Privatschulen lernen durften, war den Kurd*innen selbst dies untersagt. Wo bereits das gesprochene Wort solchen Repressionen ausgesetzt war, waren es diejenigen, die unter Assad Kurdisch unterrichteten, noch viel mehr. Bedran tat es trotzdem. Offiziell galt sein Engagement als »staatsgefährdend« und »separatistisch«. In kurdischen Familien, also hinter verschlossenen Türen, wurde trotzdem häufig Kurdisch gelehrt und gesprochen, auch wenn immer die Gefahr drohte, von Nachbar*innen denunziert zu werden. Darüber hinaus gab es auch immer wieder Bemühungen, die Sprache in den öffentlichen Raum zu bringen. In Qamişlo war Aras Rêvan daran beteiligt. Der Aktivist von TEV-DEM ist uns bereits begegnet. Vor seinem Engagement im Verband war er als ehrenamtlicher Kurdischlehrer tätig. Seine Kolleg*innen und er wollten sich mit dem Verbot der Sprache nicht abfinden. Daher organisierten sie einen Raum für den Unterricht. »Aufgrund des Verbots wollten wir den Kindern zumindest das kurdische Alphabet und einige kurdische Sätze beibringen«, erzählt er. Es war die Zeit der Aufstände von 2011. Die Repressionen der staatlichen Stellen ließen daher nicht lange auf sich warten. »Noch bevor wir mit der Einrichtung des Klassenraums fertig waren, waren wir bereits von Sicherheitskräften umzingelt. Sie fragten, was wir vorhatten«, erinnert sich Aras. »Wir erklärten ihnen, dass wir hier Kinder in ihrer Muttersprache unterrichten wollten.« Natürlich wurde der Unterricht untersagt, doch Aras zitiert einen vielsagenden Satz eines Beamten von damals: »Die Menschen, die gerade Slogans gegen Bashar al-Assad skandieren, sind für uns keine Gefahr. Die eigentliche Gefahr geht von den Menschen aus, die ein eigenes, alternatives System aufbauen wollen.« Wohl ohne es zu wissen, fasste ein syrischer Polizeibeamter damit die Bedeutung des Bildungswesens für die Gesellschaft Nord- und Ostsyriens zusammen.

Büchermangel, Schulpflicht und Mitbestimmung

Nach der »Rojava-Revolution« gab es plötzlich keine staatlichen Instanzen mehr, die das Sprachverbot durchsetzen konnten. Kurdisch konnte nun offen gesprochen und gelehrt werden. Neben den politischen, ökonomischen und militärischen Räten entstand auch eine intensive Selbstorganisierung zur Förderung der kurdischen Sprache. Diese war trotz der Versuche, sie auch unter dem Verbot weiterhin zu sprechen, vielen Kurd∗innen fremd geworden. Die staatliche Repression führte dazu, dass sie fast ausgestorben war. »Kaum jemand kannte mehr wirklich die Regeln oder die Grammatik. Für viele war ihre eigene Sprache etwas Fremdes«, stellt Fayza Abdi fest. Man merkt der Frau, die heute in Kobanê tätig ist, ihre Emotionen deutlich an, als sie von ihrer Geschichte erzählt. Sie hatte vor 2011 in Aleppo (heimlich) Kurdisch unterrichtet und war danach am Aufbau des neuen Bildungssystems beteiligt. »Mir war meine Sprache schon immer sehr wichtig und daher habe ich mich sofort in den neuen Räten organisiert und begonnen, Kurdisch zu unterrichten.«

Doch zunächst fehlten für den Aufbau kurdischsprachiger Schulen schlicht die Lehrkräfte und das Schulmaterial. Die Lehrer*innen der Region hatten alle an den Universitäten des Regimes studiert und waren an dessen Schulen tätig. Nach 2012 wurde alle Symbolik des Baath-Regimes aus den Schulen entfernt. Konkret: Fahnen, Statuen und Portraits des Assad-Clans. Vielfach wurden sie durch PYD-Symbolik und Abbildungen Öcalans ersetzt. Gerade auf Ebene der Schulleitungen setzte die Selbstverwaltung auf Loyalität. Doch zunächst waren die Verantwortlichen des neuen Systems auf die Erfahrungen der alten Lehrer*innen angewiesen. Mit der Zeit wurde deutlich, dass es eine eigene Aus- und Weiterbildung für Lehrer*innen brauchte, damit sie zum einen überhaupt auf Kurdisch und zum anderen den demokratischen Grundsätzen der Selbstverwaltung entsprechend unterrichten konnten. Schnell wurden eigene Sprachinstitute und Akademien gegründet. Diese Einrichtungen bieten vierwöchige Kurse in den Sommerferien an, die alle Lehrer*innen regelmäßig besuchen müssen. Sommerliches Nachsitzen sozusagen.

Außer an Personal mangelte es auch an kurdischen Schulbüchern, Arbeitsblättern, Präsentationen oder eigenen Curricula. »Lehrmaterial für den Unterricht in kurdischer Sprache zu entwerfen, war keine einfache Angelegenheit«, teilt Bedran Serkeft mit, der diese Arbeit seit Beginn koordiniert. »Wir haben ausgiebig geforscht und auch Unterstützung von Menschen aus anderen Teilen Kurdistans, aber auch von Menschen aus Europa erhalten, die über mehr Erfahrung im Bildungsbereich verfügten.« Diese Hilfe war essenziell, um eigene Strukturen aufzubauen. »Für uns war das ja komplettes Neuland. Doch wir haben diese Aufgabe bewältigt. 2014 konnten wir unser erstes Unterrichtsmaterial drucken. Diese erste Auflage war noch nicht sehr wissenschaftlich und wies viele Mängel auf. Mittlerweile haben wir das gesamte Lehrmaterial überarbeitet. Nun ist es auf einem relativ guten Niveau.«

2021 wurde das »Forschungszentrum für Schulbildung« in Qamişlo gegründet, an dem Bedran nun arbeitet. Zusammen mit weiteren Kollegen sitzt er gerade über einem neuen Schulbuch. Er ist sichtlich zufrieden mit seinem neuen Arbeitsort. »Dieses Zentrum hier ist noch ganz neu.« Der Boden glänzt, die Wände sind frisch gestrichen und die zahlreichen großen Räume sind noch sehr spärlich eingerichtet. »Wir beschäftigen uns hier mit der Frage, wie wir die Schulbildung voranbringen können«, erzählt er, als er von seiner Arbeit aufblickt. »Es geht sowohl um die Ausbildung der Lehrer, als auch um die Verwaltung der Schulen. Außerdem wollen wir die Unterrichtsinhalte weiterentwickeln. Wir forschen an all diesen Bereichen und versuchen, neue Methoden auszuarbeiten.« Das Zentrum verdeutlicht die Professionalisierung des Bildungswesens und auch den Anspruch, den die Verantwortlichen an ihre Arbeit haben.

Dies zahlt sich aus. Heute gibt es in Nord- und Ostsyrien nicht nur Schulbücher in kurdischer, sondern auch in arabischer und aramäischer Sprache. Jedes Kind soll die Möglichkeit erhalten, in der eigenen Sprache unterrichtet zu werden. Ab fünf Jahren können Kinder freiwillig die Vorschule besuchen. Ab dem sechsten Lebensjahr beginnt der reguläre Schulunterricht. In der vierten Klasse folgt dann die erste Fremdsprache. Für die kurdischen Kinder ist das in der

Regel Arabisch und umgekehrt. Aramäischsprachige Kinder können zwischen Kurdisch und Arabisch wählen. Diese Vielsprachigkeit soll das gemeinsame Leben der verschiedenen Gruppen in der Region von Kindesbeinen an ermöglichen. Ab der fünften Klasse wird zusätzlich Englisch oder Französisch gelehrt. Wie steht es um den muttersprachlichen Unterricht weiterer Gruppen wie der Armenier*innen? »Nun ja«, sagt Bedran, »aktuell gibt es keinen armenischen Schulunterricht. Aber wir sind offen dafür. Wenn Gruppen eigenen Sprachunterricht aufbauen wollen, unterstützen wir sie.« Auch hier zeigt sich der anti-staatliche Ansatz der Selbstverwaltung: Selbst handeln, statt auf den Staat zu hoffen, lautet die Parole. Und selbst wenn es noch nicht gelungen ist, muttersprachlichen Unterricht für alle zu ermöglichen, sind die Errungenschaften im Bildungsbereich sichtbar. Rund 800.000 Schüler*innen in ganz Nord- und Ostsyrien werden von annähernd 40.000 Lehrer*innen unterrichtet. Die Schulpflicht gilt bis zur 9. Klasse, unterrichtet wird noch drei Jahre länger. Dann haben die Schüler*innen die Möglichkeit, eine Berufsschule oder die Oberstufe mit drei Fachrichtungen zu besuchen: Eine technische Fachrichtung mit den Schwerpunkten Mechanik, Informatik oder Elektronik, eine naturwissenschaftliche Richtung, die sich auf Mathematik, Physik und Chemie konzentriert, und einen sprachlichen Zweig mit den Schwerpunkten Literatur, Philosophie und Sprachen. Nach dem Abschluss der Oberstufe können sich die Schüler*innen um ein Studium bewerben. Bereits in der Mittelstufe spielen geistes- und sozialwissenschaftliche Fächer eine besondere Rolle. Fächer wie »Gesellschaft und Leben«, »Kultur und Ethik« oder »Philosophie« ergänzen das Curriculum aus Sprachen, Naturwissenschaften, Geschichte, Erdkunde oder Mathematik. In der Oberstufe kommt noch das Schulfach *Jineolojî*, also die Wissenschaft aus der Perspektive der Frau, verpflichtend für die Schüler*innen hinzu.

All dies geschieht vor dem Hintergrund eines massiven Mangels an Infrastruktur. Es fehlt an allem: Schulen sind durch den Krieg zerstört oder wurden zu Unterkünften für Geflüchtete umgebaut, das Embargo verhindert die Einfuhr von Lehrmaterial, selbst Papier für Hefte oder Bücher ist knapp. In den ersten Jahren fehlte es häufig an Stühlen und Tischen, sodass die Schüler*innen auf dem Boden sitzen mussten, wie mir immer wieder erzählt wurde. Aktuell wird immer noch in verschiedenen Gruppen vormittags und nachmittags unterrichtet, um den Mangel an intakten Gebäuden auszugleichen. Darüber hinaus unterscheidet sich der Schulalltag wenig von dem westlicher Schulen. Lehrer*innen unterrichten einzelne Fächer, es gibt Hausaufgaben, einen Lehrplan und ein Benotungssystem. Was – in der Theorie – eine Weiterentwicklung darstellt, ist die demokratische Mitbestimmung der Schüler*innen. In den Schulen wurden Lehrer- und Schülerräte eingeführt, die sich alle zwei Wochen treffen sollen und autonom über Methoden und Inhalte diskutieren können. Auf gemeinsamen monatlichen Treffen sollen die Kritiken dann präsentiert und umgesetzt werden. Eine demokratische Schule im Aufbau.

Bildung für alle?

Auf die Errungenschaften des Schulsystems ist Bedran sichtlich stolz. Doch wie steht es um die Umsetzung? Dafür frage ich auf höchster Ebene nach, bei Dilber Yousef. Sie ist Co-Vorsitzende des Bildungsrats der Selbstverwaltung. Als De-facto-Bildungsministerin obliegt ihr die Aufgabe, alle Regelungen und Vorsätze auch wirklich praktisch zu implementieren. Zunächst möchte ich wissen, wie es um die Schulpflicht bestellt ist. Lässt sie sich denn auch durchsetzen? Nein, das tut sie nicht, gibt Dilber unumwunden zu.

Sie spricht leise, nüchtern, ohne Gesten und mit fast monotoner, etwas schüchterner Stimme. »Die ökonomische Situation in der Region ist katastrophal«, erklärt sie. »Viele Eltern schicken ihre Kinder nicht zur Schule, weil sie die Arbeitskraft und die Unterstützung der Kinder brauchen. Das ist ein ernsthaftes Problem und lässt sich nicht verleugnen.« Sowohl der Bildungsrat als auch Lehrer*innen besuchen regelmäßig die Familien und versuchen, sie davon zu überzeugen, ihre Kinder zur Schule zu schicken. »Wir reden viel mit den Eltern, dass Bildung wichtig ist«, ergänzt Dilber. »Wir diskutieren das auch immer wieder auf allen Ebenen der Selbstverwaltung.«

Doch sind die Argumente begrenzt, wenn die Familien auf das Einkommen angewiesen sind. Manchmal kommen die *Asayîş* vorbei und dann müssen die Familien Geldstrafen zahlen. »Gerade diese Familien sind ohnehin schon arm. Da bringen auch Geldstrafen nichts. Am Ende können wir niemanden wirklich zwingen«, gesteht die ›Bildungsministerin‹ ein. Viel funktioniert über Gespräche, Vertrauen und über Angebote. Gerade in ländlichen Gebieten ist es für Familien häufig schwer, ihre Kinder auf (weiterführende) Schulen in die Städte zu schicken. Zu weit weg, zu teuer. Nun hat der Bildungsrat Taxis organisiert, die Schüler*innen an Sammelpunkten abholen und zurückbringen. Darüber hinaus wird im Bildungsrat gerade die Möglichkeit diskutiert, spezielle Berufsschulen für Schüler*innen ohne Schulabschluss aufzubauen. Die Idee dahinter ist, den Schüler*innen durch eine Berufsausbildung ein (schnelleres) Einkommen zu ermöglichen, um damit auch die Familien zu überzeugen.

Diese Überzeugungsarbeit bleibt aber hart. Gerade in den ländlichen Gebieten sei es häufig schwierig, Familien überhaupt für die Schule zu begeistern: »Städte und Dörfer können nicht verglichen werden. Aber auch auf dem Land herrscht Schulpflicht«, erinnert mich Dilber. »Wir unternehmen alles, sodass wenigstens die Mehrheit der Kinder die Schule besucht. Häufig herrscht in den Familien kein großes Interesse an Bildung.« Genau diese bildungsfernen oder -kritischen Schichten will die Selbstverwaltung erreichen. »Mit Bildung wollen wir erreichen, dass Kinder ihre häufig konservative Familienideologie hinter sich lassen. Wir wollen die gedankliche Weiterentwicklung fördern. Das ist sehr schwierig und wir stehen ganz am Anfang.« Ebenso verhält es sich mit den Räten an den Schulen. »Es gibt sie, aber sie sind noch nicht sehr etabliert«, ergänzt Dilber auf Nachfrage.

Hinzu kommt die Konkurrenz durch die Schulen des Regimes. Rund fünfzig Schulen, vor allem in Qamişlo und al-Hasaka, stehen in Nord- und Ostsyrien weiterhin unter Kontrolle des Regimes. Mit der Bezahlung der Lehrergehälter verfügt Damaskus damit immer noch über einen signifikanten Einfluss auf das Bildungswesen der Region. Und Eltern schicken ihre Kinder auch deshalb in diese Schulen, da die Schulabschlüsse der Selbstverwaltung nicht anerkannt werden.

Mehr als nur Ausbildung

Der Kurde Serhed Wan stammt aus der Südtürkei. Er ist im Zuge der »Rojava-Revolution« nach Nord- und Ostsyrien gekommen, um dort am Aufbau des neuen Gesellschaftssystems mitzuwirken. Serhed ist ein freundlicher, etwas rundlicher Mann mittleren Alters. Und er ist Akademiker, Soziologe, um genau zu sein. Nun arbeitet er im Leitungsgremium der Rojava-Universität in Qamişlo. Von der im Juli 2016 gegründeten Universität im Westen der Stadt hat man einen guten Blick auf den Flughafen, der weiterhin vom Regime betrieben wird. Dort sieht man überall syrische Flaggen und eine Menge Soldaten. Doch deswegen bin ich nicht hier. An einem sonnigen Tag geht es über den Campus. Die Studierenden spazieren über den Hof, sitzen zusammen in der Cafeteria oder eilen gerade zum nächsten Seminar. Vieles erinnert an europäische Universitäten, nur ist hier alles ein wenig kleiner und übersichtlicher: Rund 1.800 Studierende sind an der Universität eingeschrieben. Über dem Eingang sieht man noch ein verblasstes Bildnis von Baschar al-Assad. Jemand hat Steine auf das Portrait geworfen, der Putz ist gebröckelt.

Zunächst geht es in die Bibliothek. Die Regale sind nur spärlich gefüllt. Es mangelt offensichtlich an akademischer Literatur. Dennoch ist alles fein sortiert. Anschließend gehen wir in einen großen Raum im ersten Stock, an dessen Ende zwei große, repräsentative Schreibtische stehen. Es sind die Arbeitsplätze der beiden Co-Vorsitzenden der Universität. Da das Rektorat gerade unbesetzt ist, beginnt Serhed dort seine Geschichte und berichtet über das Hochschulsystem der Region. Darüber kann er als Soziologe viel erzählen und tut dies auch sichtlich gern und ausführlich. »Viele, vor allem gut ausgebildete Menschen sind im Zuge des Kriegs aus Syrien geflohen. Daher leiden wir hier an einem großen Fachkräftemangel.« Allein in der Region Cizîrê gibt es rund 40 Stadtverwaltungen, erläutert Serhed. »In allen zusammen gibt es aber wohl keine drei Kartografen oder Vermessungsingenieure. Daher war es nötig, Universitäten zu gründen.« Doch in Nord- und Ostsyrien sollen die Hochschulen mehr leisten, als nur Wissen zu vermitteln, wie Serhed weiter ausführt: »Wir wollen nicht nur professionelles Personal wie Ärzte oder Ingenieure ausbilden. Unser Ziel ist es auch, Denkstrukturen innerhalb der Gesellschaft zu verändern.« Damit ist ein großer und ein genuin politischer und gesellschaftlicher Anspruch an die Hochschulen formuliert.

Vier Hochschulen gibt es in Nord- und Ostsyrien. Nach der Rojava-Universität waren 2017 die Universität in Kobanê und 2021 die Al-Sharq-Universität in Raqqa eröffnet worden. Die erste Universität war die 2015 gegründete Afrîn-Universität. Sie musste allerdings nach der Besetzung der Stadt durch die Türkei 2018 wieder schließen. Im Studienjahr 2021/22 studierten an den drei Universitäten insgesamt rund 2.500 Studierende. In der vom Regime betriebenen Al-Furat-Universität in al-Hasaka waren es im selben Zeitraum mehr als 30.000 Studierende. Die erste Wahl scheinen die selbstverwalteten Universitäten derzeit somit nicht zu sein. Doch wächst die Zahl der Studierenden der Rojava-, Kobanê- und Al-Sharq-Universität exponenziell.[116] Sie werden sich auf eine wachsende Studierendenschaft einstellen müssen.

Der Soziologe Serhed ist nun in seinem Element und berichtet von der Bandbreite der Fakultäten und Studiengänge. Allein an der Rojava-Universität gibt es neun Fachbereiche und zahlreiche kleinere Institute, die von Medizin und Jura über Sprachen und Lehramt bis hin zu Ingenieurwissenschaften, Agrartechnik, Petrochemie und Mechatronik reichen. Über ein ähnlich vielfältiges Angebot an Studiengängen verfügen auch die anderen beiden Universitäten. Für alle Studierenden ist ein Modul in Sozialwissenschaften verpflichtend. Dazu gehört auch ein einsemestriges Seminar zu *Jineolojî*. Alle zukünftigen Akademiker*innen Nord- und Ostsyriens sollen die Gesellschaft und ihr politisches System begreifen, fasst Serhed die Idee zusammen.

Die gesellschaftliche Bildung und Verantwortung der Absolvent*innen stehen somit im Vordergrund. Das unterstreicht auch Şirîn Serhed. Sie ist Co-Vorsitzende der Kobanê-Universität. Die liegt auf einem Hügel im Südosten der Stadt und ist Teil eines Viertels mit vierstöckigen Neubauten, die nach dem Krieg aufgebaut wurden. Von der Zerstörung der Stadt ist hier wenig zu sehen. Zahlreiche Studierende leben in den uninahen Wohnungen mit ihren großen Balkonen. Nur das Wachpersonal und ein Schriftzug über dem Eingangstor machen deutlich, dass man sich auf einem Campus befindet. Die Kobanê-Universität wirkt eher wie ein größeres Schulgebäude. Bei einem Glas Schwarztee berichtet Şirîn von der Anfangsphase der Universität: »Kobanê ist zu einem weltweiten Symbol des Widerstands geworden. Doch hatten wir hier nach der Befreiung mit großen Schwierigkeiten zu kämpfen. Die ganze Stadt war zerstört und es fehlte an allen Enden an qualifizierten Menschen.« Doch auch Şirîn legt Wert darauf zu betonen, dass es mit der Gründung der Universität nicht nur um fachliche Qualifizierung ging: »Unser Ziel war es, eine enge Verbindung zwischen der Universität und den Studierenden auf der einen und der Gesellschaft auf der anderen Seite herzustellen. Nur wenn eine Universität aus der Gesellschaft heraus entsteht, kann sie bedeutsam werden.« Der Zuspruch scheint ihr Recht zu geben: Gab es 2017 lediglich 65 Studierende, waren 2021/2022 knapp 500 in Kobanê eingeschrieben, erzählt Şirîn mit etwas Stolz in der Stimme.

Das Hochschulsystem in Nord- und Ostsyrien wurde vor dem Hintergrund eines andauernden Kriegs in der Region aufgebaut. Zahlreiche Studierende und Lehrkräfte mussten fliehen und fanden vor allem an der Universität in Qamişlo eine neue Bleibe. Doch bis heute hält auch dort die Unsicherheit weiter an. Der universitäre Alltag ist massiv eingeschränkt. Treibstoff für die Generatoren ist auch hier Mangelware. Der Strom fällt immer wieder aus, das Internet ist schlecht. Onlinekurse oder -sitzungen, Präsentationen oder Recherche – all dies funktioniert manchmal und manchmal nicht, wie ich selbst miterlebe. Das Audimax der Rojava-Universität ist gut gefüllt. Gleich stellen hier Studierende des Fachbereichs Mechatronik ihre Abschlussprojekte vor. Dazu gehören eine Drohne, eine Armprothese, die mit Sensoren gesteuert wird, sowie ein Modell für einen Feuerwehr-Roboter mit Infrarotsensoren und einer Wasserpumpe. All diese Projekte wurden mit 3D-Druckern hergestellt. Gerade als ein Student seine Präsentation beginnen möchte, fällt der Strom aus. Die Studierenden müssen nun warten – für unbestimmte Zeit. »Wissenschaftlich arbeiten können wir so nicht«, sagen sie. Wenigstens kann die Drohne, batteriebetrieben, noch etwas durch die Gänge fliegen, was ihren Entwickler sichtlich zufrieden stellt.

Im Zuge der COVID-19-Pandemie verschärfte sich auch die Situation an den Universitäten zunehmend. Seminare und Vorlesungen fielen aus und wurden durch Online-Angebote ersetzt. Doch viele Studierende in Nord- und Ostsyrien besitzen keinen eigenen Laptop oder haben keinen eigenen Internetzugang. Daher gab es studentische Versuche, sich über soziale Medien und Messenger-Dienste wie WhatsApp oder Zoom selbst zu organisieren und Studiengruppen zu bilden. Das Engagement der Studierenden ist allen Schwierigkeiten zum Trotz gegeben.

Die weibliche Gegen-Uni

Ebenfalls an der Universität in Qamişlo lehrt Dîcle Bêrîvan. Sie ist die Verantwortliche des Fachbereichs *Jineolojî*. Seit 2017 gibt es das Fach als Studiengang, ausschließlich für Studentinnen. Gerade präsentieren einige von ihnen Ergebnisse eines Forschungsprojekts über volkskundliche Heilmethoden. Diese wurden meist mündlich von Generation zu Generation weitergegeben. Die Studentinnen referieren über Tinkturen aus Heilkräutern und selbstgemachte Verbände zur Milderung von Rückenschmerzen.

Von Dîcle Bêrîvan, Mitte 30, will ich mehr darüber wissen. Im Fachbereich erinnert nicht viel an eine Universität. An den fliederfarbenen Wänden hängen Bilder von Rosa Luxemburg, Alexandra Kollontai und Sakine Cansız. Große

Sitzecken lassen den Raum einladend wirken. Passend dazu steht die Tür offen und es kommen immer wieder Studentinnen herein, um sich mit den Mitarbeiterinnen des Fachbereichs zu unterhalten.

Woher kommt der Fokus auf Naturheilkunde? »Vieles droht in Vergessenheit zu geraten«, erklärt die Hochschullehrerin und fragt zurück, ob mir die Kamera im Seminar aufgefallen sei. »Wir wollen das alte Wissen bewahren und weitergeben und nehmen dafür alles auf.« Was in Deutschland wohl an Datenschutzrichtlinien scheitern würde, hat in Nord- und Ostsyrien einen weiteren, ganz praktischen Grund. Medikamente und medizinische Ausrüstung sind Mangelware. »Daher ist es wichtig, dass wir uns mit Methoden und Mitteln auskennen, die man auch ohne Schulmedizin anwenden kann.« Auch auf ein anderes Verständnis von Wissen und Wissensvermittlung verweist die Lehre am *Jineolojî*-Fachbereich. Wissen findet sich nicht nur in Schulbüchern, ist man sich in der *Jineolojî* sicher. Auch Traditionen und Werte sowie die Verantwortung der Wissenschaft für die Gesellschaft spielen im Curriculum eine besondere Rolle. Innerhalb der *Jineolojî* geht es um die Überwindung patriarchaler Verhältnisse sowie um den Aufbau einer neuen Form der (Sozial-)Wissenschaft. Somit versteht sich das Fach selbst als neues sozialwissenschaftliches Wissensparadigma. Die *Jineolojî*-Forscherinnen kritisieren das elitäre Verständnis von Wissenschaft und bemühen sich darum, einen alternativen Ansatz zu entwickeln. Vor allem strenge Trennungen wie zwischen Natur und Kultur, zwischen Wirtschaft, Politik und Gesellschaft, zwischen privat und öffentlich oder zwischen den wissenschaftlichen Disziplinen werden zurückgewiesen. Das Ziel ist ein ganzheitlicher Ansatz, in dem akademisches Wissen mit der Gesellschaft und insbesondere mit den Frauen verbunden sein soll. Somit richtet sich das Fach gegen patriarchale Gesellschaftsstrukturen und männliche Hegemonie. Wissenschaftliche Denkgebäude, Geschichtsschreibung und Philosophien, die die Unterordnung von Frauen legitimieren, werden kritisch befragt. Wissensproduktion richtet sich nun stattdessen auf die Förderung und Befreiung von Frauen aus.

Zunächst verlief in der *Jineolojî* nicht alles nach Plan. Das Fach wurde bereits als Teil des sozialwissenschaftlichen Pflichtmoduls unterrichtet. Dicle und ihre Kolleginnen wollten mehr und riefen den eigenen Studiengang ins Leben. »Wir mussten eigenes Lehrmaterial erstellen und Lehrkräfte einarbeiten«, berichtet sie selbstbewusst. Außerdem mussten Studentinnen für das Fach gefunden werden. Das war vor allem zu Beginn keine leichte Aufgabe. »Niemand kannte *Jineolojî* als Fach«, erinnert sich Dicle. »Zu uns kamen dann die Eltern und fragten uns, was dieses *Jineolojî* sei und wofür man es brauche.« Die Familien wurden empfangen und angehört, nicht alle konnten überzeugt werden. »Im ersten Jahr haben sich 25 Studentinnen für das Fach eingeschrieben. Nur zwölf waren am Ende des ersten Semesters noch übrig.« In den folgenden Studienjahren schwankte die Zahl zwischen 15 und 30 Studentinnen. Doch in der *Jineolojî* herrscht Fachkräftemangel. Der Bedarf an Absolventinnen ist für den *Jineolojî*-Schulunterricht, aber auch für den Fachbereich selbst hoch. So existiert etwa eine Fachzeitschrift mit dem Titel *Jineolojî* und in der Nähe von Amûdê gibt es zudem das Andrea-Wolf-Institut mit verschiedenen Forschungsprojekten. In ihnen sollen das Wissen und die Erfahrungen von Frauen aus verschiedenen Ländern und mit diversen Lebenserfahrungen zusammengetragen werden, um gemeinsam neue Perspektiven zu entwickeln. Und auch innerhalb der Gesellschaft werden die Absolventinnen benötigt. »Wir wollen, dass unsere Studentinnen die Perspektive von Frauen auch in die Gesellschaft tragen.« Wie sieht diese Perspektive aus? Dicle antwortet: »Wir haben zwar bereits viele Frauen in verantwortlichen Positionen, doch stehen sie meist im Schatten der Männer.« Gesellschaftlich herrscht weiter eine »Männermentalität«, wie sie es nennt. »Unsere Absolventinnen können da einen Wandel bewirken«, ist sich Dicle sicher. Die Selbstverwaltung steht hinter der Disziplin. Sie hat allen Frauen die Möglichkeit eingeräumt, unabhängig von Herkunft oder Religion, mehrere Wochen pro Jahr an Akademien *Jineolojî* zu studieren und mit anderen Frauen im Austausch gewohnte Denkmuster zu reflektieren und die neuen Erkenntnisse zurück in ihre Familien und in die Gesellschaft zu tragen.

Gestempeltes Papier

2022 haben 160 Studierende in Qamişlo und weitere 32 in Kobanê ihr Studium erfolgreich abgeschlossen. Trotz des Mangels an hochqualifiziertem Personal sind die Absolvent*innen mit einer großen Herausforderung konfrontiert: Ihre Abschlüsse werden nirgends anerkannt. Weder in Damaskus noch international. Mohammad, der seinen Nachnamen nicht im Buch veröffentlicht haben will, hat gerade einen Bachelor in Englisch erworben und arbeitet nebenbei als Übersetzer und Dolmetscher. Viel verdient er damit nicht, aber es geht ihm ohnehin mehr darum zu lernen. Mit seinen zarten Gesichtszügen und den gestylten Haaren würde der 19-jährige Student gut auf jeden Campus der Welt passen. Mohammad hat mich vor Ort bei meinen Reportagen unterstützt und bringt das Problem der fehlenden Anerkennung auf den Punkt. »Weißt du«, platzt es unvermittelt aus ihm heraus, »mein Zeugnis bringt mich nicht weiter. Wenn ich in Syrien oder woanders studieren oder arbeiten will, hilft mir eine Bestätigung, dass ich für dich gedolmetscht habe, deutlich mehr.« Dass der Stempel einer deutschen Tageszeitung schwerer zu wiegen scheint als ein Universitätsabschluss, kann auch die Verantwortlichen der Selbstverwaltung nicht kalt lassen.

Im Bildungsrat ist dieses drängende Problem bekannt. »Das ist eine politische Frage«, antwortet Dilber Yousef und senkt den Kopf. Die Stimme der ›Ministerin‹ wird noch leiser: »Wir haben immer wieder gefordert, dass unsere Abschlüsse anerkannt werden, zum Beispiel bei UNICEF. Aber das ist noch nicht geschehen und es wird auch noch lange dauern – wenn es überhaupt einmal geschieht.« Daher haben die Verantwortlichen im Bildungsrat ihre Strategie geändert und sich verstärkt auf die internationale Hochschulbildung und -forschung konzentriert. Bislang mit ersten Erfolgen. So kooperiert etwa die Universität in Qamişlo mit acht internationalen Hochschulen bzw. Fakultäten. In der Bundesrepublik hat sich an der niedersächsischen Hochschule Emden/Leer eine enge Zusammenarbeit mit dem Fachbereich *Jineolojî* entwickelt. An der Universität Bremen gibt es seit 2021 die Initiative *Mutual Studies of the Students of Rojava and Bremen*, die durch regelmäßige Onlineveranstaltungen und -seminare den Austausch zwischen syrischen und deutschen Studierenden fördern will.[117] Ebenfalls seit 2021 gibt es in Paris das *Centre de solidarité avec les universités alternatives*, das die internationalen Kooperationen der Universitäten der Selbstverwaltung koordiniert und weitere Partnerschaften ermöglichen und fördern will.

Eine offizielle Anerkennung des Bildungssystems bringen solche Projekte jedoch nicht näher. »Es geht auch nicht nur um Anerkennung«, entgegnet Dilber. »Wir wollen unser System darstellen, Partnerschaften eingehen und Freunde gewinnen, auch um unser Bildungssystem weiterzuentwickeln. Wir brauchen Unterstützung von außen, zum Beispiel für den Wiederaufbau von Schulen. Wir haben ein System aufgebaut, das eine Alternative für ganz Syrien werden kann und das sichtbar werden soll. Bei uns können alle Ethnien Schulbildung in ihrer Muttersprache bekommen. Wir wollen zeigen, wie das geht und dass wir da sind.« Diese Sichtbarkeit gelang zuletzt der Lehrergewerkschaft Nord- und Ostsyriens (*Yekîtiya Mamosteyên Bakur û Rojhilatê Sûriyeyê*). Sie wurde 2022 in die Bildungsinternationale aufgenommen. Dieser globale Dachverband umfasst rund vierhundert Bildungsgewerkschaften aus 170 Ländern. Nun ist auch die *Yekîtiya Mamosteyên* Teil dieser weltweiten Vernetzung. Für Nesrîn Reşik, Co-Vorsitzende der Gewerkschaft, war dies ein großer Erfolg. Sie hofft nun, dass sich der internationale Austausch zwischen den Gewerkschaften intensiviert. Die Chancen dafür stehen gut. Die deutsche Gewerkschaft Erziehung und Wissenschaft (GEW) begleitete federführend die Aufnahme der *Yekîtiya Mamosteyên* in die Internationale. Es folgten erste Treffen und Erfahrungsaustausche in Deutschland.

Kooperationen wie zwischen GEW und *Yekîtiya Mamosteyên* sind wertvoll und notwendig. Solange eine völkerrechtliche Anerkennung Nord- und Ostsyriens auf sich warten lässt, scheinen solche Formen der Mikro-Anerkennung, also die Kooperation von einzelnen Verbänden, Vereinen oder Einrichtungen, eine geeignete Alternative zu sein, um die Entwicklungen in Nord- und Ostsyrien zu unterstützen. Manchmal hilft bereits ein gestempeltes und unterschriebenes Formular.

Eine traumatisierte Gesellschaft

Wie der Krieg eine ganze Generation bestimmt

Gänge im Stadion von Raqqa (Quelle: Rojava Information Center)

Zerstörtes Militärfahrzeug in Al-Tayy (Quelle: Rojava Information Center)

Beerdigung des von der Türkei ermordeten Politikers Ferhad Şiblî in Dêrik am 22. Juni 2022 (Quelle: Simon Clement)

Vorherige Seite oben: Kriegsmuseum von Kobanê (Quelle: Rojava Information Center)

Unten: Al-Naim-Kreisverkehr in Raqqa (Quelle: Rojava Information Center)

Der Film *The Other Side of the River* erzählt die Geschichte der 19-jährigen Hala, die in Nordsyrien aufwächst und einer arrangierten Ehe entkommt, indem sie sich der YPJ anschließt. Hala emanzipiert sich von ihrer Familie und wird schließlich Mitglied der *Asayîş* in Manbij. Doch die Vergangenheit ist eine stete Begleiterin in ihrem Leben. In einer bewegenden Szene sitzt sie mit ihren Genossinnen am Lagerfeuer und schildert jene Nacht, als ihr Dorf vom »Islamischen Staat« erobert wird. Eine vermeintliche Ehebrecherin wird ermordet: »Sie kamen um zwei Uhr nachts und befahlen allen, nach draußen zu gehen, direkt hinter unser Haus«, hört man Hala erzählen. »Sie fesselten die Frau an den Händen und warfen sie in ein großes Loch. Sie schrie: ›Ich bin unschuldig.‹ Sie hatte zwei Jungs und ein Mädchen. Sie schleppten haufenweise Steine heran und befahlen den Jungs, sie zu steinigen. Alle weinten. Sie zwangen sie, ihre Mutter zu steinigen. Und dann sagten sie zum Vater der Frau: ›Du musst sie auch steinigen.‹ Dann fingen sie an, Steine auf sie zu werfen. Überall Blut. Das könnt ihr euch nicht vorstellen, überall war Blut, das war furchtbar. Die Kinder haben kleine Steine genommen. Nur der Vater nahm große Steine und zielte direkt auf den Kopf. Er wollte, dass es schnell vorbeigeht. Sie war blutüberströmt. Und wir standen da und schauten zu. Das Schlimmste und Schmerzhafteste war, dass wir nichts tun konnten.«

Während meines Aufenthalts in Syrien hörte ich solche und ähnliche Geschichten in steter Regelmäßigkeit. Sie reichten von Folter durch Assads Schergen über im Krieg gefallene oder verwundete Familienangehörige bis hin zu Vergewaltigungen, Vertreibungs- und Fluchtgeschichten und Szenen äußerster Brutalität wie in *The Other Side of the River*.

Kriege haben die Grenzen und das Erscheinungsbild Nord- und Ostsyriens stetig gewandelt und das Leben der Menschen beeinflusst. Zu Beginn des Bürgerkriegs stellten die Regimekräfte die größte Bedrohung dar. Danach brachten dschihadistische Gruppen wie al-Nusra oder der »Islamische Staat« Terror und Tod mit sich. Insbesondere in den erst kürzlich befreiten Gebieten, wie in Raqqa oder Manbij, merkt man deutlich, wie präsent der Krieg noch immer ist. Hinzu kommt, dass die Türkei große Teile Nordsyriens besetzt hält und einen Artillerie- und Drohnenkrieg gegen die Selbstverwaltung führt.

Über all diese Kriege gibt es Geschichten. Und die Menschen erzählen sie. Während Tee ausgeschenkt oder Gebäck gereicht wird, erfahre ich von Folteropfern, dschihadistischen Gräueltaten oder von Vertreibungen aus den türkisch besetzten Gebieten. So verbreitet diese Geschichten auch sein mögen, sie sind extrem belastend für die Betroffenen. Nicht selten brechen Menschen während der Gespräche mit mir in Tränen aus. Politiker*innen oder Verantwortliche der Selbstverwaltung, die über Jahre den Krieg er- und überlebt und sich unter widrigsten Bedingungen am Wiederaufbau beteiligt haben, werden für kurze Momente von ihren Erinnerungen überwältigt.

Der Krieg ist präsent. Präsent im Stadtbild der weiterhin zerstörten Orte, präsent aber auch in den Köpfen der Menschen. Kaum eine Familie ist nicht betroffen. Ihre Geschichten sind Geschichten der Gegenwart. Auch wenn es ihnen, wie Hala, gelingt, ein neues Leben aufzubauen, bleiben ihre Erfahrungen bestehen: Das letzte Jahrzehnt hat Nord- und Ostsyrien zu einer traumatisierten Gesellschaft gemacht.

Der lange Weg von Kobanê nach Baghouz

Xelîl Osman lebt in Kobanê in einem kleinen, kahlen Haus im Viertel Kaniye Kurdan. Er serviert Wasser und Tee. Xelîl ist ein älterer Herr mit tiefen Falten im Gesicht, sein *nom de guerre* lautet *Nemir Kobanê*: »Kobanê ist nicht gestorben«. Das passt. Die *Kufiya* um den Kopf und im grünen Anzug wirkt Xelîl auch während des Gesprächs ein bisschen wie ein Milizionär. Seine Tränen kommen dann unerwartet. Während der »Rojava-Revolution« schloss sich der Kurde »aus voller Überzeugung« 2012 der *Asayîş* an und kam ein Jahr später zur YPG. Noch bevor der »Islamische Staat« in Kobanê eindrang, verteidigte er die Stadt gegen al-Nusra. Von Beginn an war der Aufbau in der Stadt durch dschihadistische Gruppen gefährdet, die während des Bürgerkriegs an Einfluss gewannen.

Woher kommen diese Gruppen, zwischen die ideologisch kaum ein Blatt Papier passt? Der Sturz Saddam Husseins bildete die Zäsur. Der mehrheitlich von Schiiten bevölkerte Irak war bis 2003 sunnitisch beherrscht. Nach dem Sturz des Diktators wurden die verschiedenen ethnischen und religiösen Gruppen nicht in den neuen Staat integriert. Die 2005 an die Macht gekommenen Schiiten verboten Saddams Baath-Partei und lösten die Armee auf. Zahlreiche Menschen wurden erwerbslos. Doch sie waren weiter ideologisch gefestigt und hatten ihren Besitz nicht abgegeben: auch nicht ihre Waffen. Dies schuf die Grundlage für die Gewalt, die den Nahen Osten in den nächsten Jahren prägen sollte. Der Irak zerfiel, nachdem Saddam ihn über Jahrzehnte mit eiserner Hand zusammengehalten hatte.

Zahlreiche ehemalige Soldaten und Offiziere aus der Armee sowie Geheimdienstmitarbeiter zogen sich an die irakisch-syrische Grenze zurück oder gingen in den Untergrund. Daraus sollte sich später »al-Qaida im Irak« bzw. der »Islamische Staat im Irak« entwickeln, welche dann als al-Nusra bzw. als »Islamischer Staat« auftraten.

Der Krieg in Syrien öffnete ihnen neue Möglichkeiten. Es war ein Machtvakuum entstanden, das die Dschihadisten füllten. Sie besetzten große Teile des Landes und nannten sich nun »Islamischer Staat in Irak und Syrien«. Nach der Eroberung eines zusammenhängenden Gebiets im Nordwesten Iraks und im Osten Syriens verkündete die Miliz am 29. Juni 2014 die Gründung eines Kalifats.

Xelîl Osman ist ein freundlicher, etwas melancholischer Mann. Als er über seine ersten Kriegserfahrungen spricht, wirkt er jedoch hart. Er erinnert sich, wie er mit einer zwölfköpfigen Gruppe ohne Vorbereitung in den Kampf gegen die Dschihadistengruppe al-Nusra geschickt wurde: »Wir waren fast nur ältere Männer aus dem Viertel. An der Front waren wir immer zehn Tage und durften dann für zwei Tage nach Hause. Während der Kämpfe haben wir oft tagelang nicht geschlafen, wir waren müde«, erzählt er, als wir beim Tee sitzen. »Aber wir haben weitergemacht, auch wenn viele Freunde starben.« Ein alter Ventilator im Haus brummt, während Xelîl erzählt.

Die YPG/YPJ organisierten die Selbstverteidigung. Die Milizen waren aus lokalen Verteidigungskomitees entstanden, die bereits in Rojava aktiv waren. 2012 kehrten zahlreiche ehemalige PKK-Kader nach Syrien zurück und halfen beim Aufbau der YPG, die sich am 19. Juli 2012 offiziell gründete.

Genau ein Jahr später besiegte die Miliz al-Nusra bei Serê Kaniyê und befreite die Stadt. »Dieser Erfolg stärkte ihre Anerkennung und führte zu einem Zustrom an Freiwilligen.« Daran erinnert sich die Politikerin Fayza Abdi noch, die damals nach Kobanê kam. »Die Bevölkerung war willens, ihre politischen Errungenschaften zu verteidigen. Zwischen 2012 und 2014 wurden die Einheiten weiter aufgebaut und gestärkt, alles auf freiwilliger Basis«, gibt Abdi weiter zu Protokoll.

Nach der Befreiung Serê Kaniyês gelang es den YPG/YPJ zusammen mit PKK-Kämpfer*innen im Sommer 2014, den »Islamischen Staat« im nordirakischen Şingal anzugreifen. Der 3. August 2014 war ein schwarzer Tag für fast alle Bewohner*innen dieses Gebiets an der syrischen Grenze, rund 100 Kilometer östlich von al-Hasaka. Die dort lebenden Jesid*innen waren einem Genozid ausgesetzt. Die »IS-Gotteskrieger« brachen an allen Fronten durch und trieben die irakisch-kurdische Peschmerga in die Flucht. Die kurdischen Kräfte kämpften einen Fluchtkorridor nach Syrien frei und rettete damit zehntausende Menschen.

Doch sollte die Geschichte des »Islamischen Staats« in Nord- und Ostsyrien erst beginnen. Dieser eroberte weite Teile Syriens und stand 2014 vor Kobanê. Apo Simo, der uns bereits zu Beginn dieses Buches als Veteran der »Rojava-Revolution« begegnet ist, war damals YPG-Mitglied. Er weiß noch, wie der »Islamische Staat« im September 2014 in einer Blitzoffensive mit rund 10.000 Mann, Panzern und schweren Waffen auf die Stadt vorrückte: »In wenigen Tagen wurden alle Dörfer um Kobanê besetzt. Wir mussten uns zurückziehen.« Simo wurde auf dem Hügel Mishtenur im Südwesten stationiert, von dem sich die gesamte Stadt überblicken lässt. »An einem Morgen griffen uns die Islamisten mit etwa 5.000 Kämpfern von drei Seiten an. Sie haben uns zunächst mit ihren Panzern beschossen, danach kamen die Bodentruppen. Wir mussten uns zurückziehen.«

Dann begann der Häuserkampf. Meter um Meter, Straße um Straße waren erbittert umkämpft. Die Stadt war nahezu komplett verwüstet. In den Trümmern kämpfte damals auch Xelîl. »Wir hatten keine Panzer oder andere schwere Waffen. Doch wir waren bereit, bis zum bitteren Ende Widerstand zu leisten«, sagt er mit Pathos in der Stimme. Dreimal wird er verwundet. »Zunächst habe ich das nicht einmal richtig realisiert. Es war nachts, wir waren umzingelt und auf einmal wurde mir schwarz vor Augen.« Gerade noch so konnte er in Sicherheit gebracht werden. Doch nicht nur er selbst zahlte einen hohen Preis. Einer seiner Söhne fiel bei der Verteidigung, ein weiterer wurde schwer verwundet. Zahlreiche Freiwillige kamen zur Unterstützung, doch das reichte bald nicht mehr aus. Da die Situation so bedrohlich war, wurde in den Autonomiegebieten eine Wehrpflicht für alle Männer zwischen 18 und 30 Jahren eingeführt, die bis heute besteht.[118]

Ebenfalls im Stadtteil Kaniya Kurdan kämpfte auch Simo weiter: »Die Auseinandersetzungen wurden immer heftiger. Die IS-Banden agierten sehr brutal. Sie setzen alles sofort in Brand.« Zahlenmäßig waren die Verteidiger*innen deutlich unterlegen. Eine nahezu ausweglose Situation. Am Markt al-Hal im äußersten Norden der Stadt kamen die letzten Kämpfer*innen zusammen. »Wir bekamen dann die Anweisung, das verbleibende Gebiet mit 125 Männern und Frauen zu verteidigen.« Diese Linie erhielt die Bezeichnung »Ehrenfront«. Ein Zurückweichen war nicht möglich.

500 Meter hinter dem Markt liegt die Grenze zur Türkei, die Nachschub oder humanitäre Unterstützung verweigerte. IS-Kämpfer hingegen durften die Grenze passieren und wurden in türkischen Krankenhäusern behandelt. Zudem unterhielt der »Islamische Staat« Rekrutierungsbüros in Istanbul, Gaziantep und İskenderun.[119] Erst auf internationalen Druck Washingtons erlaubte die Türkei schließlich rund 150 Peschmerga aus dem Nordirak, bei der Verteidigung der Stadt zu helfen.

Währenddessen hielt Simo an der »Ehrenfront« weiteren Angriffen stand. »Wir haben mit allen Kräften gekämpft. 19 Tage hielten wir die Linie unter schwersten Bedingungen.« Danach kam der Wendepunkt und der »Islamische Staat« wurde erstmals zurückgedrängt. Entscheidend dafür war die US-Luftwaffe, die auf Hinweise der

YPG/YPJ zielgerichtet IS-Stellungen bombardierte. Ab diesem Zeitpunkt mussten sich die »Gotteskrieger« zurückziehen. »Sie haben immer weiter Niederlagen einstecken müssen. Genauso schnell, wie sie Kobanê eingenommen haben, wurden sie dann wieder aus der gesamten Region zurückgedrängt«, so Simo.

Zurück blieb eine befreite, aber völlig zerstörte Stadt. Die kurdische Seite zählte rund 800 Gefallene. Apo Simo ist ohnehin schon sehr ernst, nun wird er eisig: »Hunderte Freunde sind in diesem Kampf gefallen. Menschen, die nie zuvor in der Stadt waren, die keinen einzigen Straßenzug kannten, kamen, um Kobanê zu verteidigen, und haben hier ihr Leben gelassen.« Der Gefallenenfriedhof erinnert an sie. Häufig gibt es auf den Grabsteinen weder einen Namen noch ein Foto.

Doch weder für Simo noch für Nord- und Ostsyrien ist der Krieg vorbei. Simo rückte zunächst als Kommandant auf Tall Abyad vor, das am 16. Juni 2015 befreit wurde – ein strategisch wichtiger Sieg. »Damit ist es uns gelungen, erstmals eine direkte Verbindung zwischen den Kantonen Cizîrê und Kobanê herzustellen«, erinnert er sich. Danach ging es über das rund 40 Kilometer südwestlich von Kobanê gelegene Sarrin weiter zum Euphrat. Von dort begann die große Offensive Richtung Manbij. »Ich war dort abermals als Kommandant tätig«, sagt Simo. »Unter großen Verlusten und nach neunmonatigen Kämpfen standen wir schließlich in der Stadt.« Endgültig erobert wurde Manbij am 12. August 2016.

Währenddessen wurde am 10. Oktober 2015 das Militärbündnis SDF gegründet. Die SDF umfassen neben den kurdischen Milizen YPG/YPJ auch die Brigade der Front der Kurden (*Dschabhat al-Akrad*), das turkmenische Bataillon der Sonne des Nordens (*Kataib Schams asch-Schimal*), die sunnitische Armee der Revolutionäre (*Dschaisch ath-Thuwwar*) sowie die sunnitische Miliz des Schammar-Stamms

(*Quwwat as-Sanadid*) und die Rebellenbrigade aus Raqqa (*Liwa Thuwwar al-Raqqa*). Hinzu kommt noch der Assyrische Militärrat MFS. Geleitet von Mazlum Abdi haben die SDF rund 100.000 Männer und Frauen unter Waffen. Auch wenn die YPG/YPJ politisch dominieren, sind die SDF ein überkonfessionelles und multiethnisches Bündnis. Rund 60 Prozent der Kämpfer*innen sind Araber*innen. Die Gründung sollte den Vorwurf entkräften, die militärischen Strukturen Nord- und Ostsyriens seien kurdisch geprägt bzw. direkt von der PKK gesteuert. Die Breite der SDF machte es für die USA und die Internationale Allianz gegen den »Islamischen Staat« deutlich leichter, das Bündnis zu unterstützen. Ab Ende 2015 übernahmen die USA de facto die Rolle als SDF-Luftwaffe.

Im Westen Syriens gab es den Versuch, die kurdischen Enklaven Kobanê und Afrîn zu verbinden. Am 15. Februar 2016 wurde Tall Rifaat erobert. Zeitgleich befreite das Bündnis im Osten fast die gesamte Provinz al-Hasaka. Hier rückten die SDF weiter nach Süden Richtung Deir ez-Zor vor. Gerade dort war eine starke arabische Präsenz innerhalb der Truppe notwendig. Rein kurdische Kräfte wären in den arabischen Gebieten als Besatzer angesehen worden. Besonders stark war der »Islamische Staat« weiterhin um Raqqa, wo die Dschihadisten seit 2013 regierten. Traurige Berühmtheit erlangte der Al-Naim-Platz. Der Kreisverkehr nahe der Innenstadt wurde zum Symbol der IS-Schreckensherrschaft. Dort begingen die »Gotteskrieger« einige ihrer schlimmsten Gräueltaten wie Geißelungen, Kreuzigungen oder Enthauptungen. Auf einen Metallzaun wurden die Köpfe der Getöteten gespießt. Jesidische Frauen wurden dort als Sklavinnen verkauft. Bewohner*innen nannten den Platz »Kreisverkehr der Hölle«. »Wir haben gesehen, wie Köpfe und Hände abgetrennt und Hinrichtungen mit Schwertern durchgeführt wurden«, erzählen die Menschen aus Raqqa heute. »Wir hatten immer Angst, auch nur in die Nähe des Platzes zu gehen.« Fußläufig entfernt liegt das Fußballstadion, dass als Foltergefängnis diente. Ich gehe durch schmale Flure des »Schwarzen Stadions« und sehe graue Wände und schwarze Gitter, die die Zellen abschlossen. Noch immer finden sich eingeritzte Graffiti der Gefangenen an den Wänden. Das Innere des Stadions ist ein trister, ein trauriger Ort. Wenige Meter entfernt ist jedoch neues Leben eingekehrt. Ein Tischtennisverein nutzt aktuell die Räumlichkeiten.

Im Zuge der Offensive auf Raqqa griffen die SDF zunächst die Stadt Tabqa an, um die dortige Talsperre zu sichern. Simo war auch hier an vorderster Front. »Dann begann die Befreiung von Raqqa«, erzählt er weiter. »Allerdings hat ein mit Sprengstoff beladenes Fahrzeug unsere Stellung attackiert. Bei diesem Angriff wurde ich verletzt.« Für Simo war der Krieg vorbei. Die völlig zerstörte Stadt Raqqa fiel nach schweren Kämpfen im Oktober 2017. Nahezu alle 375.000 Einwohner*innen waren geflohen. Durch die Bemühungen der Selbstverwaltung von Raqqa wurden seitdem mehrere Krankenhäuser und Schulen wiedereröffnet, Parks und öffentliche Gebäude wie Moscheen wiederhergestellt, Bildungszentren für Jugendliche eingerichtet sowie der Wiederaufbau und die Instandsetzung von Infrastruktur vorangetrieben. Nun leben schätzungsweise wieder über 300.000 Menschen in Raqqa. Und auch der Al-Naim-Kreisverkehr ist wieder von Cafés und Restaurants umgeben und dient als Treffpunkt. Rund um einen Brunnen stehen nun Säulenbögen. Neben elliptischen Wasserbecken gibt es Bänke. Um sie herum flitzen Kinder, während Männer und Frauen sich unterhalten und Fotos schießen. Nachts machen bunte Laserlichter den Platz zu einer seltenen Attraktion inmitten des tristen Betongewirrs, das die Stadt immer noch ist.

Am 23. März 2019 feierten die SDF und die Anti-IS-Koalition nach vier Kriegsjahren ihren finalen Sieg über den

»Islamischen Staat« bei Baghouz an der irakischen Grenze. Seitdem sind die Dschihadisten zwar militärisch geschlagen, jedoch nicht besiegt. Bis heute setzen sie ihre Angriffe fort. Sie operieren vor allem in der syrischen Wüste und in Homs, wo Assad die Kontrolle hat, sowie in den Gebieten um Raqqa und Deir ez-Zor. Die Neuformierung geschieht verstärkt im Untergrund, in Gefängnissen und vor allem in Lagern, in denen Zehntausende IS-Angehörige ausharren.

Tickende Zeitbomben

Die Selbstverwaltung steht vor der Mammutaufgabe, einen Umgang mit den gefangenen IS-Kämpfern und ihren Familien zu finden. Diese haben sich ja nicht in Luft aufgelöst. Rund 15.000 »Gotteskrieger« sollen in den nordostsyrischen Gefängnissen sitzen, bislang wurde nur ein Drittel vor Gericht gestellt. Bis 2014 gab es vor Ort lediglich zwei Gefängnisse. Schulen und andere öffentliche Bauten mussten notdürftig zu neuen Behelfsgefängnissen umfunktioniert werden. Derzeit gibt es sieben Gefängnisse. In Qamişlo, al-Hasaka, Raqqa und Manbij sitzen verurteile IS-Kämpfer ein. In Kobanê, Dêrik und Manbij sind IS-nahe Zivilist*innen untergebracht. Außerdem gibt es mindestens zwei Dutzend informelle Einrichtungen.

Das größte Gefängnis ist das alte Zentralgefängnis al-Sina'a im Stadtteil Gweiran in al-Hasaka, das die Selbstverwaltung 2016 vom Regime übernommen hatte. Nach der Befreiung Raqqas und dem Fall von Baghouz reichten selbst die Kapazitäten dieser Haftanstalt nicht mehr aus. Als der Bau 2018 renoviert und erweitert wurde, planten die Behörden mit 1.000 Insassen, doch bereits im März 2019 saßen dort etwa 5.000 IS-Kämpfer ein. Nun sollen 11.000 Menschen dort untergebracht sein. 9.000 Iraker und Syrer sowie 2.000 Menschen aus Drittländern.[120]

Ende März 2020 kam es zu einem ersten Aufstand, bei dem Häftlinge einen Gebäudeflügel besetzten. Der »Islamische Staat« hatte bereits früher Gefängnisse angegriffen, um Gefangene zu befreien und neue Mitglieder zu gewinnen. »Es war nur eine Frage der Zeit, bis ein Angriff auf al-Hasaka folgen würde«, resümiert der damalige SDF-Sprecher Kino Gabriel. Er kam dann 2022 und überraschte in seiner Intensität nicht nur Kino. Am Abend des 20. Januar griffen rund 200 IS-Kämpfer das Gefängnis mit schweren Waffen und Autobomben an. Währenddessen begannen die Gefangenen, im Gefängnis Feuer zu legen, Tausende konnten ausbrechen. Es folgte eine einwöchige Schlacht in der ganzen Stadt, die erst durch das Eingreifen von US-Truppen entschieden wurde. Insgesamt starben rund 150 Sicherheitskräfte sowie 346 Aufständische. Rund 5.000 ausgebrochene Kämpfer konnten wieder gefangen genommen werden, 400 von ihnen gelang die Flucht. Der Angriff war ein großer Propagandasieg für den »Islamischen Staat«. Bis heute sind die Folgen dieser größten Aktion seit der militärischen Niederlage deutlich zu erkennen. Die Sicherheitslage ist weiterhin angespannt. »Wir hätten es kommen sehen müssen. Es war ja nicht der erste Angriffsversuch der Dschihadisten«, so drückt es Kino selbstkritisch aus. »Es lag an der schlechten Sicherheitslage in unseren Einrichtungen. Wir müssen dringend neue Gefängnisse bauen.« Dies scheint tatsächlich bitter nötig. IS-Sprecher hatten bereits kurz darauf verkündet, dass der Sturm auf das Al-Sina'a-Gefängnis nur ein Testlauf für ein weiteres Ziel gewesen sei: Das Al-Hol-Camp.

Das Camp in der Nähe von al-Hasaka ist zum Symbol des Lagerwesens in Nord- und Ostsyrien geworden. Zahllose IS-Kämpfer und ihre Familien, deren Identität teilweise noch immer nicht festgestellt werden konnte, sowie internationale IS-Unterstützer*innen leben oft seit Jahren in großen Internierungslagern. Diese wurden nur provisorisch aufgebaut, da niemand von einer Dauerlösung ausging.

Allein im größten Lager al-Hol leben über 50.000 Menschen. Anfang 2023 lebten neben knapp 27.000 Syrer*innen rund 18.000 Iraker*innen. Ein separater »Anbau« beherbergt rund 8.000 ausländische Frauen und Kinder, die mit den Terroristen in Verbindung gebracht werden.[121]

Al-Hol ist eine endlose Zeltlandschaft. Im Sommer ist es heiß, im Winter bitterkalt. Krankheiten breiten sich rasend schnell aus. Nach COVID-19 kam 2022 auch hier die Cholera. Das Camp wird von einem Zaun abgesperrt. Die Ein- und Ausgänge sind bewacht. Offiziell zumindest. Viel wird geschmuggelt: Waren, Waffen, aber auch Menschen. Im Camp gibt es eine eigene IS-Organisation. Gewalt ist an der Tagesordnung. Entführungen, Erpressungen und Morde gehören zum Alltag.[122] Ein weitgehend rechtsfreier Raum, gesteht Abir Khaled, Co-Vorsitzende des Büros für Justiz- und Reformangelegenheiten der Selbstverwaltung. Ihr obliegt die Verwaltung der Gefängnisse und Lager. Für die Selbstverwaltung ist das Camp eine große Verantwortung und Belastung, finanziell und sicherheitspolitisch. Abir betont, dass sie mit der Versorgung der Internierten international weitgehend allein gelassen wird. Es fehlt an Geld, Lebensmitteln, Möglichkeiten zur Resozialisation und Personal. Im Lager selbst sind keine Sicherheitskräfte stationiert, es gibt lediglich Patrouillen. Das Camp ist zur IS-Nachwuchsschmiede geworden, dort entsteht eine neue Kämpfer-Generation. Abir versucht, dem entgegenzuwirken. »Wir wollen, dass die Kinder aus dem Lagersystem rauskommen.« Derzeit gibt es dafür zwei Rehabilitationszentren für Minderjährige. Im Houri-Zentrum in der Nähe von Qamişlo leben rund 140 Kinder von IS-Kämpfern und Jugendliche ab 11 Jahren. In Halat in al-Hasaka sind es rund 50 Kleinkinder. »Kinder können sieben Jahre lang in den Zentren bleiben. Dort erhalten sie eine Ausbildung und psychologische Unterstützung. Wir bringen ihnen Lesen und Schreiben bei und sprechen über ethische Grundsätze«, erzählt Abir. Zwei Zentren für zehntausende Kinder. Die Rechnung geht nicht auf. Daher fordern Politiker*innen der Selbstverwaltung die jeweiligen Staaten immer wieder auf, ihre Staatsbürger*innen aus den Camps zurückzunehmen und vor Gericht zu stellen. Deutschland hat zuletzt 26 Frauen und 77 Kinder repatriiert, womit laut Außenministerin Annalena Baerbock »fast alle bekannten Fälle« abgeschlossen sind. Doch was nach getaner Arbeit klingt, verschleiert die Tatsachen: Baerbocks Aussage bezieht sich nur auf Frauen, die freiwillig zurück wollten. Deutsche Männer spielen in der Rechnung keine Rolle. Ohne langfristige Perspektive und Unterstützung bleibt al-Hol ein Pulverfass. Abdulkarim Omar warnt seit langem vor der zugespitzten Lage vor Ort. Der kleine Mann mit den Grübchen am Kinn, stets in Anzug und Krawatte gekleidet, war jahrelang Außenbeauftragter der Selbstverwaltung. Nun vertritt er sie als oberster Diplomat in Europa. »Wir müssen weiter gegen den ›Islamischen Staat‹ kämpfen«, warnt er. »Dafür brauchen wir aber Stabilität vor Ort und Unterstützung von außen.« Insbesondere die Türkei gefährde derzeit die Region, meint Abdulkarim. Der Diplomat schätzt sachliche und ruhige Debatten, doch bei dieser Thematik wird er emotional: »Die Türkei droht mit einem Einmarsch. Wenn das passiert, können wir das Camp nicht weiter bewachen.« Damit wäre al-Hol eine unmittelbare Bedrohung – auch für den Rest der Welt. »Zehntausende islamistische Terroristen werden fliehen – nach Europa«, so Abdulkarims Ausblick.

Ein widersprüchlicher Gegner

Die Feindschaft der Selbstverwaltung zum »Islamischen Staat« ist eindeutig, doch gibt es vor Ort noch einen weiteren Akteur: das Regime in Damaskus. Mit ihm hat sich eine seltsame Koexistenz entwickelt, die nirgends deutlicher wird als auf der Straße Al Mahdee Ibn Barakeh in Qamişlo, die zum zentralen Stadion führt. An ihrem Anfang liegt das Mihemed-Şêxo-Kulturzentrum, in dem regelmäßig Kinovorführungen und Events der kurdischen Freiheitsbewegung stattfinden. Auch die Revolutionäre Kurdische Jugend hält hier ihre Versammlungen ab – und trifft sich danach im gegenüberliegenden Avesta-Park. Direkt angrenzend an diesen »Hotspot« der Revolution befindet sich ein Schwimmbad. Im Sommer ist es dort laut und eng. Die badenden Jugendlichen interessieren sich weniger für Politik. Sie gehören eher der Oberschicht der Stadt an. 5.000 Pfund kostet der Eintritt ins Bad; das können sich nicht alle leisten. Am Ende der Straße steht eine Großbäckerei, die im Auftrag des Regimes arbeitet. Jeden Morgen stehen hier in langen Schlangen Menschen, um an ihre Brotfladen zu kommen. Auch wenn es dem Regime, wie oben erläutert, immer wieder gelingt, die Subventionen der Selbstverwaltung zu überbieten und das Brot hier somit einfach preiswert ist, ist es durchaus auch ein politisches Statement, zu dieser Bäckerei zu gehen. Auf den rund 200 Metern der Al Mahdee Ibn Barakeh treffen täglich Revolutionsbefürworter*innen auf Gleichgültige und Regimetreue. Spannungen sind vorprogrammiert.

Ab 2012 kam es insbesondere in Qamişlo und al-Hasaka immer wieder zu Auseinandersetzungen zwischen der syrischen Armee und der YPG/YPJ. In den Großstädten hält das Regime weiterhin Gebiete besetzt. Andererseits kam es im Kampf gegen Dschihadisten gelegentlich auch zu gemeinsamen Aktionen, wie 2016 in al-Hasaka und 2018 bei

Deir ez-Zor.[123] Trotzdem gibt es zwischen der Selbstverwaltung und dem Regime weder eine gemeinsame Vision für Syrien noch eine ideologische Annäherung. Dies zeigt sich insbesondere in den »geteilten Städten« Aleppo, al-Hasaka und Qamişlo.

Denn die Selbstverwaltung kontrolliert – was häufig vergessen wird – auch Gebiete in Aleppo. Die beiden Stadtteile Şêx Meqsûd und Eşrefiyê wurden in den 1970er Jahren als informelle Siedlungen kurdischer Migrant*innen aus Afrîn errichtet. Laut dem Co-Vorsitzenden der Stadtteile Mohammed Shekho sind heute rund 75 Prozent der dort lebenden Menschen Kurd*innen. 2012 erklärten sie sich für unabhängig. Fayza Abdi war maßgeblich daran beteiligt. Die Politikerin erinnert sich gerne an den Sommer 2012: »Die Menschen begannen, sich selbst in Räten zu organisieren. Wir merkten, wie die Furcht von ihnen wich«, sagt Fayza strahlend. »Überall fanden Feierlichkeiten statt. Dann kam es zu Wahlen für einen Stadtteilrat. Das war eine völlig neue Atmosphäre. Zum ersten Mal gab es in Şêx Meqsûd Räte. Zum ersten Mal verwalteten sich die Menschen selbst.«

Doch von Anfang an mussten die Viertel ihre Demokratie mit Waffengewalt verteidigen. Strategisch günstig auf einem Plateau mit Blick auf Aleppo gelegen, wurden sie bis Februar 2013 schwer von der syrischen Armee beschossen, wobei Dutzende Zivilist*innen starben.[124] »Şêx Meqsûd war umzingelt und wir mussten erleben, was es bedeutet, vollkommen abgeriegelt zu sein«, erinnert sich Fayza. Es fehlte an allem: Nahrungsmitteln, Strom, Treibstoff.

2015 verschärften sich zudem die Spannungen zwischen der Selbstverwaltung und FSA-Gruppen im Osten der Stadt. »Dann hat die YPG einen Aufruf an die Bevölkerung gerichtet. Jeder sollte private Waffen oder Munition an die YPG spenden. Das geschah massenhaft. Das war ein historischer Moment«, fasst Fayza den Kampfgeist der Bevölkerung zusammen. Auch eine weitere Anekdote erzählt sie gern: »Die YPG baute eigene Checkpoints auf. Regelmäßig besuchten die Bewohner diese Punkte und brachten Wasser, Obst und Essen vorbei.« 2016, Fayza war mittlerweile in Kobanê, eskalierte die Gewalt erneut. Mindestens 83 Zivilist∗innen, darunter 30 Kinder, starben bei Angriffen der FSA, bei denen Chlorgas eingesetzt wurde, 700 weitere wurden verletzt.[125]

Bis heute belegt Damaskus Şêx Meqsûd und Eşrefiyê mit einem Embargo und greift die Stadtteile regelmäßig an. Das Regime hat sie als Schwachstelle der Selbstverwaltung ausgemacht. Allein 2022 wurden die Viertel dreimal vollständig abgeriegelt.[126]

Auch al-Hasaka ist seit 2012 umkämpft. Sowohl YPG/YPJ als auch die syrische Armee haben dort weiterhin Checkpoints. 2015 war der »Islamische Staat« in die arabisch dominierte Stadt vorgedrungen. Bei einer Offensive nahmen die YPG/YPJ Stadtviertel und umliegende Dörfer ein, die zuvor vom Regime gehalten wurden. Damaskus versuchte daraufhin den Gegenschlag. Ein Angriff auf kurdische Stellungen weitete sich im August 2016 zu einer stadtweiten Schlacht aus. Zum ersten Mal flog die syrische Armee Luftangriffe gegen kurdische Kräfte, bei denen über zwei Dutzend Zivilist∗innen starben.[127] Nach zweiwöchigen Kämpfen kam es zu einem Waffenstillstand. Die Regimetruppen mussten die Stadt verlassen. Dennoch halten sie bis heute einige Punkte in al-Hasaka sowie den Militärstützpunkt auf dem Berg Kawkab im Osten der Stadt.

Noch deutlicher wird die Doppelherrschaft in Qamişlo. Dort kann bereits die andere Straßenseite eine andere Welt bedeuten. Betonblöcke, Schranken und Panzersperren trennen ganze Straßenzüge voneinander ab. Während der überwiegende Teil der Großstadt selbstverwaltet wird, hält das Regime noch einige Inseln: den Flughafen, die Großbäckerei, das nationale Krankenhaus sowie den Grenzübergang zur Türkei. Darüber hinaus kontrolliert Damaskus ein fast 100 Quadratkilometer großes Gebiet südlich der Stadt. Das Stadtzentrum ist zerschnitten. Ganze Wohnblocks bekunden weiterhin ihre Loyalität zum Regime. An Fenstern und Balkonen hängen syrische Flaggen. Neben überlebensgroßen Bildern Assads hat sogar jemand eine Pappfigur des syrischen Diktators über einer Straße aufgehängt. Soldaten der syrischen Armee bewachen die Gegend. Meist wirken sie aber eher gelangweilt.

Seit 2012 kam es in der Stadt nahezu jährlich zu Auseinandersetzungen zwischen den Kräften der Selbstverwaltung und des Regimes, meist an Checkpoints. Bei einem solchen Scharmützel starben im April 2016 etwa zehn Mitglieder der YPG/YPJ, 17 Zivilist∗innen und 22 Regimesoldaten.[128] Die Menschen in Qamişlo bezeichnen diese Situation als »weder Krieg noch Frieden«. Schwere Kämpfe flammten auch im April 2021 auf. Bis dahin hielt das Regime zahlreiche Verwaltungsgebäude im Zentrum der Stadt wie das Postamt sowie den großen arabischen Stadtteil al-Tayy im Süden der Stadt. Als es von dort aus zu Angriffen auf *Asayîş*-Kräfte kam, drangen die Streitkräfte der Selbstverwaltung in den Stadtteil ein. Im Zuge dessen wurden auch die Verwaltungsgebäude und mehrere Straßen im Stadtzentrum für die Bevölkerung freigegeben, die zuvor jahrelang von der syrischen Armee gesperrt worden waren.

David gegen Goliath

Die stärkste Bedrohung für Nord- und Ostsyrien geht vom mächtigen Nachbarn im Norden aus: der Türkei. Für Ankara ist das Feindbild klar: Die Selbstverwaltung sei lediglich ein Ableger der PKK und stelle daher eine direkte Bedrohung dar. Doch unterstützt die Türkei seit Jahren ebenso die Opposition gegen das Assad-Regime. Wie kam es dazu?

Die Türkei galt inmitten der Umbrüche im Nahen Osten lange als Ort der Stabilität. Die seit 2002 regierende AKP (*Adalet ve Kalkınma Partisi*; Partei für Gerechtigkeit und Aufschwung) gab sich moderat islamisch und liberaldemokratisch. Durch Sparmaßnahmen gelang es ihr, die Wirtschaft zu konsolidieren. Das Land verzeichnete Wachstumsraten von bis zu zehn Prozent. Der Wohlstand stieg – ebenso die Popularität des Präsidenten Recep Tayyip Erdoğan.

Dessen Regierungsstil nahm immer autoritärere Züge an. Ein rigider Nationalismus und ein Machtstreben innerhalb der sunnitischen Welt traten an die Stelle von Demokratie und Freiheit. Die AKP baute Staat, Verwaltung und Gesellschaft zunehmend um. Die Partei selbst wurde zu einer eigenen Kaste mit Privilegien und Einfluss.

Nach innen regiert Erdoğan das Land mit harter Hand. Verhaftungs- und Repressionswellen treffen die gesamte türkische Opposition. Der Ausnahmezustand nach dem gescheiterten Militärputsch vom 15. Juni 2016 erlaubte es der Regierung zudem, per Dekret umfassende »Säuberungen« vorzunehmen. Es kam zum Verbot oppositioneller Rundfunkmedien, Zeitungen und Einrichtungen. Selahattin Demirtaş und Figen Yüksekdağ, die Co-Vorsitzenden der HDP, sowie zehn weitere Abgeordnete der Partei wurden wegen »Unterstützung des Terrorismus« festgenommen.

Nach außen versucht das Land Stärke zu zeigen. Der Rüstungssektor wird staatlich forciert ausgebaut. Mit Erfolg: Die Türkei verfügt über die zweitgrößte Armee der NATO. Zusätzlich hat sich Erdoğan ein privates militärisches und paramilitärisches System aufgebaut, zu dem zahlreiche dschihadistische Gruppen gehören.

Eine solche Großmachtpolitik kostet Geld. Geld, das der Türkei aktuell ausgeht. Dies zeigt sich in einer galoppierenden Inflation von bis zu 85 Prozent im Oktober 2022 und immer noch hohen 51 Prozent für 2023 sowie steigenden Lebenshaltungskosten. Hinzu kommt eine Erwerbslosenquote von rund 10 Prozent. Erdoğan hat die Türkei in seiner Amtszeit politisch und ökonomisch gegen die Wand gefahren – und das Land gespalten wie kaum einer zuvor. Seit Jahren ist die Türkei zudem Kriegspartei in Syrien. Ankara und die Golfstaaten unterstützen dschihadistische Gruppen im Kampf gegen Assad. Dabei halfen Kontakte zur alten Generalität der Armee Saddam Husseins, die in der Zwischenzeit im »Islamischen Staat« aktiv war.

Gleichwohl liegt der türkische Fokus in Syrien auf der Selbstverwaltung, die sie in den letzten Jahren immer wieder völkerrechtswidrig angegriffen hat. Eine rechtliche Einschätzung, die unter anderem auch der Wissenschaftliche Dienst des Bundestags und das Europäische Zentrum für Verfassungs- und Menschenrechte teilt.[129] Der erste Einmarsch erfolgte 2016 in Dscharabulus nördlich von Aleppo. Unter dem Vorwand, den »Islamischen Staat« zu bekämpfen, gelang es der Türkei zu verhindern, dass die Selbstverwaltung ihre Kantone Afrîn und Kobanê miteinander verbinden konnte. Diese Operation markierte den Beginn einer selbstbewussten und interventionistischen Außenpolitik Ankaras.

Am 19. Januar 2018 begann der Einmarsch in die kurdische Region Afrîn. Die »Operation Olivenzweig« begann mit den schwersten Luftschlägen, die je von der Türkei geflogen wurden.[130] Seitdem halten türkische Truppen den westlichsten Kanton Rojavas besetzt, ohne dass ein Drittland Einspruch erhoben hätte. Rund 200.000 Bewohner∗innen der Region konnten fliehen.

Am 9. Oktober 2019 folgte die dritte Invasion. Unter dem Codenamen »Friedensfrühling« besetzten ehemalige IS-Kämpfer und andere Dschihadisten auf Befehl der Türkei ein Gebiet von 120 Kilometer Länge und 30 Kilometer Tiefe zwischen den Städten Tall Abyad und Serê Kaniyê. Die Invasion folgte auf den überraschenden Befehl des damaligen US-Präsidenten Donald Trump, die rund 2.000

US-Truppen vor Ort abzuziehen. »Die USA hat der Türkei den Angriff erlaubt«, ist sich Emina sicher, die ihren vollen Namen nicht nennen will. Sie stammt aus Tall Abyad und musste nach der Invasion nach Kobanê fliehen. Sie findet deutliche Worte: »Die USA sind nur hier, um das Erdöl und ihre Profite zu schützen. Wir haben ihnen vertraut, und sie haben uns im Stich gelassen. Das Blut unserer Kinder klebt an ihren Händen.« Bis heute sehen viele Kurd*innen im US-Rückzug eine besonders infame Form des Verrats, da der Sieg über den »Islamischen Staat« zu großen Teilen den YPG/YPJ zu verdanken war. In Tall Abyad und Serê Kaniyê leisteten sie zusammen mit arabischen Milizen zunächst heftigen Widerstand gegen Ankaras Invasion. Doch sie waren machtlos gegen die türkischen Luftangriffe, die zielgerichtet auch ziviler Infrastruktur galten.

Die Türkei rechtfertigte diesen Einmarsch mit Artikel 51 der UN-Charta. Dieser regelt das Recht auf staatliche Selbstverteidigung bei einem bewaffneten Angriff. Die Selbstverwaltung stelle für die Türkei eine »direkte und unmittelbare Bedrohung« dar, so Ankara in einer Reihe von Schreiben an die UN. Da es jenseits von Grenzscharmützeln nie zu einem Angriff auf die Türkei aus Nord- und Ostsyrien kam, lässt sich jedoch kein Selbstverteidigungsrecht ableiten – die Angriffe sind, wie bereits betont, völkerrechtswidrig.

300.000 Menschen, darunter mehr als 70.000 Kinder, wurden 2019 vertrieben. Die Geflüchteten kamen in eilig errichtete Lager in Nord- und Ostsyrien und in den Nordirak. Estêra Rashid ist Direktorin des Waşokanî-Lagers in der Nähe von al-Hasaka. »Das Lager wurde im Eiltempo errichtet und im Oktober 2019 eröffnet. Rund 70 Prozent der Menschen stammen aus Serê Kaniyê«, erklärt sie. Gegenwärtig leben im Lager immer noch knapp 12.000 Menschen in 1.600 Zelten. Ihre Versorgung mit Nahrungsmitteln, Trinkwasser und Medikamenten ist weiterhin prekär.

120 Menschen müssen sich eine Dusche teilen, auf eine Toilette kommen 50 Menschen. »Wir waren von Beginn an überbelegt und mussten dann auch die Aufnahme stoppen«, fährt Estêra fort. Internationale Unterstützung blieb weitgehend aus. Viele Vertriebene lebten daher zusammengepfercht bei Freunden oder Verwandten, in Wohncontainern oder mussten sogar im Freien, in Gärten und auf der Straße ausharren. »Wir haben rund 3.500 Menschen in 85 Schulen einquartiert, in denen dann der Unterricht ausfiel«, berichtet Estêra weiter von den katastrophalen Bedingungen. Eine der Geflüchteten ist Medya Hesen Xiso. Sie floh aus Serê Kaniyê und lebte danach mit ihrem Mann und drei Kindern in einer Schule in al-Hasaka. Dort teilten sie sich mit 38 anderen Familien sieben Waschgelegenheiten. »Wir sind nur eine Stunde von Serê Kaniyê entfernt, aber wir können nicht zurück«, berichtete sie direkt nach ihrer Flucht dem *Rojava Information Center*. »Es fehlt an Lebensmitteln, Säuglingsnahrung und sauberen Klamotten für die Kinder.« Dringend benötigtes Wasser musste die Familie mühsam in den dritten Stock der Schule tragen – dort befand sich ihr Zimmer. Fließendes Wasser gab es nicht. »Ein Wasserhahn hier oben wäre eine große Erleichterung. So müssen wir es mehrmals am Tag hochschleppen«, ergänzt Medya. Wie viele halten das auf Dauer durch?

Während zahlreiche Menschen aus Serê Kaniyê in al-Hasaka unterkamen, trieb es viele aus Tall Abyad nach Kobanê. So auch Emina, die eben bereits die USA kritisierte. »Unser Dorf wurde mit Raketen angegriffen und dem Erdboden gleichgemacht«, erzählt sie. »Hals über Kopf mussten wir fliehen und konnten nichts mitnehmen.« Danach plünderten und zerstörten Dschihadisten ihr Haus.

In den besetzten Gebieten haben Menschenrechtsorganisationen Tausende Fälle von unrechtmäßigen Verhaftungen, Entführungen, Geiselnahmen, Folter, Mord und Vergewaltigungen registriert.[131]

Türkische Soldaten und verbündete Söldner begehen dort ungestraft Kriegsverbrechen. Sie plündern systematisch privates und öffentliches Land und Eigentum, zerstören Infrastruktur, nutzen zivile Häuser für militärische Zwecke, verweigern Kriegsgefangenen Wasser oder Nahrung und vertreiben Zivilist*innen. Besonders dramatisch ist die Lage für Frauen und Mädchen, die sexueller Gewalt ausgesetzt sind. Zudem wurden religiöse und archäologische Stätten, die von der UNESCO geschützt sind, geplündert oder zerstört. »Die türkische Militäroffensive hat das Leben der syrischen Zivilbevölkerung zerstört, die gezwungen war, aus ihren Häusern zu fliehen, und in ständiger Angst vor wahllosen Bombardements, Entführungen und Tötungen lebt«, fasste etwa Kumi Naidoo, der ehemalige Generalsekretär von *Amnesty International*, die Lage zusammen.[132]

Neben der Schwächung der Selbstverwaltung soll die dauerhafte Besatzung Nordsyriens – die größte türkische Präsenz in einem arabischen Staat seit dem Ende des Osmanischen Reichs – auch den türkischen Einfluss ausweiten. Straßen und Plätze bekommen türkische Namen. Auf öffentlichen Gebäuden weht die türkische Fahne. Die besetzten Gebiete werden direkt von türkischen Gouverneuren verwaltet. An Schulen wird nach dem türkischen Lehrplan unterrichtet, Lampen werden mit Strom aus der Türkei betrieben und vor Ort ist die türkische Lira im Umlauf. All dies deutet auf eine De-facto-Annexion hin.

Ankara möchte zudem syrische Geflüchtete aus der Türkei nach Nordsyrien zurückführen. 3,5 Millionen leben in der Türkei, mehrheitlich sunnitische Araber*innen. Bereits jetzt werden in Afrîn, Tall Abyad und Serê Kaniyê Häuser dschihadistischen Söldnern und deren Familien zugeteilt. Dieses Umsiedlungsprojekt verändert die Demografie der Region: Kurd*innen werden vertrieben, Araber*innen angesiedelt. In jesidischen und alevitischen Dörfern werden sunnitische Moscheen gebaut und muslimische Feste gefeiert. Ganze Dörfer wurden für neue Siedlungen zerstört. Beobachter*innen bezeichnen dieses Vorgehen immer wieder als »ethnische Säuberung«.[133] So auch Mohammed Suleiman, der 2018 aus Afrîn vertrieben wurde und seitdem in einem Lager lebt: »Wir alle wollen zurück«, sagt er traurig. »Wir haben ein Recht, in unsere Häuser zurückzugehen, aber Erdoğan plant dort einen demografischen Wandel.«

Umgesetzt wird diese Politik vor Ort von Kämpfern dschihadistischer Rebellengruppen sowie der Syrischen Nationalen Armee (SNA). Diese »Armee« gliedert sich zwar wie ein konventionelles Heer in Divisionen und Brigaden, doch besteht kein einheitliches Kommando.[134] Viele SNA-Milizen unterstützen offen eine dschihadistische Agenda, unter ihnen finden sich auch ehemalige IS-Kämpfer. Sie kontrollieren nun die besetzten Gebiete und kämpfen dort auch häufig gegeneinander um die lokale Vorherrschaft. Bei teils tödlichen Zusammenstößen ist immer wieder auch die Zivilbevölkerung betroffen. Die Verantwortung dafür trage jedoch Ankara, sagt auch Kumi Naidoo: »Bislang hat die Türkei diesen bewaffneten Gruppen freie Hand gelassen, um vor Ort schwere Gewalttaten zu begehen. Die Türkei kann sich nicht der Verantwortung entziehen, indem sie Kriegsverbrechen an bewaffnete Gruppen auslagert.«[135]

Die internationale Gemeinschaft schweigt größtenteils. Internationale Hilfsorganisationen haben sich wegen der Gefahrenlage weitgehend zurückgezogen. Erdoğan hat nicht mit Konsequenzen für sein Vorgehen in Syrien zu rechnen. Kritik aus Europa kann Ankara mit mehr oder weniger dezenten Hinweisen auf den »Flüchtlingsdeal« parieren.

Betrachtungen in Echtzeit

Die Geschichte Syriens spielt sich in Echtzeit ab und schreibt sich jeden Tag fort. Auch dieses Buch ist in diesem Handgemenge entstanden und kann keine Tagesaktualität beanspruchen. Während ich in Berlin daran arbeite, gehen die Artillerie- und Drohnenangriffe auf Nord- und Ostsyrien unvermittelt weiter. Im Juni 2022 hatte Erdoğan angekündigt, dass eine »neue Phase« des Kriegs bevorstehe. Ankaras Ziel ist die Errichtung einer 30 Kilometer tiefen »Sicherheitszone« auf syrischem Gebiet. »Wir werden Tall Rifaat und Manbij von Terroristen befreien«, sagte Erdoğan, »und wir werden das Gleiche Schritt für Schritt in anderen Regionen tun.« Im November 2022 folgte die Operation »Klauenschwert«, bei der es über Wochen zu flächendeckenden Luftangriffen kam. Am 6. Februar 2023 erschütterte zudem ein schreckliches Erdbeben das syrisch-türkische Grenzgebiet, bei dem rund 55.000 Menschen ihr Leben verloren haben und knapp 2,5 Millionen Menschen fliehen mussten.

Bereits am 6. Juli 2022 rief die Selbstverwaltung den Ausnahmezustand aus. »Alle Kommunen, Räte und Institutionen der Selbstverwaltung sind aufgefordert, Notfallpläne zu erstellen, um den aktuellen Herausforderungen und Bedrohungen zu begegnen«, heißt es im Beschluss, der bis heute gültig ist. Zunächst wurde das gesellschaftliche Leben massiv eingeschränkt. Es kam zu Ausgangsbeschränkungen und Sperrstunden. Nidal Hamid wurde dadurch erwerbslos. Mit seiner Adidas-Kappe und seinem grau melierten Henri-Quatre-Bart sieht er aus wie ein Sportlehrer. Das passt, ist er doch Co-Vorsitzender des Jugend- und Sportkomitees der Region Cizîrê. Er empfängt mich in einem großen Bürokomplex. Wie immer werden Tee, Süßigkeiten und Zigaretten angeboten – auch beim Komitee für Sport. Er erzählt, dass er aktuell nichts tun könne. »Wegen des Ausnahmezustands sind alle sportlichen Aktivitäten, Ligen und Meisterschaften eingestellt.« Sportveranstaltungen wurden ausgesetzt oder fanden nur unter erhöhten Sicherheitsvorkehrungen statt. Haushaltsmittel, die für Nidal bestimmt waren, flossen in die Selbstverteidigung. Davon wurden unter anderem Kurse bezahlt, in denen die Bevölkerung grundlegenden Waffenunterricht erhielt. Ebenso bot die Gesundheitsverwaltung Erste-Hilfe-Kurse an. Die Bevölkerung baute zudem Verteidigungsanlagen in Dörfern.

Auch in den Städten lief die Vorbereitung. Sultana Khushu von der Stiftung der freien Frau in Syrien (WJAS) sieht die Grenze zur Türkei täglich von ihrem Bürofenster aus. Der Ausnahmezustand hat auch ihre Arbeit deutlich verändert: »Wir haben Keller mit Medikamenten, Lebensmitteln und anderen logistischen Dingen vorbereitet«, offenbart Sultana. »Auch stehen Autos mit Medikamenten und medizinischem Material bereit, die schnell eingesetzt werden können.« Diese Vorbereitungen zehren nicht nur an den Nerven, sie behindern auch die eigentliche Arbeit der Stiftung. »Wir arbeiten gerade viel langsamer und nicht sonderlich gut«, sagt sie. »Wir können derzeit nicht mehr mit unserer mobilen Klinik aufs Land fahren und auch die Versorgung der grenznahen Gebiete ist sehr eingeschränkt.«

In der besonders bedrohten Stadt Manbij habe die Stadtverwaltung »auf allen Ebenen« den Ausnahmezustand umgesetzt, berichtet Muhammad Khair Sheikho. Er spricht klar und sehr ernsthaft. Er ist Co-Vorsitzender des örtlichen Exekutivrats: »Wir haben eine Lebensmittelversorgung eingerichtet sowie Einsatzteams zur Brandbekämpfung speziell für Krankenhäuser und Kliniken.« Ebenso sei eine Notversorgung mit Wasser und Strom sichergestellt, so Muhammad weiter. »Wir sind für den Notfall bestens vorbereitet. Wir hoffen aber, dass es keine Invasion gibt.«

Da Hoffnung nicht ausreicht und der Selbstverwaltung höchstwahrscheinlich dunkle Tage bevorstehen, bereitet sich auch das Militär auf einen möglichen Angriff der Türkei vor. »Wir werden keinen Schritt zurückweichen«, sagt Nesrin Abdullah selbstbewusst. »Wir sind kriegserfahren und werden unsere Bevölkerung verteidigen.« Nesrin ist Kommandantin, YPJ-Sprecherin und eines der bekanntesten Gesichter der Miliz. Das YPJ-Gründungsmitglied gehörte 2015 zu einer Delegation, die in Paris den damaligen französischen Präsidenten François Hollande traf. 2017 war sie maßgeblich an der Befreiung Raqqas beteiligt. »So wie die YPJ im Kampf gegen den ›Islamischen Staat‹ und bei der Gründung der Selbstverwaltung von Beginn an beteiligt war, sind wir weiterhin entschlossen, eine Bewegung zum Schutz unserer Heimat anzuführen.« Keinen Schritt zurückweichen will auch Heval Bager. »Für uns ist klar, dass der Angriff der Türkei bevorsteht«, teilt der Deutsche, Ende 20, mit. Bager ist Kommandant der YPG-International und befehligt eine Truppe von freiwilligen Kämpfern aus aller Welt. Der großgewachsene Mann heißt natürlich anders. Es ist verständlich, wenn er wortkarg wird, wenn es um biografische Details geht. Nachfragen wären ohnehin zwecklos. Menschen, die sich für so eine riskante Sache wie den Krieg in Syrien entschieden haben, wandeln auf einem schmalen Grat und müssen bei jedem Schritt vorsichtig sein – denn überall lauert der Abgrund. Bager ist sich bewusst, mit welchem Gegner er es zu tun hat: »Wir müssen uns gegen eine NATO-Armee verteidigen. Das ist etwas anderes als der Kampf gegen den ›Islamischen Staat‹«, bekennt der Kommandant. »Dafür führen wir gerade intensive militärische Trainings durch«, berichtet er und fügt hinzu: »Wir werden das demokratische Projekt hier mit all unseren Kräften an der Front verteidigen. Dafür sind wir hergekommen.« Doch was können einige Internationalist∗innen mit Kalaschnikows gegen die Türkei ausrichten?

Alle sind freiwillig hier und wollen ihren Beitrag leisten. »Wir sind ja keine Soldaten, sondern Revolutionäre«, schließt Bager.

So verständlich der Ausnahmezustand sein mag, festigt er doch die zentrale Bedeutung einer Kriegsökonomie, die nicht von den regionalen Kommunen und Räten, sondern zentral verwaltet wird.[136] Das Militär unterliegt kaum demokratischer Kontrolle. Vielmehr ist die Macht hier sehr stark zentralisiert.[137] Hinzu kommt die Wehrpflicht. Beides zusammen führt zu dem Dilemma, dass die Selbstverwaltung in diesem Sinne beginnt, einem Staat zu ähneln und das Gewaltmonopol in der Region zu besitzen. Dadurch besteht die Gefahr einer fortschreitenden Militarisierung und Verstaatlichung der ›revolutionären Gesellschaft‹ Nord- und Ostsyriens.

Äußeres und inneres Elend

Der Krieg macht etwas mit den Menschen. Das merkt man ihnen an. Insbesondere in Kobanê warnen meine kurdischen Begleiter*innen immer wieder, nicht allzu lange unter offenem Himmel stehen zu bleiben, keine Fotos zu machen und eher in der Dämmerung das Haus zu verlassen. So sieht der Alltag aus. »Drohnen«, höre ich als Begründung und gehorche widerwillig.

Drohnen stellen für die gesamte Bevölkerung Nord- und Ostsyriens eine dauerhafte Gefahr dar. Sie machen keinen Unterschied zwischen Zivilist*innen und Militär. Der Tod lauert auf offener Straße und ohne direkten Täter. Es gibt kaum Möglichkeiten, sich zu schützen oder in Sicherheit zu bringen. Die Angriffe erfolgen unangekündigt und willkürlich. Während Militärs oder Politiker*innen gezielt exekutiert werden, sterben auch immer wieder Zivilist*innen. Sie sind keinesfalls Kollateralschäden, sondern Teil der türkischen Strategie. Je größer die Unsicherheit, desto größer der Keil zwischen Bevölkerung und Politiker∗innen, desto besser für die Türkei. Für die Bevölkerung stellen die Angriffe eine enorme psychische Belastung dar.

Mit meinen eigenen Erfahrungen schwindet auch meine emotionale Distanz. Es fühlt sich jetzt anders an, wenn ich Explosionen höre oder von Drohnen zerstörte Autos sehe. Kann man sich daran gewöhnen? Wie viele Beerdigungen von Kämpfer∗innen braucht es pro Woche, bis man abstumpft? Beerdigungen, bei denen zahlreiche Trauergäste mehr trotzig als siegesgewiss ihre Finger als V zum Gruß erheben und bei denen die Frauen ihrer Trauer in den unverwechselbaren hohen und schnellen Tönen Ausdruck verleihen, die als *Zaghruta* bekannt sind. Oder wird man mit der Zeit selbst noch wütender und reckt, vielleicht ohne nachzudenken, selbst seine Finger in die Höhe und will Vergeltung? Wie lang hält man es aus, wenn in einer Straße wieder eines jener großen portablen und omnipräsenten Plastikzelte aufgebaut wird, in deren Schatten Trauerfeiern für einen Ermordeten stattfinden, bei denen die Nachbarschaft in schnellem Kommen und Gehen bei Tee, Kaffee und Wasser zusammenkommt und sich darüber Gewissheit verschafft, dass man gegen alle äußeren Bedrohungen nun noch mehr zusammenstehen werde?

Şemsê Mihemed hat ihr gesamtes Leben in Kobanê verbracht. Trotzdem (oder vielmehr deswegen) hat die Frau mit dem grünen Blumenkleid und dem hellbraunen Kopftuch viel erlebt. Eine kleine, ruhige Frau. Doch als wir auf die türkische Bedrohung zu sprechen kommen, ist ihre Wut deutlich spürbar. »Wenn du hier durch den Stadtteil spazierst, begegnest du keinem einzigen Kämpfer. Hier sind nur Zivilisten«, ruft Şemsê. Schweißtropfen bilden sich über ihrer Oberlippe. »Erdoğan bombardiert uns trotzdem. Er hat unseren Friedhof angegriffen und ermordet unsere Kinder.« Sie wird noch lauter und bestimmter. Eigentlich bin ich für ein Interview mit ihrem Mann, Xelîl Osman, in ihrem Haus, doch das muss sie noch loswerden: »Egal wie viele Bomben Erdoğan auf uns wirft, wir haben keine Angst mehr, wir bleiben hier.«

Zweifellos teilen nicht alle Menschen in Nord- und Ostsyrien eine solch resolute Sicht. Angst, Sorge und Ungewissheit bestimmen das Leben vor Ort. Davon berichtet Şermin, die in der Stadtverwaltung von Dêrik arbeitet. Viel will sie nicht über sich erzählen. Sie lässt sich nicht fotografieren und auch ihren richtigen Namen möchte sie nicht geschrieben sehen. Doch über die aktuelle Situation gibt sie freimütig Auskunft: »Wir in Syrien sind müde. Seit Jahrzehnten gibt es durchgängig Krieg. Wir wollen in Frieden und Ruhe leben.« Şermin hat lange, glatte Haare, ein bisschen Make-up, eine elegante Erscheinung. Auf die Frage, ob sie an Verbesserungen glaubt, schüttelt sie den Kopf: »Es ist Krieg und Syrien ist komplett zerfallen. Die Türkei greift uns täglich an. Wir haben manchmal keinen Strom und dann kann ich nicht für meine Kinder kochen. Klar, es ist besser als im Rest Syriens, aber es fehlt uns an allem. Ich wünsche mir für meine Kinder doch nur ein ruhiges Leben in Frieden.«

Das äußere, sichtbare Elend Nord- und Ostsyriens ist nur die Oberfläche des Problems. Schwieriger ist es, an das innere Elend zu gelangen, jene Traumata, von denen die 19-jährige Hala im Film *The Other Side of the River* erzählt hat. Schlafstörungen, Depressionen oder posttraumatische Belastungsstörungen sind weit verbreitet, was verschiedene Studien zeigen.[138] Aus erster Hand kann Michael Wilk davon berichten. Er ist Arzt und Psychotherapeut aus Wiesbaden. »Ein psychisches Trauma kann schwerere und auch längere Schäden verursachen als eine Schussverletzung«, erklärt er. »Der Krieg, die Besatzung, all das hinterlässt bei den Menschen tiefe Spuren. Und die psychische Belastung ist leider ein Faktor, der nicht so sehr im Fokus steht.«

»Gibt es kein Entrinnen?«, frage ich. »Es ist ein langer Weg«, antwortet der Mediziner. »Man kann traumatisierte Menschen ja nicht einfach zum Reden zwingen. Es braucht ein Problembewusstsein und Rahmenbedingungen für eine Bearbeitungsmöglichkeit. Beides ist unter den gegebenen Bedingungen schwierig.« Michael Wilk ist als Notfallmediziner und Therapeut seit Jahren immer wieder in Nord- und Ostsyrien im Einsatz. Zunächst in Kobanê und später in Manbij und Raqqa versorgte er Verwundete des Krieges gegen den »Islamischen Staat«. Später arbeitete er an den türkischen Invasionszonen. All die Verletzungen und der Tod seien nicht die einzige Kriegsfolge. Der 66-Jährige weiß, welch schier endlosen Traumataketten es bei Menschen gibt. »Ich habe in Serê Kaniyê Menschen kennengelernt, die Assad, al-Nusra und den ›Islamischen Staat‹ überstanden und seit Jahren ohne Urlaub im Gesundheitswesen gearbeitet und Menschen versorgt haben«, erinnert er sich. »Dann kam auch noch die türkische Invasion und sie haben einfach weitergemacht.« Lange konnte das nicht gutgehen, insbesondere, da es vor Ort kaum psychologische Unterstützung gibt. »Dann kam der Moment, an dem es nicht mehr ging«, erinnert er sich. »Ich habe Menschen erlebt, die in meinen Armen zusammengebrochen sind, auch Führungspersönlichkeiten, die nach außen immer stark sein mussten.« Insbesondere die türkische Invasion und Besatzung hätten deutliche psychische Spuren hinterlassen, meint Michael Wilk: »Das zuvor bestehende Gefühl von Stärke und Fortschritt war weg. Man war in der Defensive und das ist ein ganz anderer psychologischer Hintergrund. Das ist schwer zu begreifen und durchgehalten werden musste ja trotzdem.«

Physis und Psyche leiden darunter. Für manche wird es zu viel. Eine wachsende Zahl vor allem junger Männer aus Nord- und Ostsyrien versucht, diese Verhältnisse hinter sich zu lassen: durch Flucht, meist nach Europa. Die beschwerliche Reise über Nordafrika und das Mittelmeer kann nicht nur das Leben kosten, sondern erst einmal zwischen 15.000 und 20.000 Dollar, wie mir mehrere Quellen unabhängig voneinander berichteten. Für die meisten Familien ist das unerschwinglich, für andere bedeutet es, ihr gesamtes Vermögen auszugeben. Wer Glück hat, erhält Fluchthilfe bis zum Ende. Andere werden auf halber Strecke zurückgelassen oder sterben auf der Reise.

In Amûdê erinnert ein Denkmal an Bürger*innen der Stadt, die 2012 auf der Flucht gestorben sind. In Sulaimaniyya befindet sich mitten im zentralen Azadî-Park eine überlebensgroße Skulptur für den dreijährigen Alan Kurdi, der 2015 tot an der türkischen Mittelmeerküste angeschwemmt wurde und dessen Bild um die Welt ging. Im Nahen Osten sind die Toten der Festung Europa sehr präsent.

Lenin und Samuel Beckett in Rojava

Was ich einem Souvenirhändler
versprechen musste

Vorherige Seite oben: Feiernde Jugendliche der Tevgera Ciwanên Şoreşger *(Revolutionäre Jugend) am 30. Mai 2022*
(Quelle: Simon Clement)

Unten: Wandmalerei in Solidarität mit Abdullah Öcalan
(Quelle: Simon Clement)

Auf dem zentralen Markt von Kobanê, jener »Hauptstadt« der »Rojava-Revolution«, gibt es einen kleinen Souvenirshop. Unter einem Wellblechdach gelegen, das den Markt sowohl gegen die Hitze als auch gegen Drohnenangriffe schützen soll, unterscheidet er sich zunächst kaum von Läden ähnlicher Provenienz auf der restlichen Welt. Doch bei genauem Hinsehen merkt man, dass hier ausschließlich revolutionäre Mitbringsel verkauft werden. Statt der allgegenwärtigen *Kufiyas* oder Tassen und Shirts mit *I Love Kobanê*-Schriftzug finden sich hier Abzeichen der kurdischen Milizen YPG/YPJ neben Parteifahnen der PYD oder Handy-Hüllen mit dem PKK-Logo. Wer mag, kann sich auch einen kleinen Aufsteller mit dem Portrait Mazlum Abdis kaufen und hat somit den Generalkommandeur der SDF entweder auf dem Küchen- oder Schreibtisch stehen. Ich solle mich nur ruhig umsehen, ruft der Besitzer hinter einer breiten Ladentheke hervor, auf der zusätzlich noch Uhren, Armbänder oder Schmuck zu erwerben sind. Alles natürlich in *kesk û sor û ser*, in den Revolutionsfarben grün, rot und gelb. Als ich den Laden wieder verlassen will, steckt mir der Besitzer einen kleinen Anstecker aus Aluminium mit dem Konterfei von Abdullah Öcalan zu: »Damit Apos Ideen weitergetragen werden«, sagt er und lächelt. Ich verrate ihm nicht, dass die Symbole der PKK und das Bildnis Öcalans in Deutschland verboten sind und selbst ein solcher Anstecker an der Grenze Probleme bereiten könnte. Wir verabschieden uns und ich danke ihm für sein Geschenk. Dann muss ich ihm noch versprechen, zurück in Europa darauf aufmerksam zu machen, was die Menschen in der Region alles erreicht haben.

Nord- und Ostsyrien ist schon ein seltsames Land. Entstanden mitten in einem blutigen Bürgerkrieg, versuchen die Menschen seitdem, eine multiethnische Gesellschaft aufzubauen, die politische Dezentralisierung, die Rechte der Frauen, Bildung sowie Toleranz in religiösen und kulturellen Fragen fördert. Doch wo steht Nord- und Ostsyrien, dieses Land zwischen revolutionären Souvenirshops und ständiger Kriegsbedrohung, nach zehn Jahren? Wie groß ist die Lücke zwischen den Aktivist*innen mit ihren himmelstürmenden Ansprüchen und den geringen Mitteln, die ihnen zur Verfügung stehen? Wer vor Ort unterwegs ist, sieht mit eigenen Augen die Diskrepanz zwischen den progressiven Bestrebungen der Selbstverwaltung und den unglaublich ernüchternden Bedingungen. Armut und ein Mangel an grundlegenden Gütern, das pure Überleben bestimmen den Alltag der Mehrheit der Menschen. Und doch arbeiten so viele daran mit, ein demokratisches System aufzubauen, das sowohl den Staaten der Region als auch westlichen Demokratien in puncto Mitbestimmung und Gleichberechtigung deutlich überlegen ist.

Wo also steht Nord- und Ostsyrien eine Dekade nach der »Rojava-Revolution«? Eine Antwort auf diese in der Einleitung aufgeworfene Frage muss uneindeutig bleiben. Sie ist so divers wie die Geschichten, die ich gehört habe, und so vielfältig wie die Biografien der Menschen, die sie erzählt haben. Die Lebensläufe in Nord- und Ostsyrien folgen nur selten geordneten Bahnen. Sie sind gezeichnet von Krieg und Leid, von Brüchen und Umbrüchen, aber auch von der Kunst, in dem Chaos rundum neue Chancen zu sehen und neue Wege zu beschreiten.

2012 hat die Bevölkerung eine solche Chance genutzt und ihre Autonomie erklärt, die sie seither verteidigt. Immer wieder habe ich von meinen Gesprächspartner*innen gehört, dass es ihnen dabei nicht primär um die Übernahme des Staatsapparats zu tun war. Niemand wollte den syrischen Staat durch einen anderen, eine Macht durch eine andere ersetzen. Die Menschen der Region haben am eigenen Leib gespürt, dass das Regime in Damaskus mit Unterdrückung, Zentralismus und Hierarchie regierte und nicht ihre Interessen vertrat. Niemand, mit dem ich gesprochen habe, will sich die Rückkehr Assads vorstellen. Dem Staat stellen die Menschen in Nord- und Ostsyrien ihre Vorstellungen von Dezentralisierung und Vergesellschaftung der Macht gegenüber. Alle Menschen sollen fortan in der Lage sein, selbstbestimmt über ihre eigenen Belange zu entscheiden – ohne Bevormundung, Staat oder Herrschaft. Somit hatte die »Rojava-Revolution« für die beteiligten Menschen auch eine sehr persönliche, emanzipatorische Komponente. Kurd*innen konnten fortan ihre Sprache offen sprechen, Frauen sich an der Politik beteiligen, und »normale« Menschen – Nachbar*innen und Arbeiter*innen – diskutierten und entschieden ihre unmittelbaren Angelegenheiten.

Lenin hat einmal irgendwo geschrieben, dass ein Staat so einfach gestaltet sein müsse, dass eine Köchin ihn führen könne. Ich weiß nicht, ob die Politikerin Pervin Yusif, die ich in Qamişlo besucht habe, den russischen Revolutionär gelesen hat. Doch bewusst oder unbewusst nimmt sie auf ihn Bezug: »Vor der Revolution haben sich viele Menschen nicht an der Politik beteiligt«, erklärt sie. »Das war eine Sache, die der Staat gemacht hat. Aber jetzt sind alle ein Teil der Gesellschaft, jeder kann sich einbringen. Eine Mutter kann ihre Meinung sagen und die politische Situation bewerten.« Pervin schließt: »Alle Menschen werden zu Politikern. Das ist ein sehr wichtiger Schritt.«

Folgt man ihr, könnte man glauben, dass Lenins Worte in Rojava Realität geworden sind. Ob dem so ist, kann jedoch durchaus bezweifelt werden, gerade wenn man sich die schwindende Beteiligung an den Räten und Komitees vor Augen führt. Lenins Weisung, dass jede Köchin (oder jede Mutter) in der Gesellschaft Entscheidungen treffen können soll, ist ohnehin keineswegs so zu verstehen, dass alle zu Profipolitiker*innen werden sollen. Im Gegenteil, die Verwaltung einer Gesellschaft soll gerade so einfach wie möglich gestaltet werden, damit die wirklich wichtigen Arbeiten, die freudige Aufmerksamkeit brauchen, wie das Kochen oder die Kindererziehung, nicht vernachlässigt werden. Es geht somit nicht in erster Linie darum, dass auch eine Köchin oder eine Mutter mitbestimmen kann, sondern dass in einer solchen Gesellschaft überhaupt das Essen schmeckt und alle Kinder betreut werden: Denn wo alle mitmachen, haben auch alle Zeit, sich auf das Wesentliche zu konzentrieren.

Natürlich ist das lediglich ein Gedankenspiel, das von den konkreten Verhältnissen vor Ort abstrahiert und nicht der Realität entspricht. Doch als Leitgedanke trifft es auch auf Nord- und Ostsyrien zu. Ohne Zweifel unterschied sich die »Rojava-Revolution« entscheidend von bisherigen (sozialistischen) Revolutionen. Deutlich mehr als diese war sie eine Revolution der Lebens- und Beziehungsweisen der Menschen, eine Revolution ihres (Selbst-)Bewusstseins. Dies scheint eine ihrer wichtigsten Errungenschaften gewesen zu sein – und sie war dabei durchaus erfolgreich.

Die Revolution hat neue Gesichter, neues Denken und neue Begriffe hervorgebracht. Die Kurd*innen sprechen sich mit *Heval*, die Suryoye mit *Hawro* an. Das ist vergleichbar mit dem englischen *comrade*, *towarischtsch* im Russischen oder Genosse, Genossin im Deutschen. Durch diese Benennung werden die Menschen zu politischen Akteur*innen, die Verantwortung für das Gemeinwesen tragen und an der gesellschaftlichen Entwicklung teilhaben können und sollen. Doch diese Teilhabe gelingt nicht ohne Brüche und Widerstände, schon gar nicht gelingt sie sofort. Die Menschen in Nord- und Ostsyrien wissen, dass die Revolution kein einmaliger Akt ist, sondern einen langfristigen sozialen Prozess des Aufbaus einer neuen Gesellschaft darstellt. Für sie ist die »Rojava-Revolution« permanent und dauert weiter an. Das betrifft sowohl die Ebene der politischen und gesellschaftlichen Institutionen, die sich im steten Wandel befinden, als auch die Subjekte, die sich fortwährend durch Bildung, Kritik und Selbstkritik weiterentwickeln sollen. Das Bewusstsein und das gesellschaftliche Sein stehen laufend zur Debatte, alle gesellschaftlichen Bereiche müssen ständig revolutioniert werden.

Dieser Prozess wurde 2011/2012 eingeleitet und setzt sich seitdem fort. In dieser Zeit haben viele Menschen in Nord- und Ostsyrien ein wachsendes Bewusstsein für verschiedene Unterdrückungsverhältnisse entwickelt und sich dabei auch auf die Suche nach Alternativen für eine demokratische, ökologische und geschlechtergerechte Lebensweise begeben. Vor allem in den Köpfen der Frauen scheint sich ein neues Bewusstsein unumkehrbar entwickelt zu haben. Ihre aktive Beteiligung ist sicherlich die größte Errungenschaft in dieser Hinsicht. In einer Gesellschaft, die traditionell von hierarchischen und patriarchalischen Werten geprägt ist, in der die Vorherrschaft verschiedener Gruppen über andere seit langem zum Alltag gehört und in der mangelnde Erfahrung mit demokratischen Prozessen ein Hindernis darstellt, kann dies gar nicht hoch genug geschätzt werden.

Bei alledem ist Nord- und Ostsyrien nicht allein. Im letzten Jahrzehnt kamen immer wieder Menschen in die Region, um das basisdemokratische Projekt zu unterstützen. Internationalist*innen, Mitarbeiter*innen von NGOs, Journalist*innen und Freiwillige. Für sie alle hat Rojava eine Bedeutung, mal klar formuliert, mal abstrakter gefühlt. Sie sind von der Ausdauer und Entschlossenheit der Menschen begeistert, von ihrer Kreativität und ihrem Esprit, mitten im Krieg eine demokratische Gesellschaft zu versuchen. Den meisten imponiert es, dass unter dem Schlagwort der »demokratischen Nation« ein Konzept gefunden wurde, mit dem unterschiedliche Ethnien und Religionen zusammenleben können, in einer Region, die vor wenigen Jahren von den Gotteskriegern des »Islamischen Staats« beherrscht war. Es gibt aber auch jene, die nicht so einfach nach Syrien reisen können und die viel Zeit damit verbringen, an Informationen zu gelangen und sie in Sozialen Medien oder der Presse zu verbreiten. Sie haben Protestbriefe unterzeichnet, wie Gerhard Trabert, Michael Wilk, Elisabeth Abendroth und andere; sie haben in Berlin und sonstwo Flyer verteilt; sie haben auf Twitter auf Rojava aufmerksam gemacht und demonstriert, in Hamburg, Düsseldorf oder Celle, in London, Paris oder Los Angeles, wo auch immer. Prominente Unterstützer∗innen wie der Philosoph Slavoj Žižek, der viel zu früh verstorbene Anthropologe David Graeber oder die Journalistin Debbie Bookchin begleiten Nord- und Ostsyrien seit jeher.

Für manche ist Nord- und Ostsyrien die »befreite Gesellschaft«, andere sind vorsichtiger und machen auch auf die Schwierigkeiten aufmerksam. Aber all das ist Politik. In Nord- und Ostsyrien ist das Politische keine reine Sache des Denkens, sondern hat ganz unmittelbare, praktische Auswirkungen. Vor Ort können sich die Dinge entwickeln, Alternativen versucht – und auch wieder verworfen werden. Dies zeigt sich nicht zuletzt in der Flexibilität der politischen Strukturen: Es wird laufend probiert und experimentiert, wie sie möglichst demokratisch und effektiv zugleich sein können. Wenn etwas nicht funktioniert, wird es wieder verworfen. »Ever tried. Ever failed. No matter. Try again. Fail again. Fail better«, hört man da aus der Ferne den Dichter Samuel Beckett rufen. Die reine Möglichkeit, die Schönheit der Chance, eine neue Gesellschaft aufzubauen, macht Rojavas Reiz aus.

Doch auch für die Bevölkerung vor Ort hat die internationale Solidarität große Bedeutung, sie hilft ihnen zu atmen. Durch sie gelingt es der Selbstverwaltung zumindest in Ansätzen, sich aus der politischen Isolation zu befreien, der die Region unterliegt. Kooperationen von Universitäten, persönliche Begegnungen, Städtepartnerschaften oder die Unterstützung, ob finanziell oder ideell, lokaler Akteure wie der Stiftung der freien Frau in Syrien oder des Kurdischen Roten Halbmonds sind hierfür erste Ansätze, die weiterentwickelt werden können. Der Fantasie sind keine Grenzen gesetzt.

Bei meinen Gesprächen habe ich immer wieder die Dankbarkeit der Menschen gespürt, wenn sie erfahren, dass sie in ihrem Projekt nicht allein gelassen und nicht vergessen werden. Hoffentlich konnte ich das Versprechen, das ich dem Souvenirhändler in Kobanê gegeben habe, mit diesem Buch einlösen. Wenn schon nicht mit einem Öcalan-Anstecker, dann doch zumindest mit dem Stift in der Hand.

Spas, Shukran und Taudi

Ich danke allen, die mir ihre Zeit geschenkt haben. Ohne sie gäbe es dieses Buch nicht. Mein Dank gilt den zahlreichen Interviewpartner*innen, aber auch all jenen, mit denen ich auf der Straße, in Teestuben oder bei Besuchen geplaudert habe und deren Eindrücke und Erfahrungen ebenfalls in dieses Buch eingeflossen sind. Viele kommen im Buch vor, einige konnte ich jedoch nicht mehr berücksichtigen. Auch ihnen danke ich.

Mein großer Dank gilt dem gesamten Team des *Rojava Information Center* (RIC), einer unabhängigen Medienorganisation in Qamişlo. Zahlreiche Gespräche kamen durch Vermittlung des RIC zustande. Die Mitarbeiter*innen haben mich bei Kontaktaufnahme und Übersetzung unterstützt und unschätzbar viel zum Gelingen des Buchs beigetragen. Zahlreiche Fotos stammen ebenso aus dem Bestand des RIC.

Für die restlichen Fotos danke ich Simon Clement. Der belgische Fotograf verbrachte 2022 einige Zeit in Nord- und Ostsyrien. Seine bewegenden und eindrücklichen Aufnahmen aus dem Alltagsleben vor Ort bereichern nun dieses Buch.

Ebenfalls in Qamişlo sage ich danke an den Journalisten Sascha Hoffman, der die beiden Karten von Nord- und Ostsyrien gestaltet hat und der mir wertvolle Hinweise und Literaturempfehlungen zum geschichtlichen Hintergrund und zur ökonomischen Entwicklung gegeben hat.

Die Interviews mit Agît Hisen, Aras Rêvan, Bedran Serkeft, Dîcle Bêrîvan, Fatma Bihar, Firaz Afrîn, Hevî Kobanê, Îlham Eliş, Mahmûd Berxwedan, Mihriban Serdem, Serhed

Wan, Şirîn Serhed, Xebat Bager und Yekbûn Bawer wurden mir freundlicherweise von Müslüm Örtülü zur Verfügung gestellt, der sie 2021 im Rahmen seines Dissertationsprojekts »Der Demokratische Konföderalismus – Eine Alternative zur Entwicklung?« in Nord- und Ostsyrien durchgeführt hat.

In Berlin danke ich allen Mitarbeiter*innen der Vertretung der Selbstverwaltung von Nord- und Ostsyrien in Deutschland. Auch sie haben mir Interviewpartner*innen vermittelt und mich beim Vorhaben, dieses Buch zu schreiben, von Beginn an ermutigt. Zudem danke ich Mesut be Malke von der *European Syriac Union* für die Vermittlung von Interviews, Literaturhinweise und Ergänzungen zur Situation der Suryoye in Nord- und Ostsyrien.

Besonders danke ich meinen Lektor*innen Timo Schröder und Katharina Picandet für ihre gründliche Durchsicht des Manuskripts und dem gesamten Team der Edition Nautilus, das mich von der ersten bis zur letzten Sekunde unterstützt hat, dieses Buch zu schreiben.

Ohne Elisabeth Olfermann wäre ich nicht nach Syrien gefahren und dieses Buch wäre, aus verschiedenen Gründen, ohne sie nie etwas geworden.

Abkürzungsverzeichnis

AKP	Partei für Gerechtigkeit und Aufschwung (*Adalet ve Kalkınma Partisi*)
ENKS	Kurdischer Nationalrat (*Encûmena Niştimanî ya Kurdî li Sûriyeyê*)
FSA	Freie Syrische Armee (*al-Ǧaiš as-Sūrī al-Hurr*)
HDP	Demokratische Partei der Völker (*Halkların Demokratik Partisi*)
HPC	Gesellschaftliche Selbstverteidigungskräfte (*Hêzên Parastina Civatêr*)
KRG	Kurdische Regionalregierung im Nordirak (*Kurdistan Regional Government*)
MFS	Assyrischer Militärrat (*Mawtbo Folhoyo Suryoyo*)
PDK-S	Demokratische Partei Kurdistans in Syrien (*Partiya Demokrat a Kurdistanê li Sûriyê*)
PKK	Arbeiterpartei Kurdistans (*Partiya Karkerên Kurdistanê*)
PYD	Partei der Demokratischen Union (*Partiya Yekîtiya Demokrat*)
SDF	Demokratische Kräfte Syriens (*Syrian Democratic Forces*)
TEV-DEM	Bewegung für eine demokratische Gesellschaft (*Tevgera Civaka Demokratîk*)
YPG	Volksverteidigungseinheiten (*Yekîneyên Parastina Gel*)
YPJ	Frauenverteidigungseinheiten (*Yekîneyên Parastina Jin*)

Zur Schreibweise:
Ich habe mich dafür entschieden, Orte, Regionen und Organisationen in ihrer lokalen Schreibweise zu verwenden. Bei multiethnischen Orten richte ich mich nach der Bevölkerungsmehrheit.

Den wohl bekanntesten Begriff Rojava gebrauche ich ebenfalls in seiner ursprünglichen Bedeutung. Er bezeichnet lediglich die überwiegend kurdisch geprägten Gebiete in Nord- und Ostsyrien in Afrîn, Kobanê und Cizîrê. Häufig wird »Rojava« immer noch als Synonym für die gesamte »Autonome Selbstverwaltung von Nord- und Ostsyrien« verwendet. Da sich die Selbstverwaltung jedoch von einem Projekt kurdischer Autonomie hin zu einem multiethnischen, nun vorwiegend arabisch dominierten Gebiet entwickelt hat, spreche ich von der Autonomen Selbstverwaltung von Nord- und Ostsyrien oder der Autonomieregion von Nord- und Ostsyrien.

Anmerkungen

1   Jordi Tejel, »Les paradoxes du printemps Kurde en Syrie«, in: *Politique Étrangère* 2(2014), S. 51–61; Till Paasche, »Syrian and Iraqi Kurds: Conflict and cooperation«, in: *Middle East Policy* 1(2015), S. 77–88.

2   Saed, »From the October Revolution to revolutionary Rojava: An ecosocialist reading«, in: *Capitalism, Nature, Socialism* 4(2017), S. 3–20; Petar Stanchev, »From Chiapas to Rojava: Seas divide us, autonomy binds us«, in: *Roar Mag* 2015.

3   Michael Knapp und Joost Jongerden, »Communal Democracy: The Social Contract and Confederalism in Rojava«, in: *Comparative Islamic Studies* 1(2016), S. 87–109; David Graeber, »Das ist eine echte Revolution«, in *Civaka Azad* 2015; Zeynep Gambetti, »Politics of place/space: the spatial dynamics of the Kurdish and Zapatista movements«, in: *New Perspectives on Turkey* 41(2009), S. 43–87.

4   Kerem Schamberger, Michael Meyen, *Die Kurden. Ein Volk zwischen Unterdrückung und Rebellion*. Westend, Frankfurt/Main 2018, S. 84.

5   James Barr, *A Line in the Sand: the Anglo-French struggle for the Middle East, 1914–1948*. Norton, New York 2012, S. 12.

6   John McHugo, *Syria. A History of the Last Hundred Years*. The New Press, New York 2015, S. 75f.

7   David McDowall, *A modern history of the Kurds*. Tauris, London 2007, S. 206.

8   Zaza Noureddine, *Ma Vie de Kurde*. Favre, Lausanne 1982, S. 137f.

9 Joseph Daher, *Syria After the Uprising*. Pluto, London 2013, S. 112.

10 Gerhard Fartacek, »Religion, Ethnizität und Minderheitenpolitik in der Arabischen Republik Syrien«, in: *Facetten von Flucht aus dem Nahen und Mittleren Osten*. Facultas, Wien 2017, S. 40.

11 Daher, *Syria After the Uprising*, S. 112.

12 Jordi Tejel, *Syria's Kurds. History, politics and society*. Routledge, London 2009, S. 63.

13 Kerim Yildiz, *The Kurds in Syria: The forgotten people*. Pluto, London 2005, S. 117ff.

14 Kevin Mazur, *Revolution in Syria*. University Press, Cambridge 2021, S. 365.

15 Tejel, *Syria's Kurds*, S. 61.

16 Thomas Schmidinger, *Krieg und Revolution in Syrisch-Kurdistan*. Mandelbaum, Wien 2017, S. 30.

17 Daher, *Syria After the Uprising*, S. 169.

18 Mazur, *Revolution in Syria*, S. 365.

19 Polat Jan, *Solution Prospects*. Ktebhen, Berlin 2011, S. 120.

20 Ebd., S. 151.

21 Rudaw, »More Kurdish Cities Liberated As Syrian Army Withdraws from Area«, in: *Rudaw.net* 20.07.2012; Sakra Abdullazada, »Syrian Kurdish Official: Now Kurds are in Charge of their Fate«, in: *Rudaw.net* 27.07.2012.

22 Joseph Daher, »Zum Verständnis der revolutionären Dynamik des Volksaufstands«, in: *Emanzipation* (2)2013, S. 117ff.

23 David Kilcullen und Nate Rosenblatt, »The Rise of Syria's Urban Poor«, in: *Prism* (4)2014, S. 37.

24 Charles Glass, »The U.S. and Russia Ensure a Balance of Terror in Syria«, in: *The Intercept* 29.10.2016.

25 Fay Abuelgasim, »For Syrians, a decade of displacement with no end in sight«, in: *APNews* 12.03.2021.

26 Daher, *Syria After the Uprising*, S. 171.

27 Tejel, *Syria's Kurds*, S. 114ff.

28 Österreichisches Rotes Kreuz und Danish Immigration Service, *Menschenrechtliche Fragestellungen zu KurdInnen in Syrien*. Wien 2010.

29 Jan, *Solution Prospects*, S. 73.

30 Julie Gauthier, »Les évènements de Qamichlo: Irruption de la question kurde en Syrie«, in: *Etudes Kurdes* 7(2005), S. 97–114.

31 Nazan Üstündag, »Self-defense as a revolutionary practice in Rojava«, in: *South Atlantic Quarterly* (1)2016, S. 202.

32 Daher, *Syria after the Uprising*, S. 171ff.

33 Kurdwatch, »Mischʿal at-Tammu wirft syrischer Regierung Attentatsversuch vor«, in: *kurdwatch.org* 12.09.2011.

34 Al Arabiya Exclusive, »Assad ordered killing of Kurdish activist Mashaal Tammo: Leaked files«, in: *alarabiya.net* 10.10.2012.

35 Tejel, *Syria's Kurds*, S. 49.

36 Schmidinger, *Krieg und Revolution*, S. 73.

37 Sirwan Kajjo, *Prospects for Syrian Kurdish Unity*. The Washington Institute, Washington 2020, S. 4.

38 Ebd.; s. a. Vittoria Federici, »The Rise of Rojava: Kurdish autonomy in the Syrian conflict«, in: *SAIS Review*, 35(2015), S. 83.

39 Harriet Allsopp und Wladimir Wilgenburg, *The Kurds of Northern Syria*. Tauris, London 2019, S. 157.

40 Aron Lund, *Divided They Stand. An Overview of Syria's Political Opposition Factions*. Olof Palme International Center, Uppsala 2012, S. 70.

41 Wladimir Wilgenburg, »Syrian Kurdish parties reach initial unity agreement«, in: *Kurdistan24.net* 17.06.2020.

42 Jan, *Solution Prospects*, S. 56.

43 Ebd., S. 117.

44 Mazur, *Revolution in Syria*, S. 373.

45 AFP, »Syria regime, Kurds agree truce in Hasakeh«, in: *institutkurde.org* 23.08.2016.

46 Jan, *Solution Prospects*, S. 84ff.

47 Muhammed Fansa, »Syria's oil discoveries: Media-political propaganda without economic feasibility«, in: *Enab Baladi* 01.09.2022.

48 Robin Yassin-Kassab und Leila Al-Shami, *Burning Country*. Pluto, London 2016.

49 Dilar Dirik, *The Kurdish Women's Movement*. Pluto, London 2022, S. 220.

50 Azad Cudi, *Die Stille vor dem Schuss*. Droemer, München 2019, S. 60.

51 Abdullah Öcalan, *Jenseits von Staat, Macht und Gewalt*. Unrast, Münster 2019.

52 Allsopp und Wilgenburg, *The Kurds of Northern Syria*, S. 144.

53 Ebd., S. 145.

54 Aron Lund, »What's Behind the Kurdish-Arab Clashes in East Syria?«, in: *carnegie-mec.org* 23.01.2015.

55 Anja Flach, Ercan Ayboğa und Michael Knapp: *Revolution in Rojava*. VSA, Hamburg 2018, S. 102.

56 Die Zitate von Awîn Swêd stammen aus einem Gespräch, das Christine Löw und Tanja Scheiterbauer mit der Politikerin geführt haben. Vgl. Christine Löw und Tanja Scheiterbauer, »Die kurdische Frauenbewegung in Rojava – Kämpfe um Befreiung und Demokratie im Konflikt in Syrien«, in: *Feministische Studien* 1(2020), S. 110–127.

57 Cihad Hammy, »The first commune in Kobane: construction and challenges«, in: *opendemocracy.net* 03.09.2018.

58 Raymond Hinnebusch, Atieh El Hindi, Mounzer Khaddam und Myriam Ababsa, *Agriculture and reform in Syria*. Lynne Rienner, Boulder 2011, S. 5f.

59 Robert Springborg, »Baathism in practice: Agriculture, politics, and political culture in Syria and Iraq«, in: *Middle Eastern Studies* (2)1981, S. 191–209.

60 Harriet Allsopp, *The Kurds of Syria*. Tauris, London 2014, S. 19.

61 Jan Selby, Omar S. Dahi, Christiane Fröhlich und Mike Hulme, »Climate change and the Syrian civil war revisited«, in: *Political Geography* (60)2017, S. 232–244.

62 World Bank, *The Toll of War: The Economic and Social Consequences of the Conflict in Syria*. World Bank Group. Genf 2018.

63 Joost Jongerden, »Autonomy as a third mode of ordering: Agriculture and the Kurdish movement in Rojava and North and East Syria«, in: *Journal of Agrarian Change* (3)2022, S. 9.

64 Syria Independent Monitoring Team, *Understanding market drivers in Syria*. London 2018, S. 13.

65 REACH Initiative, *Humanitarian Situation Overview in Northeast Syria – June 2022*. Genf 2022, S. 3.

66 Samer Abboud, »Syria's War Economy and Post-War Reconstruction«, in: *jadaliyya.com* 06.05.2021.

67 José Ciro Martínez und Brent Eng, »Struggling to perform the state: The politics of bread in the Syrian civil war«, in: *International Political Sociology* (2)2017, S. 130–147.

68 Juan Souz, »Die SDF klammern sich ans Öl und ans Regime«, in: *jadaliyya.com* 08.01.2019 (eigene Übersetzung).

69 Edward Yeranian, »US-Allied Syrian Kurds Reportedly Sell Oil to Damascus Government«, in: *Voice of America* 10.02.2019.

70 Syrische Beobachtungsstelle für Menschenrechte, »Die Korruption innerhalb der SDF steigt weiterhin«, in: *syriahr.com* 21.09.2019 (eigene Übersetzung).

71 ARK News, »The PYD raises the price of one gas bottle to 5 thousand Syrian pounds«, in: *arknews.net* 08.02.2019.

72 Mohammed Hardan, »Syrian government, Kurds discuss plans for oil trade«, in: *al-Monitor.com* 21.08.2021.

73 Syrian Network for Human Rights, *Syrian Democratic Forces Violate US Sanctions' Caesar Act, Supplying Oil and Gas to the Syrian Regime.* 29.07.2021.

74 Nalin Ali und Eva Amin, »Gas becomes everyday life burden in NE Syria«, in: *npasyria.com* 30.08.2022.

75 REACH Initiative, *Humanitarian Situation*, S. 3.

76 Hawzhin Azeez, »Une coopérative de femmes au Rojava«, in: *Revue Ballast* 23.01.2017.

77 Elisabeth Olfermann, »Die Utopie zur Praxis werden lassen«, in: *nd.Die Woche* 13./14.08.2022.

78 Michael Leezenberg, »The ambiguities of democratic autonomy«, in: *Southeast European and Black Sea Studies* (4)2016, S. 682.

79 Graeber, *Das ist eine echte Revolution.*

80 Diese erkannte Graeber offenbar nicht. Zudem beging er einen groben logischen Fehler, indem er die Existenz von Klassen mit ihren tatsächlichen Mitgliedern verwechselte. Was bedeutet das? Er glaubte, aus der Tatsache, dass Mitglieder der Bourgeoisie die Region verlassen hatten, ableiten zu können, dass sich das Klassenverhältnis aufgelöst habe. Jedoch wird die Verwertungslogik der kapitalistischen Produktionsweise durch ein paar Zahnärzte oder Anwälte weniger nicht aufgehoben. Eine klassenlose Gesellschaft ist Nord- und Ostsyrien somit keineswegs. Und Klassengegensätze sind auch nicht, wie manche unter Berufung auf Öcalans Ideen meinen, generell bedeutungslos geworden.

81 REACH Initiative, *Humanitarian Situation*, S. 6.

82 Francesco Femia und Caitlin Werrell, »Syria: Climate change, drought, and social unrest«, in: *Center for Climate and Security* 29.02.2012.

83 Robert Worth, »Earth is parched where Syrian farms thrived«, in: *New York Times* 13.10.2010.

84 Wajiha Mhanna, »Syria's climate crisis«, in: *Assafir Al-Arabi* 27.11.2013.

85 Ebd., S. 4.

86 Schmidinger, *Krieg und Revolution*, S. 24ff.

87 Abdullah Öcalan, *Demokratische Nation*. Internationale Initiative »Freiheit für Abdullah Öcalan – Frieden in Kurdistan«, Köln 2018.

88 Rojava Information Center, *After ISIS: Ensuring a Future for Christians and other Minorities in North and East Syria.* September 2020.

89 Rojava Information Center, *The Religious Assembly and Academy for Democratic Islam.* September 2020.

90 Yves Ternon, *Der verbrecherische Staat. Völkermord im 20. Jahrhundert.* Hamburger Edition, Hamburg 1996, S. 151; Martin Tamcke: »Der Genozid an den Assyrern/Nestorianern«, in: *Verfolgung, Vertreibung und Vernichtung der Christen im Osmanischen Reich.* Lit, Münster 2004, S. 110f.

91 John Joseph, *Muslim-Christian Relations and Inter-Christian Rivalries in the Middle East.* University Press, New York 1983, S. 107.

92 Rojava Information Center, *AANES must build a true partnership between Arabs, Syriac-Assyrians and Kurds,* August 2020.

93 Manuel Frick, *Eine halbe Revolution in Nordsyrien.* Rosa-Luxemburg-Stiftung, Berlin 2019 (nur online.

94 Charles Herbermann, »Hierapolis«, in: *Catholic Encyclopedia.* Robert Appleton, New York 1913.

95 Norman Lewis, *Nomads and settlers in Syria and Jordan*. University Press, Cambridge 1987, S. 104.

96 Yasser Munif, *Participatory democracy and micropolitics in Manbij*. The Century Foundation, New York 2017.

97 Schmidinger, *Krieg und Revolution*, S. 89f.

98 Flach, Ayboğa und Knapp, *Revolution in Rojava*, S. 63.

99 Can Cemgil und Clemens Hoffmann, *The Rojava Revolution in Syrian Kurdistan*. IDS Bulletin, (47)2018.

100 Ziyad Ben Taleb, Raed Bahelah, Fouad Fouad u. a., »Syria: health in a country undergoing tragic transition«, in: *International Journal for Public Health* 1(2015), S. 63–72.

101 Ebd.

102 World Bank, *Syria Economic Monitor, Spring: Lost Generation of Syrians*. Genf 2022, S. 28.

103 Ebd.

104 Stefanie Hanke, »In Deutschland arbeiten: Woher kommen ausländische Ärztinnen und Ärzte?«, in: *aerztestellen .aerzteblatt.de* 12.05.2022.

105 Ben-Taleb, Bahelah, Fouad u. a., »Syria: Health in a Country Undergoing Tragic Transition«.

106 Syrian Democratic Forces, »Statement to public opinion«, in: *sdf-press.com* 14.01.2022.

107 Yasin Duman, »Peacebuilding in a Conflict Setting«, in: *Journal of Peacebuilding & Development* 1(2017), S. 87.

108 Michael Knapp und Joost Jongerden, »Peace committees, platforms and the political ordering of society«, in: *Kurdish Studies* 2 (2020), S. 304.

109 Duman, »Peacebuilding in a Conflict Setting«, S. 86f.

110 Knapp und Jongerden, »Peace committees«, S. 304.

111 Jane Arraf, »Revenge is for the weak«, in: *npr.orf* 29.05.2019.

112 Rojava Information Center, *Bringing ISIS to justice.* September 2020, S. 12.

113 Flach, Ayboğa und Knapp, *Revolution in Rojava,* S. 237f.

114 Graeber, »Das ist eine echte Revolution«.

115 Ercan Ayboğa, »Consensus is Key: New Justice System in Rojava«, in: *new-compass.net* 13.10.2014; Felipe Bley Folly, »Rethinking law from below: experiences from the Kuna people and Rojava«, in: *Globalizations* 7 (2020), S. 1291–1299.

116 Rojava Information Center, *Young and Promising: An Introduction to the NES University System.* September 2022, S. 9.

117 Ebd., S. 20.

118 Schmidinger, *Krieg und Revolution,* S. 130.

119 Alfred Hackensberger, »Bomben gegen Freunde von gestern«, in: *Die Welt* 05.07.2015.

120 Guido Steinberg, *Der Lagerkomplex al-Haul in Syrien.* Stiftung Wissenschaft und Politik, Berlin 2020, S. 2.

121 Rojava Information Center, *Twitter-Post* 15.01.2023.

122 Jannis Hagemann, »Von Gott verlassen«, in: *taz. die tageszeitung* 01.12.2022.

123 Tom Perry und Rodi Said, »Syria's Kurdish-led administration sees end to economic ›siege‹«, in: *reuters.com* 03.03.2017.

124 Pascal Andresen, »Friends or Foes? A Closer Look on Relations Between YPG and the Regime«, in: *bellingcat.com* 12.09.2016.

125 Amnesty International, »Syria: Armed opposition groups committing war crimes in Aleppo city«, *Pressemeldung* 13.05.2016.

126 Hawar News, »4th Division imposes severe siege in Sheikh Maksoud«, in: *hawarnews.com* 31.10.2022.

127 Syrian Observatory for Human Rights, »Violent clashes renewed in Al-Hasakah city after the efforts to cease fire fail, explosions rocked areas in the city«, in: *syriahr.com* 20.08.2016.

128 Lisa Barrington und Rodi Said, »Kurdish forces to keep areas taken from Syrian government forces truce«, in: *reuters.com* 24.04.2016.

129 Wissenschaftliche Dienste des Deutschen Bundestags, »Völkerrechtliche Aspekte der türkischen Militäroperation ›Friedensquelle‹ in Nordsyrien«, in: *bundestag.de* 17.10.2019; Susana Santina, »Türkei bombardiert Kurden: ›Angriff nicht mit Völkerrecht vereinbar‹«, in: *zdf.de* 24.11.2022.

130 Rayk Hähnlein und Günter Seufert, *Der Einmarsch der Türkei in Afrin*. Stiftung Wissenschaft und Politik, Berlin 2018.

131 The Democratic Self Administration of Afrin, *Report on the Displaced People From Afrin Canton in Shahba, Northern Syria and Surrounding Areas*. Afrin 2019; Michelle Bachelet, »Syria: Violations and abuses rife in areas under Turkish-affiliated armed groups«, in: *OHCHR-Pressemeldung* 18.09.2020.

132 Kumi Naidoo, »Syria: Damning evidence of war crimes and other violations by Turkish forces and their allies«, in: *amnesty.org* 18.10.2019 (eigene Übersetzung).

133 Richard Hall, »Turkey's invasion into northern Syria has caused a demographic shift that many fear will become permanent«, in: *independent.co.uk* 29.11.2019.

134 Rojava Information Center, *The Syrian National Army: The Turkish Proxy Militias of Northern Syria*. Juli 2022.

135 Kumi Naidoo, *Syria* (eigene Übersetzung).

136 Janet Biehl, »Rojava's Threefold Economy«, in: *new-compass.net* 01.03.2015.

137 Rana Khalaf, *Governing Rojava. Layers of Legitimacy in Syria*. The Royal Institute of International Affairs, London 2016, S. 10.

138 Ceren Acarturk, Mustafa Cetinkaya, Ibrahim Senay u.a., »Prevalence and predictors of posttraumatic stress and depression symptoms among Syrian refugees in a refugee camp«, in: *The Journal of Nervous and Mental Disease* (1) 2018, S. 40–45; Francois Kazour, Nada Zahreddine, Michel Maragel u.a., »Post-traumatic stress disorder in a sample of Syrian refugees in Lebanon«, in: *Comprehensive Psychiatry* 72 (2017), S. 41–47.

ROJAVA: VOM DEMOKRATISCHEN EXPERIMENT ZUM HOFFNUNGSTRÄGER EINER REGION.

medico international unterstützt seit vielen Jahren die Schaffung eines kostenfrei zugänglichen Gesundheitssystems für alle Menschen in Rojava und die medizinische Versorgung von Flüchtlingen durch den Kurdischen Roten Halbmond. Verfolgung durch den IS, Flucht vor türkischen Angriffen oder Corona-Pandemie: die lokalen Nothelfer:innen sind stets im Einsatz. Zudem begleitet medico lokale Menschenrechtsarbeit und fördert den Einsatz für Gerechtigkeit. Ob akute Nothilfe oder langfristige Unterstützung – Solidarität ist besonders in bedrohlichen Zeiten unermesslich.

www.medico.de/rojava

medico international